KB121602

와튼스쿨 리더십 특강

Total Leadership: Be a Better Leader, Have a Richer Life (With New Preface)
by Stewart D. Friedman

This Korean edition was published by Kyobo Book Centre Co., Ltd. in 2020 by arrangement with Harvard Business Review Press through KCC(Korea Copyright Center Inc.), Seoul.

Total Leadership

와튼스쿨 리더십 특강

스튜어트 D. 프리드먼 지음 | 이은주 옮김

교보문고

2020년 한국어판 서문

토털 리더십: 더 나은 리더가 되십시오, 더 풍요로운 삶을 사십시오

《와튼스쿨 리더십 특강》의 한국어판이 처음 출간된 지 7년이 지났고, 그동안 우리가 사는 세상은 많이 달라졌습니다. 우리는 리더십 지형의 혁명적 변화 한복판에 있습니다. 엄청난 속도의 사회적, 문화적, 정치적, 기술적, 경제적 변화는 이 책에 소개된 내용이 우리와 밀접한 관련이 있다는 것을 어느 때보다도 실감 나게 합니다.

2013년 이래, 우리는 디지털 기기를 통한 연결의 가속화와, 부정할 수 없는 전 지구적 기후 변화, 권위주의 정부들의 무서운 증가를 경험했으며, 인종과 성별 불평등의 역사적 패턴을 감지하고 우려하는 목소리가 거세지는 것을 듣고 있습니다. 밀레니얼 세대는 그들의 경력에 대한 사회의 책임, 끊임없이 압도당하는 느낌, 그리고 지금 가장 큰 문제 중 하나인 코로나19 대유행에 대한 문제를 피부로 느끼고 있습니다. 젊은 사람들이나 나이 든 사람들 모두 이 책이 처음 출간되었을 때보다 만족스러운 삶에 대한 갈증을 더 심하게 느끼고 있습니다. 이 책은 단지 직장에서뿐만 아니라 삶의 모든 면에서 더 높은 수준의 성과와 성취감을 얻을 수 있도록 돕기 위해 만들어졌습니다. 다행히도 우리는 지금 느끼고 있는 갈증을 이 책을 통해 해소할 수 있습니다. 이 깨지기 쉬운 세상에서 살아가는 짧은 시간 동안 삶에 대한 리더십을 키워 더 풍요로운 삶을 살 수 있게 해주기 때문입니다.

미국에서 베스트셀러가 된 후, 《와튼스쿨 리더십 특강》은 한국을 비롯한 세계 각국에서 많은 독자들의 사랑을 계속해서 받아왔습니다. 저와 함께 토털 리더십 프로그램을 진행하는 팀은 이 책에 기술된 개념과 도구들을 유럽, 남미, 아시아·태평양, 중동의 다양한 조직에 전했습니다. 가장 고무적인 것은 제가 1984년부터 강의해온 와튼스쿨뿐만 아니라, 현재 이 책이 교과 과정의 일부가 된 전 세계의 많은 대학에서 학생들이 보인 반응이었습니다. 너무나도 많은 사람들이 자신에게 가장 중요한 것을 파악하고, 인생에서 가장 중요한 사람들과 의미 있는 대화를 나눈 뒤, 창조적인 실험을 통해 자신의 핵심 가치와 비전에 부합하는 새로운 삶을 살아갈 방법을 발견하는 과정에 관심과 노력을 투자하고 싶어 했죠. 그들은 자신이 진정으로 원하는 것을 성취하는 동시에 어떤 식으로든 세상을 더 좋게 만들 방법을 찾고 있었고, 자신과 같은 생각을 하는 사람들로 이루어진 공동체에 속하고 싶어 했습니다.

저는 이 책의 도움으로 삶에 지속 가능한 변화를 만들기 위한 역량과 자신감을 얻은 수천 명의 사람들과 함께 일하며 그들의 말을 들었습니다. 특히 이렇게 수많은 문제가 넘쳐나는 격동의 시기에는 우리의 가치와 더 나은 내일을 향한 리더십 비전을 명확히 하는 데 시간과 노력을 투자해야만 합니다. 그리고 우리에게 가장 중요한 사람들과 의미 있는 대화를 나눔으로써 그들이 우리에게 필요로 하는 것은 무엇인지, 우리가 그들에게 바라는 것은 무엇인지, 또 우리는 그 필요를 더 잘 충족시키기 위해 어떤 시도를 할 수 있는지 파악하는 것이 필요합니다. 전 세계적 유행병이 우리가 일하는 장소와 시간, 방식에 쓰나미급의 영향을 미치고 있으며, 우리의 삶까지 붕괴시키고 있습니다. 이 책에서 설명하고 있는 개념과 도구들은 사람들이 전례가 없는 현실을 직시하면서도 회복력을 가지고 더욱 강해질 수 있게 해주며, 그들이 만들고 싶은 미래에 집중할 수 있도록 도와줍니다. 땅에 발을 딛고 머리는 하늘 높이 둔 채, 우리는 앞으로 나아가야 합니다.

조직 심리학자로서 저는 이 체계적인 일련의 운동이, 무엇이 가능한지에 대해 사람들이 생각하는 방식을 어떻게 변화시킬 수 있는지 볼 수 있어 기뻤습니다. 이번 한국어판을 통해 더 많은 사람이 지금은 분열되어 있는 직장과 가정, 공동체, 그리고 자신이라는 서로 다른 네 가지 삶의 영역에서 공유할 수 있는 가치를 찾았으면 합니다. 그로 인해 자신이 원하는 삶을 추구하는 데 활용할 수 있는 실천적 아이디어를 찾을 수 있기를 바랍니다. 우리에게는 다음 세대가 살아갈 수 있는 안전하고 더 나은 세상을 만들기 위해 자신의 재능을 사용하려는 더 많은 리더가 지금 절실히 필요합니다.

2020년 10월,

스튜어트 D. 프리드먼

서문

토털 리더십의 탄생

1980년대 중반까지 내 직장생활은 나름대로 성공적이었고 꽤나 활기찼다. 조직 심리학 전공으로 대학원 과정을 마친 다음 리더십 계발에 관한 연구를 시작했고, 마침내 꿈꾸던 직장인 와튼스쿨에 자리 잡았다. 다만 한 가지 아쉬운 부분이 있었는데, 아내 할리와 나는 한동안 아이를 갖지 못해 걱정하고 있었던 것이다.

그렇게 애를 태우다 어느 아름다운 가을날 새벽 5시 30분에 드디어 첫아이 개브리엘을 품에 안을 수 있었다. 펜실베이니아 병원의 한 병실 안 환한 조명 아래서 나는 세상에서 가장 완벽한 존재인 아이를 난생처음 품에 안고서 얼어붙은 듯이 서 있었다. 아기는 얼굴만 빼고 온몸이 노란 담요로 감싸인 채 눈에 들어오는 모든 것을 담으려는 듯 나와 방 안 이곳저곳을 두리번거렸다. 그 순간 우리 아이가 안전하게 잘 자랄 수 있는 세상을 만들려면 어떻게 해야 하는지를 생각하게 됐다.

이 생각이 머릿속을 떠나지 않았다. 일주일 후에 학교로 돌아왔다. 경영대학원에서 조직 행동학 강의가 있었는데 이날은 동기 부여와 보상 체계를 주제로 수업을 진행하기로 돼 있었다. 그러나 이 주제는 다음에 다루기로 하고 그 대신에 내게 일어났던 놀라운 '사건'에 관한 이야기를 꺼냈다. 그리고 내 이야기에서 학습 주제로 삼을 만한, 그러니까 수업을 듣는 재능 있는 학생들과 막 사업을 시작한 초보 기업인에게 도움이 될 만한 유용한 개념을 뽑아내 보려고 애썼다. 그래서 학생들에게 이렇게 물었다. "차세대 육성에 도움이 되는 작업 환경을 조성하려 할 때 여러분이 져야 할 사회적 책임으로는 무엇이 있을까요? 전문 경영인으로서 일, 가족, 공동체, 자신이라는 실 네 가닥을 잘 엮어 성공적인 '삶'이라는 천을 멋들어지게 만들어내려면 무엇을 해야 할까요?"

당시의 수업 내용 하나하나를 상세히 기억하지는 못해도 어떤 방향으로든 격렬한 반응을 일으켰다는 사실만큼은 똑똑히 기억난다. 학생들 절반은 사생활은 경영대학원 강의 주제에 어울리지 않는다며 내 말을 조금 비웃었다. 그러나 나머지 절반은 그런 질문을 던져준 것을, 그리고 내 개인사를 집단 대화의 주제로 삼아준 것을 매우 고마워했다.

당시에는 몰랐지만 이때야말로 직업인으로서의 내 진로가 바뀐 순간이었다. 내 인생에서 정말로 중요하다고 느꼈던 것들을 진지하게 들여다보고 이런 자각을 다른 사람의 관심사와 연결 짓게 되면서 내 앞에는 또 다른 인생이 펼쳐지기 시작했다. 그동안 무시해왔던 내 삶의 다른 측면이 부각되면서 직업 성과가 향상되는 것을 직접 경험했고, 그러면서 완전체로서의 인간과 직업인 사이의 상승 관계의 중요성을 조명하는 연구에 다시 초점을 맞추게 됐다. 일과 내 삶의 나머지 영역의 상호 작용을 이해하는 것은 단지 나의 개인적인 관심을 넘어 직업인으로서의 내 사명이라는 사실을 좀 더 분명하게 깨달았다.

이로부터 몇 년이 지난 1990년대 초에 경영대학원 교수들로 이루어진 학술 단체인 경영학회 모임에서 직업 및 경력에 관한 주제로 강연을 했다. 나는 자식을 낳고 한 아이의 아버지가 되면서 직업인으로서의 인생 진로가 어떻게 바뀌었는지 이야기했다. 종신 교수직이 보장된 다른 기회를 포기하고 가족을 위해 필라델피아에 남기로 결정하게 된 배경도 이야기했다. 이렇게 나의 삶에 대해 이야기하면서 이런 결정들이 나의 일과 관련된 측면을 더욱 공고히 해주었음을 다시금 확인했다. 이날 몇몇 사람과 친분을 쌓게 됐는데 이들은 교수 혹은 연구자의 일반적 직무 모형에서 벗어난 대안을 생각해볼 기회를 줘서 고맙다고 말했다. 나로서는 진정성, 완전성, 창의성의 가치를 실전에서 배울 수 있었던 소중한 기회였다.

이때 나는 대대적인 조직 변화가 일어나는 혼돈의 세상에 관심을 쏟았다. 와튼 리더십 프로그램의 초대 운영자로서 새로운 경영 교육 모형을 만들려고 노력하는 중이었다. 학생들이 직업적 성공에 관한 자신의 생각에 의문을 제기해보게 하는 것도 여기에 포함돼 있었다. 이 과정에서 학생들은 일지를 꼬박꼬박 쓰고 그에 대해 서로 피드백을 교환했다. 모든 참여자에게 이는 상당히 어렵고 때로는 꽤나 불편한 작업이었다. 이 리더십 프로그램에서 사용한 방법은 새로울 뿐만 아니라 실질적인 필요를 충족시켰고, 자신의 이야기를 터놓는 것을 학습 과정에 통합하고자 했다는 점에서 꽤 의미 있는 시도였다고 본다.

우리는 '와튼 일과 삶의 통합 work/life integration: 워크-라이프 인테그레이션, 줄여서 '워라인' 이라고도 함- 역주 프로젝트'를 통해 재학생과 졸업생 수천 명을 대상으로 정보를 수집했다. 이 정보를 기반으로 해서 만든 자료를 이용해 직업적 관심사와 개인적 관심사의 교차점을 조사했다. 그리고 리더십 계발과 개인적 삶의 과제를 연결 지어보려 했다. 불꽃이 튀었다는 표현이 맞을 정도로 반응이 뜨거웠다. 학생들은 자신의 핵심 가치에 부합하는 직업과 경력을 가질 방법에 대해 고민했다. 전문 경영인을 대상으로 한 워크숍에서는 일과 사생활을 통합하는 방법 그리고 사생활과 일 모두에 도움이 될 만한 해결책을 찾을 방법을 생각해보라고 주문했다. 이 과정에서 특히 여성(물론 여성에 국한되지는 않음)이 이러한 부분에 유용한 지식을 너무도 갈구하고 있다는 사실을 알게 됐다.

그때 나는 리더십 계발에 관심이 있는 기업을 상대로 자문을 하고 있었다. 당시 업계에서는 리더십은 학습과 훈련으로 얼마든지 계발할 수 있으며 더 나아가 이러한 리더십 훈련이 조직에 활력을 불어넣는 데 필수적이라는 생각을 받아들이는 추세였다. 따라서 이제 막 리더가 된 사람들을 대상으로 한 훈련 및 교육 프로그램을 설계하고 이 훈련 경험을 기업의 경력 개발 제도에 접목하는 일도 내가 하는 업무에 포함됐다.

이처럼 다양한 활동을 한 결과 미국의 한 주요 제조업체가 리더십 교육원을 만들어달라는 요청을 해왔다. 나는 내 생각을 기업 현장에서 시험해보고 싶은 마음에 1999년, 교단을 잠시 떠나 그곳으로 가기로 결심했다. 이 기업의 신임 CEO는 직원들이 일과 사생활을 적절히 통합하는 방법을 찾을 수 있게 도와주는 차원에서 리더십 계발 프로그램을 진행하고 싶어 했다. 일과 개인생활의 통합이야말로 최고의 인재를 영입해 이들을 회사에 오래 남아 있게 하는 데 꼭 필요한 일이었다. 우리 프로그램은 실제 행동을 통해 리더십을 배우는 것에 초점을 맞췄고, 프로그램 참가자가 기업을 위한 가치를 창출하는 동시에 리더로서의 개인적 성장도 꾀하게 했다. 우리는 기업의 가치를 높이는 것에 관해 참가자가 창의적으로 사고하기를 바랐다. 그리고 또 한편으로는 자기 자신을 새로운 시각에서 바라보기를, 자신감 넘치는 새로운 리더로 바라보기를 주문했다.

중간 관리자용 리더십 프로그램은 당시 '신新경제'라 칭하는 것에 초점을 맞췄다. 이 신경제 패러다임에서는 급성장하는 디지털 세계를 이끌어갈 인재 육성과 이에 걸맞은 리더십이 필요하다. 이 리더십 프로그램의 목적이 확실해짐에 따라 삶의 '모든' 영역을 고려한 리더십 역량을 키우는 데 신기술을 활용할 수 있다는 사실을 깨닫게 됐다. '토털 리더십'은 완전체적 인간의 관점에서 리더십을 바라본다는 의미가 담긴 용어이자 리더십에 대한 나의 사고의 정수를 반영한다.

우리 프로그램 참가자는 몇 가지 창의적 도전과 변화를 위한 과제를 수행했다. 이 프로그램을 진행하면서 세운 첫 번째 목표는 '사생활 영역의 충실도를 높여서 일 영역의 성과를 높이는 것'이었다. 일견 모순적인 이 목표가 제시하듯이 우리는 성장해나가는 리더의 삶 전체에서 일과 사생활을 보다 효율적으로 통합해 업무 성과 향상이라는 결과를 만들어낸다. 그러면 이 리더는 같은 직장에 다니는 다른 사람, 더 나아가 직장의 경계 밖에 있는 누군가에게도 이와 똑같은 성과를 낼 기회를 제공한다.

우리는 새로운 뭔가를 만들어냈다. 사람으로 시작해 사람으로 끝나는 프로그램을 만들었다. 여기서 사람은 기업인 혹은 경영인이 아닌 완전체적 인간이다. 2001년에 다시 와튼스쿨로 돌아온 나는 이 프로그램을 좀 더 발전시켜 전 세계 경영대학원생과 다양한 기업에서 활동하는 경영인에게 제공했다. 토털 리더십 프로그램의 핵심은 '네 가지 영역에서의 성공four-way wins', 즉 '4면四面 성취'를 이루는 것이다. 요컨대 일, 가정, 공동체, 그리고 자신이라는 우리 삶을 구성하는 네 가지 영역(4면)에서 더 나은 성과를 내는 것이 우리가 만든 리더십 프로그램의 목표다.

이 책의 목적은 더 풍요로운 사생활을 영위하면서 더 나은 리더가 되는 방법 그리고 반대로 더 나은 리더가 되어서 더 풍요로운 사생활을 영위하는 방법을 단계적으로 보여줌으로써 독자에게도 '4면 성취'의 기회를 주는 것이다.

| 차례 |

1부 | 진정성: 진정한 나로 사는 법

2부 | 완전성: 온전한 삶을 사는 법

1장

토털 리더십을 경험하라

Total Leadership

● ● ● ●

'토털 리더십'은 지금까지 함께 묶일 일이 없는 영역으로 간주하던 '리더십'과 '다양한 삶의 영역을 조화롭게 만드는 방법'이라는 두 분야를 창의적인 방식으로 결합한 개념이다. 이 책은 리더십 계발에 대한 새로운 접근법뿐만 아니라 일과 가정, 공동체, 자신을 통합하는 새로운 방법을 제공한다.

이 방법은 대학생, 기업 CEO, 보험 영업 사원, 빵집 사장, 투자 은행가 등 누구나 할 것 없이 어느 조직, 어떤 직위에 있든 활용할 수 있도록 설계되어 있다. 삶의 한 영역에서는 나름대로 성공하고 있는 것 같은데 다른 영역에서는 만족스럽지 못하다면, 삶의 한 분야에서 확보한 가치를 다른 분야로 확산시키지 못한다면, 또 다양한 역할 사이에서 큰 갈등을 느낀다면 그때는 이 토털 리더십 프로그램으로 눈을 돌리기 바란다. 토털 리더십을 활용하면 직장과 일, 가정과 가족, 공동체와 사회, 그리고 자기 자신에게 의미 있는 성과를 낼 수 있을 뿐만 아니라, 표면적으로는 별개로 보이는 영역이 하나로 묶인 결과 삶 전체에서 의미 있는 성과를 내는 이른바 '4면 성취'를 꿈꿀 수 있게 해준다.

이 책은 수년간의 연구 결과와 실전 지식을 바탕으로 쓰였다. 나는 그동안 토털 리더십 접근법으로 수천 명을 훈련시켰다. 와튼스쿨과 기타 여러 곳에서 많은 사람과 함께 작업을 해보고 알게 된 사실인데, 이 사람들처럼 당신이 내 방식을 잘 따라와만 준다면 다양한 것을 얻어낼 수 있을 것이다. 즉, 자신의 삶에서 가장 중요하게 생각하는 사람의 기준으로 '더 나은 성과를 내고', 자기 삶의 모든 영역에서 '더 큰 만족을 느끼고', 삶의 여러 영역이 '더 큰 조화를 이루게 하는' 데 이 책이 도움이 되리라 본다. 삶의 모든 영역이 조화를 이루게 하기 위해 필요한 자원을 더 많이 확보하게 될 것이기 때문이다. 그리고 당신은 더 유능한 리더가 되어 더 큰 4면 성취를 이뤄낼 것이다.

진정성(진정한 나로 살기), 완전성(온전한 삶을 살기), 창의성(창의적으로 삶을 변화시키기)을 갖추려 노력하고자 하는 사람이라면 누구나 토털 리더십을 통해 4면 성취를 이룰 수 있다. 리더십은 얼마든지 학습 가능한 자질이다. 아니, 반드시 학습해야만 한다. 스스로 선택한 방향으로 행동하고, 지지를 얻고, 기술을 훈련하며, 경험한 내용을 되돌아본 후 자신이 그간 배우고 경험한 내용을 다른 사람에게 가르쳐주는 방식으로 학습이 이뤄진다. 이 책에서는 이런 학습 단계를 하나씩 설명하고자 한다. 악기 연주자가 끊임없는 연습을 통해 거장이 되듯이, 리더십 훈련도 꾸준히 하면 훨씬 더 나은 리더가 될 수 있다. 이제부터 토털 리더십 훈련 방식을 활용해 기술과 역량을 강화하는 법을 차근차근 알려줄 것이다.

먼저, 이 책에 계속 등장할 사람들부터 소개하고자 한다. 대부분이 내 강의를 들었던 와튼스쿨 학생이었는데 이 중에는 샌프란시스코 출신의 20대 아시아계 미국인 마케팅 전문가도 있고, 중동에서 워싱턴 DC로 이주해 기술 업체를 창업한 50대 후반의 CEO도 있다. 이제 이 사람들(사생활 보호 차원에서 가명을 사용함)과 함께 토털 리더십 훈련의 세계로 들어가 보자.

내가 원하는 삶을 만드는 힘

워크숍에 참가한 제나 포터는 자신에 대해 이렇게 썼다.

> 나는 내 일을 좋아한다. 일을 하면서 목적의식도 생겼고 많은 사람과 만나 어떤 식으로든 그 사람들에게 영향을 주면서 꽤 만족스럽게 살았다고 생각한다. 그런데 일에 너무 많은 에너지를 쏟다 보니 내 삶의 다른 부분은 항상 내 기대에 미치지 못했다.

당시 48세에 세 아이의 엄마였던 제나는 필라델피아에 있는 한 작은 부동산 컨설팅 회사에서 매니저로 근무하고 있었다. 제나는 일적으로는 성공한 직업인의 삶을 누리고 있었다. 그런데도 이 책을 손에 든 사람들 대부분과 마찬가지로 제나 역시 자신의 삶에 뭔가 불만스러운 부분이 있었다. 제나는 곰곰이 생각해보았다.

> 일 때문에 가족과 보낼 시간이 없었고 설사 그런 시간이 있다 해

도 알차게 보내지 못했다. 내 아이들이 자라는 모습을 지켜볼 소중한 기회를 너무 많이 놓쳐버렸다. 그렇게 일을 제외한 내 삶의 나머지 부분을 그냥 허비하며 방치하고 있었다. 너무 바빠서 책도 읽지 못했고, 음악회에 가지도 못했으며, 그 외에 내가 좋아하는 다른 일은 할 엄두도 내지 못한다. 기껏해야 건강을 생각한답시고 잠깐씩 짬을 내서 숲길을 산책하는 정도가 고작이었다. 이렇게 개인생활에서 불만이 쌓이다 보니 일에까지 악영향을 미친다는 생각이 들었다.

제나는 일 외에도 책임져야 할 것이 너무 많았다. 20년 동안 동고동락해 온 남편과 입양한 열일곱, 열셋, 아홉 살짜리 아이들 세 명을 포함해 제나가 소중히 여기는 사람이자 제나를 필요로 하며 의지하는 사람이 아주 많았다. 그러나 시간이 갈수록 어깨를 짓누르는 무거운 책임감과 불만이 차츰 쌓여만 갔는데, 설상가상으로 아버지가 췌장암으로 생사를 오가는 상황이 되자 압박감은 더욱 심해졌다. 일을 어떻게든 조정해서 시간을 내고 싶었다. 늘 곁에 있어 주었던 여동생에게 아버지를 돌보는 책임까지 다 지게 할 수는 없는 노릇이었다. 그렇다고 남편과 세 아이와 지내는 소중한 시간을 줄이기도 어려웠다. 예전에는 일과 사생활은 양립 불가능한 사안이라고 생각했다. 직장에서 성공하려면 일 외에 다른 것은 좀 포기해야 하고, 사생활을 중시하다 보면 일에서 만족감을 얻기 어려운 것이 당연하므로 이 두 가지 사이에서 완벽한 '균형'을 유지하기란 애초에 불가능하다고 생각했다. 그래서 직장생활과 사생활에서 어느 정도 만족감을 얻으려면 '적당히 균형적인 삶'이라는 테두리 안에서 하나를 얻고 하나를 포기하며 사는 수밖에 없다고 생각했다. 하지만 직원과 아이들, 남편, 여동생, 아버지, 이 가운데 대체 누구를 포기하고 누구를 선택할 수 있단 말인가!

그런데 4개월 동안 토털 리더십 프로그램에 참가하고 나서 제나에게 변화가 생겼다. 마음이 어수선하고 짜증만 났었는데, 이제는 직장에서도 집에서도 몰입이 잘 되고 더 안정된 느낌이었다. 그리고 전과 달리 소극적으로 행동한다는 기분도 덜했다. 마음을 짓누르던 내적 갈등도 많이 줄었고, 이제는 자신에게 정말로 중요한 것에 집중하기 시작했다.

가장 중요한 사실은 제나가 자기 삶의 모든 영역에서 자신을 리더로 인식하기 시작했다는 점이다. 어떻게 그렇게 짧은 시간 안에 이런 변화가 일어났을까? 상사와 솔직하게 대화를 나누다 보니 제나는 상사도 자신을 걱정하고 있고 아버지를 간호하고픈 심정을 잘 알고 있다는 사실을 깨닫게 되었다. 상사는 제나의 건강까지 염려해주고 있었다. 상사의 이러한 배려에 용기를 얻은 제나는 전에는 한 번도 생각해보지 못했던 방식으로 업무 환경 자체를 바꿔보기로 했다. 그러면서 동료들이 자신을 의지하는 것처럼 자신 또한 그들에게 의지할 수 있다는 사실도 처음으로 알게 됐다. 제나는 자기 일의 일부를 동료들에게 위임해 여유 시간을 만들어냈다. 제나의 일을 위임받은 직원들은 새로운 책임을 맡을 능력이 있는 사람들이었고, 그 일을 맡음으로써 개인적 발전과 성공에 도움을 얻을 수 있었다. 제나는 업무 일정을 조정해서 직장에서는 가장 중요한 업무에만 집중했고 그렇게 해서 사적으로 쓸 시간을 마련할 수 있었다. 덕분에 여동생과 함께 병든 아버지를 간호하는 한편 매주 예전보다 길게 산책할 시간을 낼 수 있었다. 간단히 말해서 이제 제나는 더 자기답고 더 온전하며 더 창의적인 삶을 누리는 더 나은 리더가 됐다.

2005년에 비해 근무 시간은 줄었으나 생산성은 향상됐다. 결과적으로 상사와 동료는 물론이고 가족도 그 덕을 봤다. 제나는 신체적으로나 정신적으로나 전보다 훨씬 건강해졌다. 토털 리더십 프로그램은 제나에게 업무 면에서 변화(업무를 가능한 범위에서 다른 사람에게 더 위임하고 사무실에 있는 시간을 줄임)를 만들어 삶의 모든 영역에서 더 나은 성과를 내는 방법, 즉 4면 성취를 이루는 방법을 제시했다. 제나는 동료와 협력하는 방법을 배웠다. 그리고 새로운 방식으로 가족과 공동체를 연계시키고, 다른 사람들도 자신과 같은 변화를 시도하면 많은 도움이 된다는 사실을 강조해 공동체 구성원끼리 상호 지원하는 환경을 만드는 법을 알게 되었다. 제나는 이제 새로운 유형의 리더가 된 셈이다.

시애틀에서 온 33세의 남성 안드레 워싱턴은 다양한 불만을 품고 토털 리더십 프로그램을 찾았다. 한 유명 기술 업체에서 제품 담당 책임자로 일하는 안드레는 고위급 임원으로부터 장래가 촉망되는 인재라는 평가를 받을 정도로 유능한 직원이었다. 180cm가 넘는 훤칠한 키에서는 위압감보다는 자신감과 당당함이 느껴졌다. 머리는 정수리 부분이 벗어졌고 짧게 다듬어져 있었다. 그는 또랑또랑한 눈으로 좌중을 둘러보며 사람들이 하는 말을 주의깊게 들었다. 말을 할 때 들어보니 목소리에서 상당한 권위가 느껴졌다.

> 나는 자기 성찰적인 측면이 강하고 자기 인식 능력도 좀 있는 데다 변화에 개방적인 편이라고 생각한다. 요즘 들어 성취에 대한 조바심이랄까, 특히 경제적으로 성공해야 한다는 강한 압박감을

느낀다. 하지만 감당하지 못할 정도는 아니고 오히려 그런 압박감을 은근히 즐기기도 한다. 압박감이 좀 있어도 결국은 큰 성공을 거둘 자신이 있고 또 그렇게 될 수밖에 없다고 생각한다. 그래서 내가 속한 공동체에 공헌하면서 다른 사람에게 긍정적인 영향을 미칠 자신이 있다.

그런데 요즘은 뭔가 놓치고 있다는 느낌이 든다. 솔직히 어느 정도 성공한 것도 사실인데 이상하게도 내 잠재력을 양껏 발휘했다는 느낌이 도무지 들지 않는다. 지금 하는 일을 좋아하는 건 분명한데 자꾸 정체되고 있다는 느낌이 스멀스멀 올라온다. 내 능력의 최대치를 끌어낸 것 같지도 않고 이뤄낸 성과도 최고 수준에는 못 미치는 듯하고, 아무튼 뭔가 미진하다는 생각이 든다. 내 기량을 완벽하게 발휘하지 못하고 있다. 이것은 나와 내 가족은 물론이고 내게 마음을 써주는 소중한 사람들을 속이는 일이다. 이렇게 찜찜한 느낌을 털어내고 내 삶의 모든 영역이 고루 개선되려면 어느 정도 변화가 필요하다고 생각한다.

안드레는 토털 리더십 프로그램을 시작할 때 그 당시에는 겉으로 드러내지 않았던, 그러나 스스로 굳게 믿고 있던 자신의 가치관에 따라 자신이 꿈꾸는 미래를 글로 썼다. 그리고 자신의 아이디어를 테스트하고 지지를 얻기 위해 자신이 바라는 미래의 모습을 다른 사람들에게 이야기했다. 아내가 그 첫 대상이었다. 아내는 전부터 안드레에게 한참 손이 많이 가는 여섯 살, 두 살 된 딸들을 포함해 가족과 좀 더 많은 시간을 보내달라고 노래를 불렀었다. 안드레는 경제적으로나 정서적으로 자신에게 많이 의지하는 어머니와 여동생에게도 자기 생각을 이야기했다.

그런 다음에는 '진정한 목적의식'을 갖는 일에 도전해보기로 했다. 안드레는 흑인 여성을 주 고객으로 하는 고급 미용 체인 사업 운영을 '최종 목표'로 삼았다. 그는 아내와 함께 이 사업의 시장성과 사업 자금 조달 방법을 알아보는 것으로 첫발을 내디뎠다. 또 한편으로는 첨단 기술을 이용해 현 직장 동료와 좀 더 효율적으로 소통하는 방법을 찾으려 했다. 그 결과 업무의 효율성이 더 높아졌고 훗날 아내와 함께 창업했을 때 활용할 수 있는 매우 가치 있는 경험도 얻었다. 두 살짜리 딸아이와 함께 수영도 배우러 다녔다. 아이와 함께 시간을 보내고 싶다는 오랜 소망이 이루어졌음은 물론이고 수영 기술이 늘었고, 덕분에 자신감도 커졌으며 아이와의 사이도 좋아졌다.

안드레는 토털 리더십 프로그램의 덕을 톡톡히 봤다. 프로그램에 참가한 지 4개월 만에 그는 이렇게 말했다. "전반적으로 수행 성과가 향상됐고 기분도 많이 좋아졌습니다." 그는 시간을 더 효율적으로 활용한 덕분에 지금은 직장에서 전보다 더 가치 있는 인재로 평가받고 있다. 안드레는 아내와 함께 새로운 사업 목표를 향해 차근차근 단계를 밟아나가는 중이다. 부부 사이가 훨씬 좋아졌고 그러다 보니 아내 역시 가족은 물론이고 친구와의 관계도 좋아졌다. 안드레는 전보다 더 행복한 기분이 드는 일을 하고 있고 영감이 충만한 삶을 살고 있다. 어찌 보면 역설적이게도 새로운 시각으로 미래를 바라보다 보니 예전보다 더 활기차게 직장생활을 할 수 있게 됐다.

제나와 안드레는 분명히 다른 사람이지만, 내가 강의 시간이나 워크숍에서 매일 접하는 사람들이 대체로 이런 유형이다. 어떤 기준으로는 분명히 성공한 것이 맞는데 이 사람들은 현재보다 더 나은 성과를 내고 싶어 하고, 자신에게 가장 중요하다고 생각하는 일을 더 많이 하고 싶어 한다. 더 나은 리더가 되기를 그리고 더 풍요로운 삶을 살기를 갈구한다.

이 책을 읽는 당신을 포함해 제나와 안드레 같은 사람들은 매우 다양한 이유로 토털 리더십 프로그램에 참가하려 한다. 자신이 좋아하는 일을 하지 못한 탓에 성취감을 느끼지 못하고 행복하지 않다는 생각이 들어 찾아오는 사람이 있다. 매일 맡은 책임을 다하고 수많은 일과를 소화하는데 그 일이 평소 가치 있게 여기던 일과는 다르다는 생각에, 또 자신이 꿈꿔오던 혹은 원하던 모습과는 거리가 멀다는 생각에 자괴감을 느껴 찾아오기도 한다. 목표가 불분명해지고 목적의식도 희미해지면서 의미도 열정도 사라졌다며 찾아오기도 한다.

또 단절감 때문에 우리를 찾기도 한다. 자신이 중요하게 여기는 사람들과 교류하지 못하는 데서 고립감을 느낀다. 이 사람들은 삶의 모든 영역이 조화를 이루지 못하고 삐걱대는 듯한 느낌 탓에 좌절감에 짓눌려 중심 없이 이리저리 휘둘리는 기분이 든다고 한다. 과하다 싶을 정도로 일에 손은 대는데 집중이 안 되고 심란하기만 해서 중요한 업무를 제시간에 끝내지도 못하고 스트레스만 있는 대로 받고 있다. 자신이 원하는 일이 아니라 다른 사람이 원하는 일을 하는 상황이 억울하고 속상하다고도 한다. 그런데 또 한편으로는 다른 사람을 위한 일을 충분히 하지 못한다는 사실에 죄책감이 들기도 하는 이중적인 감정을 느낀다. 직장에서 사람들이 자신을 다른 사람의 성공에 도움을 주는 혹은 다른 사람이 성공하도록 이끌어주는 리더로 인식하지 않는다는 사실에 절망하기도 한다. 신뢰에 기반을 둔 좀 더 긴밀한 관계를 맺기 원하고, 인간관계를 넓히고 싶어 한다. 더 강한 유대감과 소속감을 느끼려고도 한다.

고정된 틀에 갇혀 있다는 생각에 답답해하는 사람도 있다. 창의적 에너지를 샘솟게 하고 의욕을 불러일으키는 새로운 뭔가를 찾아내고 싶은데, 결과가 불투명하고 막상 실행할 용기가 없어 우울하기만 하다. 한 발짝도 앞으로 나아가지 못하는 느낌이 들 때도 있다고 한다. 매일 쏟아져 들어오는 정보를 적절히 관리할 능력이 부족하다고 느낀다. 첨단 정보 기술을 활용할 능력이 떨어지다 보니 더 큰 자유를 보장하겠다는 뉴미디어의 약속 따위는 그저 그림의 떡일 뿐이다. 아무것도 통제하지 못한다는 생각에 무력감을 느끼고, 삶의 모든 영역을 잘 통합하는 데 필요한 융통성이나 유연성도 부족하다.

이런저런 좌절감이나 실망을 느끼면서도 대다수는 그들의 세상을 더 나아지게 만들고 싶어 하고, 삶의 모든 측면에서 더 효율적이고 주도적으로 살고 싶어 한다. 그래서 이 책에서는 그러한 욕구를 충족시킬 방법을 구체적으로 제시하려 한다. 의미 있는 변화를 이루는 데 필요한 에너지를 끌어내고 스스로 만들어낸 변화의 결실을 누리는 방법을 차근차근 알아나가자.

토털 리더십은 눈에 보이는 성과를 낸다

'〈포춘Fortune〉 선정 50대 기업'에 속하는 한 기업이 리더십 계발 프로그램을 맡아 이끌어달라는 제의를 했다. 토털 리더십 프로그램이 마침내 결실을 보게 된 셈이었다. 세계 각지에서 온 관리자급의 유능한 직원 35명과 함께 프로그램을 시작했다. 참가자는 약 4개월에 걸쳐 토털 리더십 프로그램의 전 과정을 이수했다. 프로그램을 수행하면서 일과 그 외 삶의 다른 영역에서 의미 있는 변화를 꾀했다. 이들이 수행한 다양한 실험 결과 580만 달러의 비용 절감 효과를 봤고 70만 달러의 신규 수익을 창출했으며, 50만 달러 규모의 생산성 향상이 이뤄지는 등 큰 성과가 있었다.[1)]

수치로 확인할 수 있는 이 같은 경제적 효과와 더불어 고객이나 동료와의 관계가 개선됐고 일을 할 때도 예전보다 만족감이 커졌다. 특히 변화를 꾀하려 노력한 이후로 가족과의 유대감이나 공동체와의 연대감이 훨씬 강해졌다. 더 건강해진 것 같고 스트레스도 줄어들었다고 참가자들은 말했다. 그리고 그들은 여가를 더 알차게 보내게 되었다. 자기 회사에 대해 좀 더 관대해졌고 자신의 미래와 회사의 미래를 묶어 생각하게 되니 괜히 신이 나기도 했다.

그들은 린 생산lean manufacturing: 작업 공정 혁신을 통해 비용은 줄이고 생산성은 높이는 생산방식- 역주이나 식스 시그마six sigma 같은 품질 관리 프로그램을 활용하지 않고도 이러한 성과를 얻었다. 경영 리더십의 정의를 다시 세우고 새로운 기술과 통찰력을 일, 가정, 공동체 그리고 자신에게 적용하는 방법으로 그러한 성과를 냈다.

지금은 훨씬 더 많은 사람이 와튼스쿨 강의실에서, 또 세계 각지에서 열리는 워크숍에서 내가 개발한 토털 리더십 훈련법을 시험해보고 있다. 프로그램 참가자들은 변화를 위한 연습 과제와 체험 과정을 통해, 필요한 곳에 시간과 에너지를 집중할 수 있다는 사실을 알게 됐다. 자신이 추구하는 핵심 가치가 명확해지자 이 가치에 맞춰 집중력과 기술, 자원 등을 배분하는 방식을 바꿀 수 있었다. 그 결과 모든 일상이 이 가치에 좀 더 부합하는 쪽으로 바뀌었다. 그리고 더 열정적으로, 더 현명하게 그리고 더 집중해서 일할 수 있었다. 이렇게 참가자들은 삶의 모든 영역에서 자신에게 가장 중요한 성과를 이뤄냈다.

토털 리더십 프로그램 참가자 수백 명에게 참가하기 전과 후의 만족도에 어떤 차이가 있는지 평가해달라고 주문했다. 그러자 직장생활의 만족도가 20% 증가했고, 가정생활은 28%, 공동체생활은 31% 증가했다는 결과가 나왔다. 아마도 가장 중요한 점은 내적 삶의 만족도가 39%나 증가했다는 사실이 아닐까 한다. 신체적, 정신적, 지적 그리고 정서적 측면에서 만족도가 크게 높아졌다. 또 일, 가정, 공동체, 자신이라는 네 개 영역에서 각각 9%, 15%, 12%, 25%씩 성과가 개선됐다.

만족도와 성과가 모두 향상된 것이다.

토털 리더십은 결코 추상적인 개념이 아니다. 눈에 띄는 변화를 끌어내는 체계적인 방법이다. 당신은 중요한 일에 더 집중하게 되고 이를 통해 평소 되고 싶어 하던 모습에 한 발 더 다가간 듯한 기분이 들 것이다. 자신의 삶에서 중요한 사람들로부터 더 많은 지지를 얻으면서 이들과 더 강한 유대감을 느끼게 된다. 격변하는 세상에서 예측 불가능한 온갖 변화의 물결에 좀 더 유연하게 대처하게 된다. 그리고 새로운 발견에 좀 더 개방적인 자세로 임하게 되어 미래에 대해 더 희망적인 기대를 품게 되고, 그 희망적인 미래를 만들어가는 자기 능력에 대한 자신감으로 인해 모든 일에 더 열정적으로 임하게 된다.

그림 1-1

토털 리더십을 갖춘 리더 되기

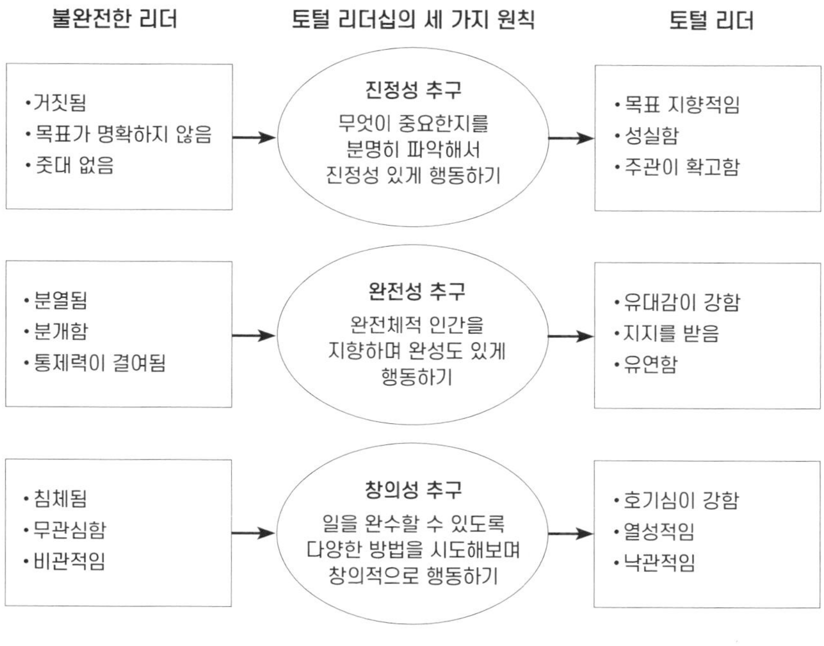

토털 리더십의 세 가지 원칙

이 책에서 제시하는 안내 지침에 따라 연습 과제를 충실히 수행하다 보면 리더십 역량이 분명히 개선될 것이다.

진정성을 추구하라

진실하게 행동하면 힘이 생긴다. 자신이 좋아하는 일을 하게 되고, 삶의 모든 영역에 있는 자원을 활용하게 되며, 자기 자신과 가족은 물론이고 직장, 더 나아가 당신의 세상을 위한 가치를 창조하고 있음을 깨닫게 되기 때문이다. 유능한 리더는 비전을 명확히 그려낸다. 즉, 자신이 얼마든지 도달할 수 있는 미래의 모습을 설득력 있게 제시한다. 그리고 이 명확한 미래상은 자신은 물론이고 주변 사람에게도 큰 영감을 준다. 유능한 리더는 항상 자신의 가치관에 맞게 행동하고 더 나아가 자신이 속한 조직이나 집단의 가치관에도 부합하는 행동을 한다. 끊임없이 주변을 관찰하고 자기반성을 함으로써 삶의 우선순위를 인식하고 자신의 강점과 약점도 파악한다. 가장 신경 쓰며 소중히 여기는 주변 사람과 마음을 터놓고 이야기를 나누면서 공통 목표를 실현하는 일에 더욱 매진한다. 가치 있는 목표를 추구하는 데 책임을 진다는 자세로 자신과 다른 사람을 독려하며 함께 이끌어나간다.

1부에서는 진정성을 추구한다는 것이 어떤 의미인지 확인하고, 자신에게 중요한 것이 무엇인지 명확히 알아내는 작업을 한다. 그러기 위해 2장에서는 우선 현재 자신의 가치관 형성에 영향을 미쳤던 과거의 중요한 사건과, 미래의 인생을 위한 포부를 글로 적어보는 일부터 시작한다. 3장에서는 직장, 가정, 공동체, 자신이라는 네 가지 영역의 상대적 중요성을 평가하는 방식으로 내가 '4면적 관점'이라 칭하는 과제를 다룬다. 삶의 네 가지 영역에 실제로 시간과 관심을 각각 얼마나 투자하는지, 각 영역에 얼마나 만족하는지, 각 영역에서 추구하는 목표가 다른 영역의 목표에 얼마나 부합하는지를 스스로 평가해본다. 이 작업은 진정성 추구의 밑바탕이 되며 자신에게 진짜로 중요한 것이 무엇인지 알아내 그것에 맞게 행동할 수 있게 해주는 기본 토대가 된다.

완전성을 추구하라

완전성을 추구하는 행동은 끈끈한 유대감, 삶의 각 영역에서의 일관성, 변함없는 원칙을 고수하는 데서 오는 마음의 평화에 대한 갈망을 충족시킨다. 유능한 리더는 삶의 모든 영역이 지닌 가치를 인식하고 존중할 책임을 진다. 다양한 사람의 관심사를 조율해 공동의 목표를 추진하는 동력을 마련한다. 일뿐만 아니라 삶의 다른 영역에서도 가치를 창출할 수 있도록 각 영역 간의 경계를 유지한다. 의미 있는 결과를 만들어내는 데 필요한 사회적 관계망과 동반자 관계를 구축한다.

2부에서는 자신에게 정말로 중요한 사람이 누구인지 알아본다. 먼저 4장에서 당신의 삶에서 가장 중요한 사람이 누구인지 그리고 당신이 그 사람에게 기대하는 것과 그 사람이 당신에게 기대하는 것이 무엇인지 파악하는 과정을 다룬다. 이 단계에서는 이러한 기대가 상호 간에 어떠한 영향을 미치는지 충분히 생각해본다. 아마도 난생처음으로 자신의 삶에서 이 중요한 관계 구조를 따로 떼어 바라보면서 그것이 온전한지, 또 각 관계 단위가 합쳐졌을 때 서로 들어맞아 온전한 전체가 되는지 생각해보게 될 것이다. 이어서 5장에서는 '핵심 이해관계자'와 끈끈한 유대 관계를 유지하려면 어떤 방식으로 소통해야 하는지 생각해본다. 그리고 이 사람들과 대화할 준비를 한 다음, 실제로 이야기를 나누며 자기 생각이 맞는지 확인하고 그 사람들의 생각은 어떠한지 살펴본다. 사실 이 과정이 토털 리더십 프로그램에서 가장 까다로운 동시에 가장 큰 성과를 낼 부분이다. 자신이 중요하게 생각하는 그 사람들이 무엇을 중시하는지를 새로이 알아낼 좋은 기회이기 때문이다.

창의성을 추구하라

창의적으로 행동하면 새로운 환경에 적응하는 능력이 생기고 새로운 방법을 시험해볼 자신감도 생긴다. 또 항상 삶에 활력이 넘친다. 유능한 리더는 목표를 달성하는 수단을 끊임없이 생각한다. 결과에 초점을 맞추는 자세를 유지하되 일을 해내는 방법과 시기, 장소 등에 관해서는 최대한 융통성을 발휘한다. 자신에게 의지하는 사람의 기대에 부응하기 위해 새로운 업무 처리 방식과 소통 수단을 과감하게 시험해본다. 굳이 얼굴을 직접 맞대고 일을 처리하는 방식을 고집하지 않고 뉴미디어를 최대한 활용하는 융통성을 보인다.

좀 더 분명하고 새로운 관점에서 자신에게 가장 중요한 것이 무엇인지, 또 가장 중요한 사람이 누구인지를 확인했다면 이 리더십 프로그램에서 가장 재미있다는 평가는 받는 과정을 시도해볼 차례다. 지금까지 거친 모든 과정에서 배운 것을 바탕으로 삶의 모든 영역에서 더 나은 성과를 내기 위한 독창적인 실험을 설계하고 실행하는 것이다. 이 부분은 6장에서 다루게 되는데 총 아홉 가지 유형의 토털 리더십 실험을 살펴본다. 7장에서는 신중한 행동으로 의미 있고 지속적인 변화를 끌어내는 리더의 자질에 관해 다룬다. 리더로서 자신뿐만 아니라 다른 이들의 이익을 함께 꾀하고 당신이 성공하는 동안 그들도 성공하게 함으로써 다른 이들이 당신이 선택한 방향으로 함께 가도록 만드는 방법을 설명한다.

마지막으로 8장에서는 지금까지 밟아온 과정을 꼼꼼히 살펴보고 그동안 무엇을 배웠는지, 또 어떤 교훈을 얻었는지 살펴본다. 훈련 경험이 성과에 미친 영향을 평가하고 성공한 것과 실패한 것이 무엇인지 그리고 성패의 이유가 무엇인지 생각해본다. 핵심 이해관계자가 자신에게 기대하는 사항 그리고 자신의 가치관과 미래에 대한 포부를 새로운 관점에서 들여다본다. 그리고 새롭게 알아낸 이러한 사실이, 성공한 리더로서 계속 성장해나가는 동시에 풍요로운 삶을 영위하고자 하는 사람에게 어떠한 의미가 있는지 살펴본다.

그러나 본격적으로 이 과정을 시작하기 전에 내가 생각하는 리더십의 의미부터 설명하고자 한다. 그런 다음에 토털 리더십 프로그램이 등장하게 된 이론적, 역사적 배경을 간략하게 살펴보고, 이 프로그램이 오늘의 직업 환경에 적합하다고 생각하는 이유를 설명하겠다.

리더십의 정의는 달라져야 한다

일반적으로 리더란 '가치 있는 목표를 추진하도록 사람들을 이끄는 사람'을 뜻한다.

이 책은 삶의 모든 영역에서 가치 있는 목표를 달성하는 데 초점을 맞춘다. 이를 네 가지 영역에서의 성공, 즉 '4면 성취'라 칭한다. 삶의 모든 영역을 중시하는 관점은 리더십을 영역별로 분리해 다루는 전통적인 시각과는 다르다. 일, 가정, 공동체, 자신이라는 삶의 네 가지 영역이 상호 의존적 관계를 형성할 때 어느 영역에서든 그 목표를 달성하기가 더 수월하다. 어느 한 영역의 목표를 다른 영역의 목표들과 연계해 생각하면 그 목표를 향해 사람들을 이끄는 능력이 향상되면서 더욱 유능한 리더로 성장하게 된다. 가치 있는 목표를 추진하도록 사람들을 이끌려면 반드시 이렇게 여러 영역에서 수완을 발휘해야 한다는 의미는 아니다. 다만, 그렇게 하면 효율성이 더 높아진다는 뜻이다.

그렇다면 우리는 어떤 사람을 리더라고 하는가? 이론 및 실무적 측면에서 리더십은 대략 다음과 같이 정리할 수 있다. (a) 업무를 수행하면서 리더십을 발휘할 수 있는 잠재력은 관리자나 경영자만의 고유한 자질이 아닌 보편적인 특성에 가깝다. (b) 조직이나 집단의 모든 구성원이 각자 리더처럼 생각하고, 가치 있는 목표를 향해 사람들을 이끌 능력이 자신에게 있다고 생각하면 조직의 목표를 달성하기가 쉬워지므로 조직 차원에서도 리더십은 도움이 된다. 리더십은 무한 자원이며 많으면 많을수록 좋다.

그러므로 리더가 된다는 것은 중간 관리자나 최고 경영자가 된다는 의미가 아니다. 리더가 된다는 것은 관련된 모든 이해관계자에게 중요한 의미가 있는 무언가를 성취해 모두가 성공을 맛보게 한다는 목표 아래, 자신이 설정한 방향에 따라 사람들의 헌신적이고 열성적인 행동을 끌어낸다는 뜻이다. 조직이나 집단의 최고위 관리자든 중간 관리자든 아니면 말단이든 상관없이 누구나 이렇게 할 수 있다. 또 직장, 가정, 친구 관계, 공동체, 사회단체 등 어디에서든 리더십을 발휘하는 일은 가능하다.

물론 조직의 말단에 있는 사람은 최고 경영자와는 재량의 범위, 가용 자원, 영향이 미치는 범주 등에서 차이가 크게 난다. 즉, 리더의 조직 내 위치에 따라 재량권, 자원, 영향력 등이 달라진다.

- 개별 직원: 나와 내 주변(직장, 가정, 공동체)
- 중간 관리자: 나와 내 부하 직원을 포함한 내 주변
- 최고 경영자: 나와 조직 전체를 포함한 내 주변

그러나 '4면 성취'는 어느 수준에서든 가능하다. '리더'라는 용어는 '목표를 향해 사람들을 이끌려는 사람'이라는 의미를 담고 있다. 그러므로 누구나 삶의 모든 영역에서 리더가 될 잠재력을 가지고 있다. '리더'의 가장 중요한 의미는 내가 내 인생의 주인이 된다는 것이다. 내 인생의 주인이 되어 이 세상에서 풍요로운 삶을 사는 데 가장 중요하다고 생각하는 것에 영향을 미칠 수 있다는 뜻이다.

토털 리더십은 리더로서의 자신을 바라보는 방식에 의문을 제기하며 이 방식을 변화시킨다. 이 책은 토털 리더의 필수적 자질인 진정성, 완전성, 창의성을 개인적 특성에 맞춰 증진하는 방법을 제시한다. 예를 들어 54살인 고위 관리자와 22살인 학생은 똑같이 이 책을 읽고도 생각하거나 느끼는 바가 다를 것이다. 그들은 각자 자신에게 맞게 진정성과 완전성, 창의성의 의미를 받아들일 것이고, 두 사람 다 각자의 삶에서 4면 성취를 이루는 법을 배울 것이다.

토털 리더십 프로그램을 먼저 거쳐 간 다른 사람들처럼 당신도 삶의 모든 영역이 서로 연결돼 있다는 점을 깨닫게 되리라 생각한다. 따라서 각 영역 간에 상충하는 부분을 조정하는 차원이 아니라 영역을 통합하는 데서 답을 찾으려 할 때 가장 큰 보상이 따른다는 사실도 알게 될 것이다. 그리고 이렇게 하면 업무 성과도 향상된다. 일과 가정생활, 사회적 역할, 건강과 성취욕

등이 더 의미 있는 방식으로 서로 결합하기 때문이다. 당신은 리더로서 일을 더 잘 해낼 수 있는 새로운 방법을 알게 될 것이다. 결국 일과 관련된 리더십은 비단 업무의 영역에 국한된 능력이 아니라 삶 전체와 관련된 자질이라고 할 수 있다.

워라밸은 틀렸다

토털 리더십 접근법은 더 풍요로운 삶을 지향한다. 그러나 이는 흔히 워라밸work/life balance이라고도 하는 일과 삶의 균형을 유지하는 차원이 아니다. '균형'이라고 하면 대개 양팔이 수평을 이룬 저울 이미지를 떠올리게 되는데 사실 여기서는 좀 다르다. '일과 삶의 균형'에서 '균형'은 좀 다른 차원의 개념이라고 봐야 한다. 그 이유를 살펴보면 다음과 같다. 첫째, 수평인 양팔 저울처럼 평형 상태를 유지하려면 양 접시에 올린 물체의 양이 똑같아야 하는데, 삶의 각 영역에 대한 관심도와 중요도가 똑같다는 것은 말이 안 되기 때문이다.[2)] 둘째, 수평 저울은 한쪽에서 이득이 생기면 다른 한쪽에서 손실이 생기는 균형 관계를 나타낸다. 불가피할 때도 있기는 하나 일과 삶의 나머지 영역을 이런 관계로 바라보는 것은 본질적으로 비생산적이다. 일과 삶의 균형 유지를 목표로 삼는다면 결국은 제로섬zero-sum 게임에 갇히게 된다.

균형이라는 목표를 향해 돈키호테처럼 내달리는 방식은 우리에게 많은 한계를 지운다. 일과 삶의 균형을 추구하는 상황은 양팔 저울보다는 차라리 재즈 4중주에 비유하는 것이 더 어울릴 듯싶다. 토털 리더가 된다는 것은 삶의 다양한 악기로 풍부하고 다채로운 음색의 곡을 연주하는 것과 비슷하다. 색소폰 소리를 듣자고 트럼펫 연주를 멈출 필요는 없다. 삶의 네 영역을 통합할 방법을 찾아보고 각 영역이 다른 영역의 성공에 도움이 될 가능성을 발견하지 못한다면 여러 영역에서의 동반 상승효과를 기대할 수 없다.

지난 수십 년 동안 일과 삶의 균형을 주창하던 사람들이 사회 정책이나 기업 프로그램을 통해 직장인이 더 충만하고 생산적인 삶을 영위하게 하는 데 있어 큰 성과를 낸 것은 분명하다.[3] 그러나 안타깝게도 이러한 유형의 '일과 삶' 프로그램을 보면 일이 삶의 다른 영역의 이해와 상충하는 것처럼 보일 때가 많았다. 이제는 이 어정쩡한 균형론에서 벗어나 삶의 네 영역을 종합적으로 고려하는 이른바 '4면 성취'에 초점을 맞춰야 한다. 4면 성취를 추구하려 할 때는 처음부터 이 네 가지 영역 가운데 어느 하나에도 소홀히 해서는 안 된다는 점을 분명히 해야 한다.

일과 삶에 관한 정책이나 프로그램 대다수가 형평 논리에 따라 하향식 체계로 표준화되어 있다. 그러나 모든 사람이 한 가지 치수의 옷을 입을 수는 없는 노릇이다. 뒷받침해주는 정책이 있든 없든 각자 자신의 자리에서 행동에 나서고 그 행동을 통해 의미 있는 변화를 끌어내야 한다. 각각 처한 상황이나 행동 방식은 다르겠지만 지금 하는 일을 삶의 나머지 영역과 적절히 통합해야 한다는 점은 같다. 토털 리더십은 일과 삶을 논하는 기존의 방법론에서 한 단계 더 나아간 것으로, 각 개인에게 적합한 방식으로 4면 성취를 이뤄내는 체계적인 방법이다.

태초의 두 가지 질문

인간의 지성이 눈을 뜬 이후로 사람들은 두 가지 의문을 풀려고 했다. 이 두 가지 의문은 이 책의 주요 관심사이기도 하다. 하나는 의미 있는 변화를 일으키는 방향으로 사람들을 이끄는 방법에 관한 것이고, 또 하나는 만족스럽고 온전한 삶을 영위하는 방법에 관한 것이다. 이론적 근원을 굳이 찾자면 길가메시Gilgamesh: 메소포타미아 우루크를 통치했던 전설적인 왕- 역주 신화에서 시작해, 광야를 떠돌던 모세의 시련 이야기를 거쳐, 플라톤Plato의 철인 정치론, 랄프 왈도 에머슨Ralph Waldo Emerson과 헨리 데이비드 소로Henry David Thoreau의 선험론, 그리고 권력과 생산 수단에 관한 카를 마르크스Karl Marx의 이론 등으로 거슬러 올라갈 수 있겠다.

그러나 사실상 토털 리더십 접근법은 비교적 최근에 속하는 20세기 연구자들의 작업에 바탕을 둔다. 리더십이란 무엇이며 왜 중요한가? 일 영역과 삶의 나머지 영역을 어떻게 조화시킬 수 있는가? 조직은 어떻게 생산적인 사람을 키워내는가? 사람과 조직은 어떻게 학습하고 또 어떻게 변화를 이뤄내는가? 이상의 각 질문을 간략히 살펴보자.[4)]

리더십이란 무엇이며 왜 중요한가?

초기 리더십 연구는 리더가 갖춰야 할 자질에 초점을 맞췄다. 좋은 리더는 진취성, 낙관, 자신감, 인내심, 자기 인식, 다른 사람의 요구를 중시하려는 의지, 목적의식, 다른 사람을 격려하고 용기와 기운을 북돋는 능력, 일을 위임하는 능력, 다른 사람의 관점에서 보고 이해하는 마음 등과 같은 특정한 자질을 지녔다고 보았다. 연구자는 각기 다른 상황적 요구에 맞는 스타일로 리더십을 발휘하는 방법에 초점을 맞췄다. 1990년대에 감정 지능과 사회 지능 개념이 등장하자 개인의 인성을 중심으로 리더십 모형을 정립하려는 움직임이 일어났다. 그 당시에 리더십 연구는 리더 내면의 인간적 요소 그리고 다른 사람의 기본 인성을 바탕으로 한 관계 맺기의 가치에 초점을 맞추기 시작했다.

리더 그리고 리더가 하는 일이 왜 그렇게 중요한가? 리더는 경로-목표path-goal 모형을 통해서든 실험 모형을 통해서든, 집단에 중요한 의미가 있는 결과를 내도록 사람들을 독려한다. 경로-목표 모형에서 리더는 부하 직원의 요구를 충족시킴으로써 집단 전체의 목표를 향해 가는 경로를 선명하게 제시해준다. 실험 모형에서는 사람들을 하나로 결집해 집단이나 조직, 더 나아가 사회의 개선을 도모한다.

1960년대에 등장한 '인간 잠재력 개발 운동human potential movement'은 개인에게 자율권을 부여해야 한다고 강조한다. 따라서 이는 조직의 맨 꼭대기를 차지한 사람이 다른 구성원 전부를 지휘하는 식의 일반적인 리더의 개념과는 다르다. 리더십은 이제 피라미드의 맨 꼭대기를 차지한 사람들의 전유물이 아니다. 지난 40년 동안 새로운 접근법이 계속 등장하면서 일적 측면의 성과보다는 더 깊은 내면의 가치에 초점을 맞추는 추세가 강해졌다.

어떻게 일과 삶의 다른 영역이 조화를 이루게 할 것인가?

리더십에 관한 연구가 계속해서 진전을 이루는 와중에 조직 심리학자와 사회학자는 우리가 수행하는 각기 다른 역할과 그 역할 간의 상호 작용을 고찰했다. 각 역할이 어떤 방식으로 서로 영향을 미치는지를 다시 살펴본 것이다. 1960년대에는 조직과 조직 내 사람들의 삶을 이해하는 데 역할 이론 role theory과 체계적 분석 기법을 적용하기 시작했다.[5] 1970년대에 또 다른 연구진은 사회와 조직의 테두리 안에서 일과 가정생활을 결합하는 것에 주목하고 이 주제를 다룬 책을 썼다.[6] 직장생활과 관련해 자녀 양육 문제가 주요 쟁점으로 떠오르고 자녀를 '직장 내 보이지 않는 이해관계자'로 인식하게 되면서 '일과 가정'이라는 주제를 본격적으로 다루는 분야가 등장했다.[7]

지금은 '일과 삶'이라 칭하는 이 분야가 지난 20년 동안 크게 성장하면서 아동 발달과 조직 심리학뿐 아니라 노동 경제학과 법률, 경영 전략, 문화 인류학, 공공 정책, 가족 체계, 국제 경영 부문까지 포괄하는 거대 분야로 확대됐다. 연구자들은 사람들과 조직이 각기 다른 삶의 역할 간의 긴장 관계를 어떻게 관리하는지 알아내는 데 필요한 새로운 모형을 개발했다. 그러나 최근까지도 일의 영역과 삶의 나머지 영역 간의 상충을 전제하는 모형이 더 큰 관심을 받았다. 그런데 요즘은 삶의 여러 영역을 개별적으로 분리해서 보지 말고, 함께 풍성해지고 함께 고갈되는, 즉 성쇠를 같이하는 상호 의존적 관계로 보아야 한다는 사실이 점점 명확해지고 있다.

조직은 어떻게 생산적인 사람을 육성하는가?

또 하나의 이론 흐름이 형성되면서 그간의 산업 추세에 변화가 생겼다. 조립 라인과 관료적 조직 구조에서 파생된 비인간적 작업 환경이 주를 이루고 있던 과거에는 근로자를 기계와 별다르지 않은 단순 생산 수단으로 취급했다. 그러나 경영자들은 근로자를 이와 같이 취급하는 경제 모형은 의욕과 생산성을 떨어뜨리는 비생산적이고 파괴적인 모형이라는 사실을 점차 깨닫게 됐다. 1960년대가 되자 모든 분야에서 개인의 진취성과 재능을 발휘해 집단의 공동 목표에 기여하는 새로운 방법을 찾아내고 있었다. 인적 자원과 조직 개발 분야가 발달하면서 일과 사생활 부분 '모두'에서 만족감을 높일 수 있도록 작업 환경을 개선하는 데 초점을 맞췄다. 현재는 작업 환경의 유연성을 중시하는 추세다. 이러한 추세는 개인과 조직 모두에 적합한 업무 환경을 설계하는 방법을 설명하고자 등장했던 다수의 이론에 바탕을 둔다.

1990년대에는 현재 '인적 자본'이라 칭하는 개념을 연구하는 사람이 많아졌다. 이는 개인이 기업에 제공하는 가치로, 여기에는 기술적 차원의 기량뿐 아니라 열정과 팀워크 같은 무형적 가치도 포함된다. 사람에 대한 투자는 곧 온전한 존재로서의 '완전체적 인간'에 대한 투자라고 보는 관점이 크게 호응을 받았다. 이에 따라 신입 사원을 평가할 때는 일과 삶의 나머지 영역 둘 다에 초점을 맞추었으며, '좋은 일' 혹은 '잘한 일'의 진정한 의미가 무엇이냐에 관한 새로운 개념에 초점을 맞췄다. 정신·심리 분야 연구자들도 직장 및 조직생활에서 의미를 찾는 일이 얼마나 중요한지 강조하며 이 같은 흐름에 힘을 실었다.

사람과 조직은 어떻게 학습하고 변화를 만드는가?

지크문트 프로이트Sigmund Freud부터 칼 로저스Carl Rogers에 이르는 정신·심리학자, 그리고 심리학 이론과 개인의 성장 능력 개념을 조직 리더에게 적용하기 시작한 연구자들을 중심으로 리더십의 본질과 직장 및 사생활 부분에서의 행복 추구에 관한 이론이 형성됐다. 존 가드너John Gardner는 기업과 정부에서 고위 관리자로 일한 경험을 통해 배운 사실을 깔끔하게 정리해 기술했다. 그는 평생토록 자기 이해의 폭을 넓히는 일에 매진하는 일이야말로 리더의 지상 과제이자 리더십의 필수 요소라는 점을 강조했다. 자기 이해는 자신감 혹은 자기 확신의 기초가 되기 때문이다.

경험을 통해 터득한 지식이 개인을 변화시키고 이러한 변화는 조직 개선을 목표로 삼은 사람들에게 힘을 실어준다. 이를 설명하는 유용한 모형을 개발한 사람들도 있다. 학자와 실무자들은 의도했던 변화를 체계적으로 촉진하여 현실 세계에서 직면하는 과제와 평가, 사회적 지원(의미 있는 교훈을 뽑아내도록 도와주는 코치)이라는 세 가지 요소를 결합해 조직 내 리더십을 강화할 수 있는 도구를 설계했다.[8)]

저항의 힘과 조직 문화의 역동성을 다룬 수많은 연구자들 덕분에 인적 시스템의 변화에 관한 많은 사실이 밝혀졌다. 조직 이론가들은 '작은 성공small win' 개념을 대규모 변화를 끌어내는 수단으로 제시했다.[9)] 피터 드러커 같은 경영학계 권위자들은 "혁신이 효과를 보려면 일단 단순해야 하고 또 거기에 집중해야 한다. 효과적인 혁신은 작은 데서 출발한다"고 주장했다.[10)] 좀 더 최근에는 실험자의 과학적 관점을 적용해 관리자도 변화를 꾀하는 데 필요한 기술과 역량을 갖춰야 한다는 주장도 나왔다.[11)]

바로 지금을 위한 리더십

이러한 이론적 배경을 토대로 성장한 토털 리더십 프로그램에는 현시대의 주요한 특성이 반영되어 있다. 이제 이 가운데 가장 중요한 부분을 간략히 설명하겠다.

사회적 변화

예전에는 외벌이 남편과 전업주부 아내로 구성된 가족 형태가 일반적인 가정의 모습이었는데, 이제는 '표준 가정'의 모형이 다양해졌다. 이에 따라 남성과 여성의 근로 시간에 대한 기대치를 수정해야 할 필요성이 커졌다. 아직 완전한 상태는 아니지만, 어쨌든 사회 전 영역에 걸쳐 양성평등 개념이 자리 잡으면서 새로운 기대치와 기회를 창출하고 있다. 기업은 부정부패의 여파로 위상이 낮아졌고, 사람들은 기업에게 더 강한 책임 의식과 윤리적 행동을 요구하기에 이르렀다. 새로운 정책들은 기업의 경영진에게 더 확고한 윤리적 근거를 찾고 탐욕을 피할 것을 요구한다.

근로자의 새로운 요구

사람들은 갈등이 만연해 있는 듯한 이 세상에 긍정적인 영향을 미치고 싶어 한다. 일하기 가장 좋은 기업은 직원들이 열심히 일하면서 친구라고 생각하는 사람들과 즐거운 시간을 보낼 수 있는 곳이다. 평생직장은 이제 의미 없는 개념일 뿐이고 오직 한 직장에만 충성할 일도 없다.

기술적 변화

디지털 혁명으로 인해 모든 사람이 새로운 통신 도구 사용법을 배워야 하는 상황에 내몰렸다. 사용자에게 자유(시간과 장소의 구애를 받지 않게 해줌)를 약속한다지만, 사실은 새로운 형태의 노예 상태(하루 24시간, 1년 내내 연결 상태를 유지해야 함)가 되는 것뿐이다. 뉴미디어 환경에서 우리는 우리 삶의 리더로서 언제 어디서 어떻게 업무를 수행할지 스스로 선택해서 삶의 각 영역이 충돌하지 않게 관리해야 한다. 바로 이 부분에서 계절 혹은 주야를 기준으로 일상 업무와 일과가 정해지던 이전 세대와 확연히 구별된다.

조직과 시장의 변화

급격한 변화의 물결 속에서 모든 직장인은 늘 새로운 상황에 적응해야만 한다. 생산성 향상에 대한 요구가 날로 거세지면서 스트레스에 시달리고 삶의 균형이 다 깨져버려 결국 극심한 피로감을 느끼고 건강에 문제가 생긴다. 이와 함께 주요 경제 부문에서 인력난이 계속되면서 기업은 기업대로 '인재 전쟁'을 치르며 극한 경쟁 상황에 내몰린다. 수평적 조직 구조는 전 구성원에게 더 큰 책임감을 요구한다. 그런데 가속하는 세계화와 노동 시장의 다변화 추세를 고려한다면 다양한 배경을 지닌 근로자에게 동기를 부여하기 위해서는 종래와는 다른 새로운 접근법이 필요한 상황이다.

이 책의 활용법

토털 리더십 프로그램은 앞서 설명했던 다양한 시대적, 이론적 배경을 토대로 오늘날의 요구 사항에 적절한 해결책을 내놓는다. 그러나 온전한 삶과 가장 중요한 인간관계를 다룬다는 측면에서 보면 이 프로그램은 시작도 끝도 개인, 즉 당신이 중심인 과정이다. 개인의 일상생활에서 가능한 일이 무엇인지에 관한 대략적인 틀은 사회적 구조와 경영 방침에 따라 정해지는 측면이 있다. 그러나 가장 강력한 변화는 자기 자신을 믿는 사람이 이뤄낸다. 요컨대 자신에 대한 믿음을 바탕으로 새로운 일을 추진하는 데 필요한 지지를 다른 사람으로부터 얻어낼 줄 아는 사람들이 결국 변화를 이뤄낸다.

변화를 꾀하고 마침내 그 변화를 이뤄내려면 리더십이 필요하다.

당신은 현재의 직위나 경력 수준, 생활 환경과 관계없이, 또 상황 변화가 얼마나 큰 영향을 미치는지에 상관없이 앞장서서 행동하는 쪽을 택해야 한다. 변화를 주도하고 싶다면 자신을 리더라고 생각하라. 그러면 자신이 정말로 원하던 것이 한낱 몽상이 아니라, 현재는 물론이고 앞으로도 오랫동안 영향을 미치는 실질적 결과물로 남을 가능성이 커진다.

사람들이 토털 리더십 프로그램을 찾는 이유는 자신이 가진 어떤 문제를 해결하고 싶기 때문이다. 그런데 이 과정을 진행하다 보면 전에는 존재하는지조차 몰랐던 문제를 알게 되고 그 해결책까지 발견하게 된다. 이 책은 실질적인 훈련 과정을 제시해 자신이 바라던 리더의 길로 당신을 이끈다.

토털 리더십 프로그램은 '당신 스스로' 자기 삶의 큰 그림을 현실적으로 바라보고 더 효율적으로 삶을 주도하는 데 도움이 되는 도구를 사용하라고 권할 뿐이다. 특별히 복잡한 과정이 필요하지는 않다. 무엇을 바꾸고 싶은지, 또 어떻게 바꾸고 싶은지 스스로 결정하면 된다. 진지한 자기 성찰도 필요하다. 그러나 자기 안에 갇혀서는 안 되고 다른 사람들과의 상호 작용을 잊으면 안 된다. 자신에게 중요한 사람들과 진지하고 생산적인 대화를 나눠야 한다. 이렇게 다른 사람과 연결돼 있으면 변화를 계속 추진하는 데 필요한 책임감이 더 생기게 마련이다.

이 책의 내용을 적당히 건너뛰며 읽고 싶을지도 모르겠다. 그렇더라도 논리적 순서에 맞게 과정 전체를 체계적으로 정리해 구성했으니 웬만하면 처음부터 끝까지 순서대로 읽었으면 한다. 시간을 내서 분석 내용과 연습 과제에 대한 자기 생각을 정리해보자. 그 결과를 토대로 다음 단계로 나아갈 수 있다.

집단이나 기업에서 이러한 아이디어를 실현하는 구체적인 방법을 알고 싶다면 부록 B '조직에서 토털 리더십으로 4면 성취 이루기'를 읽어보자.

연습 과제 활용법

여기서 제시하는 연습 과제가 여러분의 사고 및 행동 방식을 변화시킬 것이다. '나도 할 수 있겠다'는 생각으로 시작할 수 있도록 각 과제의 지시 사항을 되도록 쉽게 전달하려고 했다. 실행한 내용을 이 책에다 아무렇게나 적어두지 말고, 따로 기록할 곳을 마련해 적어두기 바란다. 노트도 좋고 디지털 파일도 괜찮다.

리더로 성장하려면 어느 정도 시간을 투자해야 한다. 이 책을 처음부터 끝까지 읽으며 연습 과제를 다 수행하는 데 약 4개월이 걸린다. 연습 과제에 따라서는 몇 분이면 끝나는 것도 있고 몇 시간 혹은 며칠이 걸리기도 하며, 길게는 몇 주일까지 걸리는 것도 있다. 속도는 각자 알아서 조절하면 된다. 이 책의 연습 과제에 투자하는 시간은 리더로 성장하려는 사람에게는 최소한의 투자이자 시작에 불과하다. 유능한 리더가 되려면 여기서 그치지 않고 더 많은 시간과 노력을 들여야 한다.

코칭 네트워크 구축 방법

이 책의 기본 원칙을 혼자서 적용해보는 것도 가능하지만, 이 과정을 함께할 사람이 있으면 더 효과적이고 얻을 것도 많다. 가까운 사람들과 이 프로그램을 처음부터 끝까지 같이해보면 큰 도움이 된다. 지켜보는 사람이 아무도 없으면 처음에 했던 결심이 흔들리기 쉽기 때문이다. 다른 사람이 함께하면 자신이 하겠다고 한 일을 하지 않고 미적대기 어렵다. 지켜보는 사람이 있으면 더 신중하게 생각하게 되고 진정한 변화가 계속 이뤄질 수 있도록 상황을 다른 각도에서 바라보게 된다. 그리고 다른 사람이 변화하도록 도움을 주는 과정에서 더 많이 배울 수 있다.

아는 사람 가운데 한 명을 자신의 코치로 삼는 것도 생각해볼 만하다. 코치가 있으면 처음에는 연습 과제를 통해 배운 내용을 개선하는 데 도움이 되고, 배운 것을 실전 상황에서 실험해보려 할 때 적정 수준의 위험을 감수할 수 있다. 코치는 성과를 분석하고 어떠한 교훈을 취할지 명확히 하는 데 도움을 준다. 정서적 지지를 통해 자신감을 불어넣고, 목표 달성에 도움이 되는 구체적 조언이나 아이디어를 제공하기도 한다.

가장 간단한 방법은 두 사람이 서로 코치 역할을 해주는 것이다. 그러나 이보다는 세 사람이 모여 돌아가며 코치 역할을 하는 편이 더 효과적이다. 예를 들어 알리, 바브, 찰스 이렇게 세 사람이 있다고 해보자. 그러면 알리는 바브의 코치가 되고 바브는 찰스의 코치, 찰스는 다시 알리의 코치가 되는 식이다. 이렇게 다른 사람의 코치로서 지도하는 입장이 되면 그 사람에게 제대로 집중하게 되고, 나를 코치해주는 사람 역시 나에게 집중한다. 코치가 된다고 뭐 아주 어려운 일을 하는 것은 아니다. 상대방이 쓴 글을 읽고 자신의 의견을 말해주고, 그 사람이 한 행동에 대해 서로 대화를 나누는 정도다. 지도를 받는 입장에서 코치에게 이야기하기 좋은 때와 코치의 입장에서 지도를 받는 사람에게 이야기하기 적당한 때가 언제인지도 이 책에서 알려줄 예정이다. 그리고 코치로서 상대방에게 어떤 질문을 하는 것이 좋은지도 알려줄 것이다. 부록 A '토털 리더십 코칭 네트워크'도 참고하기를 바란다.

www.totalleadership.org

자신이 바라던 리더가 되고 싶은 사람, 일과 삶의 나머지 영역을 적절히 통합하는 문제로 고민하는 사람이 한둘이 아니다. 그래서 의미 있고 지속 가능한 변화를 이뤄내려 노력하는 사람들이 모여 서로 응원하고 지지하는 공간을 마련하고자 온라인 네트워크를 개설했다. 이 네트워크에서는 토털 리더십 과정을 이수한 후에 스스로 코치가 되어 아이디어를 공유하고 혁신을 도모하는 일에 매진하려는 사람들을 만날 수 있다. 그리고 성과 평가 도구를 비롯해 참고 문헌, 모범이 될 만한 리더와의 인터뷰, 중요한 실험 사례, 현역 토털 리더에 관한 이야기, 관련 주제를 다룬 블로그와 링크 등 다양한 자원을 접할 수 있다.

시작, 목표 설정

앞서 소개했던 제나와 안드레처럼 토털 리더십 프로그램을 마친 사람들은 주도적인 삶을 살고자 했던 자신의 소망을 어느 정도 이뤘으며, 기대 수준에

거의 근접한 삶을 살고 있다고 말한다. 그리고 일을 하면서 자신뿐 아니라 다른 사람들을 위한 가치를 창출한다고 생각하며, 덕분에 대인 관계가 더욱 원활해진 느낌이고 목적의식도 강해졌다고 한다.

토털 리더십 프로그램은 최선의 방향을 선택할 수 있는 능력을 계발하는 데 도움이 된다. 토털 리더십 과정을 선택하는 이유는 제각각이지만 대다수는 건설적인 변화를 원한다. 자, 이제 이 책을 왜 읽고 있는지 생각해보고 각자 편한 방법으로(노트, 전자 파일, 블로그, 영상 녹화, 음성 녹음 등 무엇이든 상관없음) 기록해보자. 아래 제시한 연습 과제를 기준으로 삼으면 된다. 달성하려는 목표를 명확하게 써놓으면 이 책에 제시된 내용을 자신에게 맞춰가는 데 도움이 되고, 자신이 정한 목표에 도달하기가 더 수월해진다.

아래 첫 번째 연습 과제는 출발점이자 기준점이다. 자신의 목표를 분석해 기준선을 정한다. 이렇게 기준선을 정해두면 이 책의 지시에 따른 결과로 변화가 얼마나 이뤄졌는지, 성과가 얼마나 향상됐는지, 리더로서의 자신에 대해 무엇을 알았는지 등을 확인하기가 훨씬 수월해진다.

이 책을 읽는 이유는 시간이 지나면서 달라지기도 한다. 사실 그런 경우가 꽤 많다. 목표도 바뀐다. 그런데 이러한 변화는 오히려 환영할 만한 현상이다. 무엇이 중요한지 계속 생각하면서 새로운 기회를 만나고 새로운 관점으로 대상을 바라보게 될 때마다 이에 적응해나간다는 의미이기 때문이다.

이제 다음 장에서 진정성을 추구한다는 것이 무엇을 의미하는지 알아보도록 하자.

Exercise

토털 리더십 프로그램을 통해 달성할 목표

이 책을 읽게 된 이유가 무엇이고, 이 책에서 무엇을 얻고 싶은지를 한두 문장으로 정리해 적는다. 서두르지 말고 적당한 답변이 떠오를 때까지 조금 기다린다. 그리고 적당한 기록 수단을 정한 다음, 토털 리더십 프로그램을 따라가면서 필요할 때마다 그곳에 자신의 답변을 적는다.

1부_ 진정성

진정한 나로 사는 법

2장

나에게 진짜 중요한 것은 무엇인가

Total Leadership

● ● ● ●

진정성을 추구하며 진실하게 행동하는 데 있어 가장 중요한 것은 자신이 정말로 중요하게 여기는 것이 무엇인지 정확히 확인한 다음, 그러한 가치와 포부를 실현하고자 최선을 다하는 것이다. 이 책의 연습 과제를 통해 가장 중요한 삶의 목표나 가치를 명확히 정리하는 과정이 필요하다. 이 과정은 앞으로 계속 이어질 모든 작업의 토대가 된다.

케리 다나카는 보자마자 호감이 가는, 누구나 좋아할 만한 여성이다. 한 제약 회사의 마케팅 부서에서 일하는데, 업무상 출장이 잦은 편이고 특히 유럽 출장을 많이 다닌다. 27살에 미혼이고, 키는 165cm 정도에 마라톤으로 다져진 몸이라 딱 봐도 탄탄해 보인다. 일본인 이민 가정 출신으로 미국에서 태어났다. 케리는 이렇게 말했다. "중상류층 일본계 미국인으로, 겉모습부터가 다른 백인 사회에서 성장하면서 자연스럽게 내면의 자아 형성에 집중하게 됐어요." 현재 케리는 최근에 매입한 샌프란시스코의 아파트에서 혼자 살고 있다. 성격이 쾌활하고 매사에 활력이 넘쳐 주변마저 덩달아 즐겁게 하는 그런 사람이다.

토털 리더십 과정을 시작할 때 케리에게 앞으로 15년 후를 그려보고 가장 바라는 최상의 미래 시나리오를 적어보라고 했다. 케리는 자신의 미래 모습을 이렇게 그렸다.

> 지금으로부터 15년 후에 나는 10년 전 창업한 회사가 성장해온 발자취를 돌아보며 감격한다. 처음에 직원 17명으로 시작한 회사는 이제 직원 수 1,000명에 육박하는 큰 회사가 됐다. 경영진은 소속감이 강한 조직 문화를 만들어냈다. 그래서 직원들은 서로 가족 같은 유대감을 느끼고, 모두가 회사 실적에 큰 공헌을 했다고 생각한다. 직원들은 매일 즐거운 마음으로 출근 시간을 기다리고, 제품을 개발하고 판매하는 일뿐만 아니라 같이 일하는 동료와의 관계를 돈독히 하는 일에도 열심이다. 우리 제품을 처방하는 의사와 제품을 사용하는 환자 모두가 만족해하는 혁신적인 제품군을 보유했다는 사실에 자부심을 느낀다.
>
> 사람들은 나를 진솔하고 겸손하며 인정이 많은 리더라고 생각한다. 내가 절대로 근본을 잊지 않는 사람이라는 점을 직원들도 잘 안다. 직원의 이름을 다 기억하고 그들을 근로자가 아닌 한 사람의 인간으로 대한다. 직원의 가족을 다 알고, 그 가족도 나를 안다. 여성 직원들은 나를 멘토로 생각한다. 나는 앞으로 회사를 이끌어갈 인재들의 잠재력과 능력을 인식하고, 이들을 차세대 리

더로 키우는 일에 힘을 쏟고 있다.

나는 가정을 꾸렸고 아이들도 있다. 아이들은 초등학교에 다닌다. 어렸을 때 나와 엄마의 관계가 좋았듯이 나도 아이들과 잘 지낸다. 아이들과 여행도 가고 방과 후 활동도 같이하면서 친구처럼 지내고, 때로는 선생님이나 훈육 교사 역할을 하며, 또 때로는 친절한 돌보미가 되어주기도 한다. 나는 그렇게 아이들의 삶에 깊숙이 관여하고 있다. 그래서인지 아이들은 친절하고 인정 많은 사람으로 성장하고 있다. 아이들이 그렇게 성장하도록 도운 것이 내가 한 가장 중요한 일이다.

케리가 그렸던 장밋빛 미래에서 현재 모습으로 돌아와 보자. 케리는 대개 하루 11시간을 일에 매달린다. 가장 하고 싶은 일이 부모님과 형제자매를 보러 집에 가는 것인데, 출장 일정이 너무 빡빡해서 좀처럼 시간을 내지 못한다. 가족이 너무 멀리 떨어져 살고 있어서 갈 시간은 없고 그저 그리워만 할 뿐이다. 가족과 지내지 못해서 생긴 허전함은 친구들과 만나서 겨우 메운다. 이렇게 만나는 친구 중에는 아주 친한 사람도 있으나 대개는 그냥 알고 지내는 정도인 사람들이다. 원래 외향적이고 사교적인 성격이라서 남자 친구 혹은 다른 친구들과 만나 함께 저녁 식사를 하고 극장이나 음악회에 가는 것을 좋아한다. 그러나 이런저런 방법으로 마음을 채우려 해도 여전히 뭔가 허전하다.

토털 리더십 프로그램에 참가한 이유가 무엇이냐고 물었더니 케리는 이렇게 대답했다. "아직 미혼이라 오로지 일에만 몰두했고 경력을 쌓는 데만 관심이 있었어요. 그러다 보니 지금은 공허감만 느껴지네요. 친한 친구들과 만나 시간을 보내고 싶어요. 만나서 우리 삶에서 중요한 것이 무엇인지에 관해 이야기를 나누며 즐겁게 지내고 싶어요. 직장 사람은 다들 친절하고 우호적이지만, 가정과 직장생활 모두를 좀 더 잘 해내고 싶다는 내 고민을 이 사람들이 진정으로 이해한다고 생각하지는 않아요."

이 책에 예시한 몇 가지 연습 과제에 대해 케리가 쓴 답변을 읽는 것만으로도 당신과 주변 세상에 관심이 생길 것이다. 그렇게 자신과 세상을 전과는 다른 시각으로 바라볼 기회가 생긴다. 자신에게 정말로 중요한 것이 무엇인지 확인하게 되면 자신이 추구하는 가치와 현실의 격차를 인식하게 되고, 실제로 어떻게 살고 있는지, 또 자신에게 가장 중요한 사람들과 어떻게 지내고 있는지를 좀 더 확실히 알게 된다. 이 모두가 의미 있는 변화를 꿈꾸는 데 도움이 된다.

이 장에 제시한 연습 과제는 자신의 삶에서 중요한 사건, 영웅처럼 존경하는 사람, 바라는 미래, 핵심 가치 등을 깊이 고민해볼 기회를 제공한다. 연습 과제를 다 끝내는 데 약 세 시간 정도 잡으면 된다. (이보다 시간이 더 걸리는 사람도 있고 덜 거리는 사람도 있는데 큰 상관은 없다. 다만, 한꺼번에 다 하려고 하지는 마라.) 여기서 중요한 점은 서두르지 말고 자기 자신에게 솔직해지는 것이다. 번갯불에 콩 볶아 먹듯 대충 끝내려 하지 말고 시간적 여유를 가지고 자신의 속마음을 제대로 들여다보라. 마음을 탁 터놓고 솔직하게 쓰는 것 자체가 리더십 훈련 과정의 기초를 제대로 닦는 일이다. 연습 과제를 수행하는 과정에서 세우는 미래 비전 중에는 개인적으로 은밀하게 이루고 싶은 것도 있을 것이다. 그것이 다른 사람에게 공개하기로 결정한 미래 비전과 반드시 같을 필요는 없다.

나는 생각보다 나를 잘 모른다

자신이 누구인지 또 무엇이 되고 싶은지를 제대로 알고 싶다면 과거를 돌아보며 지금의 자신을 만든 사건과 사람을 생각해보고 그 내용을 적어보자. 이제 아주 중요한 질문에 대해 생각해볼 것이다. 나는 누구인가? 나는 어디에서 왔는가? 다음에 제시한 연습 과제를 통해 이 작업을 진행하면 내가 지금 어디로 가고 있는지, 가장 중요하게 생각하는 것은 무엇인지를 적기가 훨씬 수월해진다. 그리고 자신에게 중요한 사람들과 좀 더 편하게, 더 호감을 주는 방식으로 이 부분에 대해 이야기할 수 있다.

자신의 이야기로 다른 사람에게 영감을 주려면 어떤 방식으로 이야기를 전달할지 잘 생각해야 한다. 가장 효율적인 방법은 개인사를 집단의 역사와 연결 지어 이야기하는 것으로, 여기서 집단은 직장 동료, 가족, 친구, 공동체 구성원 등이다. 우선 자신이 가장 소중히 여기는 가치와 이상에 영향을 준 사건을 연결 고리로 삼아 개인사를 집단과 연계시킨다.

마틴 루서 킹 주니어Martin Luther King Jr.는 '나에게는 꿈이 있습니다'라는 유명 연설에서 자신의 개인사를 집단의 역사 속에 잘 녹여 미국이라는 집단 전체가 이뤄내기를 바라는 메시지를 대중을 향해 힘 있게 전달했다. 1963년에 했던 이 연설은 미국인이 지속적인 변화를 이뤄내게 하는 데 한몫했다. 킹의 이 연설은 개인사를 집단 서사와 연결했을 때 얼마나 큰 힘이 발휘되는지 보여주는 가장 좋은 예다. 킹은 개인적으로 겪었던 수많은 부당함을 이야기하며 불의로 점철된 미국의 역사를 들춰냈다. 그리고 미래에 대한 이야기 속에는 '그의' 가족의 비전뿐 아니라 '국가적' 비전도 담겼다. "언젠가는 나의 어린 네 자녀가 피부색이 아니라 인격으로 평가되는 그런 나라에서 살아가리라는 꿈을 꿉니다." 물론 우리 중 누구도 킹이 될 수는 없다. 하지만 다들 각자의 방식으로 킹을 모방할 수는 있다. 개인사를 자신이 속한 집단과 연결하는 능력은 우리 모두에게 잠재해 있기 때문이다.

자신의 이야기를 하라는 말이다. 하워드 가드너는 저서 《통찰과 포용》에서 '이야기는 인간의 기본적 인지 사고의 틀이다'라고 했다. 그리고 이렇게 덧붙였다. "이야기를 만들어 전달하는 능력이야말로 리더의 기본 소양이다. 사람들이 자신이 어떤 사람인지, 어디에서 와서 어디를 향해 가는지 생각하고 느끼게 하는 데 도움이 되는 이야기를 해라. 이것이야말로 리더의 인문적 자질이자 가장 강력한 무기가 될 수 있다."[1)]

자신의 리더십 이야기를 할 때는 리더십 분야의 연구자 조지프 바다라코Joseph Badaracco가 말하는 '결정적 순간defining moment'에 관한 이야기를 들려주면 좋다. 이 결정적 순간은 무언가를 선택해야 하는 상황에서 종종 맞닥뜨리게 된다. 선택 상황에서는 자신의 가치관이 드러나기도 하고, 새로운 가치관이 형성되기도 하며, 기존 가치관과 충돌하는 순간이 생기기도 한다. 애플Apple의 공동 창업자 스티브 잡스는 2005년 스탠퍼드 대학교 졸업식 연설에서 20살 때 부모님 집 차고에서 창업했던 회사로부터 30살에 해고당한 이야기를 들려줬다.

내가 실패했다는 사실이 동네방네 다 소문이 난 상태라 수치스러운 마음에 실리콘 밸리를 아예 떠나버릴까도 생각했습니다. 하지만 내 마음속에 슬며시 고개를 드는 생각이 있었습니다. 나는 여전히 내가 하는 일을 사랑한다는 사실이었죠. 애플에서 해고됐어도 이 생각에는 전혀 변함이 없었습니다. 쫓겨났어도 나는 여전히 이 일이 좋았습니다. 그래서 다시 시작하기로 마음먹었죠.

그때는 몰랐지만 애플에서 해고당한 일이 내게는 최고의 사건이자 다시없을 좋은 기회였습니다. 성공에 대한 압박감 대신 홀가분함을 느꼈습니다. 확실한 것은 아무것도 없었지만, 이제 초보 기업인으로 다시 시작하면 된다는 생각에 마음이 한결 가벼워졌습니다. 덕분에 창의적인 삶을 살아갈 기회를 다시 얻었다고 생각합니다.[2)]

잡스는 자신의 이야기를 통해 사람들에게 한 가지 교훈을 전해주었다. 스스로에게 솔직해지고 내면의 목소리에 항상 귀 기울이면서 자신에게 정말 의미 있는 일을 선택하는 것이 얼마나 중요한지를 사람들에게 알려줬다. 잡스의 이야기는 눈앞에서 기회의 문이 닫혔을 때 좌절하지 않고 자신이 되고자 하는 리더의 길을 꾸준히 걸어야 한다는 사실을 전하고 있다.

실패에도 굴하지 않고 계속 내 길을 갈 수 있었던 이유는 내가 하는 일을 사랑했기 때문이라고 확신합니다. 여러분도 자신이 사랑하는 일을 찾아야 합니다. 사랑을 열심히 찾듯이 일도 열심히 찾아야 합니다. 일이 삶의 많은 부분을 채워줄 것이고 '멋진 일'이라고 믿었던 일을 할 때만이 진정한 만족을 느낄 수 있는 순간입니다. 그리고 자신이 하는 일을 사랑해야만 그 멋진 일을 할 수 있죠. 사랑하는 일을 아직 찾지 못했더라도 포기하지 말고 계속 찾으시기 바랍니다. 절대 현실에 안주하지 마세요.

록산의 이야기

록산 파파스-그랜트Roxanne Pappas-Grant가 일하는 모습을 보면 엄청난 집중력과 상황 통제력에 놀라게 된다. 40대 초반인 록산은 곱게 다듬은 머리에 가지런한 치아, 눈매와 코의 자연미가 돋보이게 하는 세련된 화장이 인상적인 여성이다. 어느 모로 보나 21세기형 관리자 유형에 딱 맞는 인물이다. 성공에 대한 욕구가 남다른 록산은 다국적 제약 회사에서 영업 담당 책임자로 일했다. 록산은 자신을 이렇게 평가했다. '항상 일에 몰두했고 승진을 통한 성취감에 온 신경을 집중했다.'

그러나 이것이 전부가 아니었다. 록산 역시 한 남자의 아내이자 두 아이의 엄마였다. 처음 만났을 당시 록산은 삶에 대한 만족감이 계속해서 줄어드는 상태였다. 가족, 특히 아이들과의 사이가 점점 멀어지고 있다는 느낌이 강하게 들었기 때문이다. 록산에게는 일이 정말 중요하지만, 그렇다고 전부는 아니었다. "일 이외의 영역에서 어려움을 겪으면서 일과 관련된 성취감만으로 나라는 존재를 전부 규정하지는 못한다는 사실을 깨달았어요. 그리고 일에 전력을 다해도 매번 보상이 따르는 것은 아니라는 사실도 알았죠." 토털 리더십 프로그램에 참가한 목적이 무엇이냐고 묻자 록산은 이렇게 답했다. "직장에서만이 아니라 내 삶 전체에서 무엇을 성취하고 싶은지에 관한 비전이 명확해야 하고, 삶의 전 영역에서 성공하려면 무엇을 어떻게 해야 하는지 알아야 한다고 생각해요. 내게 가장 중요한 것이 무엇인지 알아야 하는데 이 부분에 대한 확신이 없어서 참가하게 됐습니다."

토털 리더십 훈련 초반에 록산은 직장에서의 모습, 즉 직장생활을 하며 추구해온 가치와 관심사가 자신이 직장 밖에서 되고자 했던 모습과는 다르다는 사실을 깨달았다. 이 사실에 실망한 록산은 직장에서 진정한 자신의 모습을 찾을 방법을 모색하고자 했다. 이것이 아이들과의 관계를 개선하는 데 도움이 될 것이고, 개인적 차원에서는 자존감을 높이는 길이라고 봤으며, 일의 효율성도 높여주었으면 했다.

일과 관련된 부분에서 변화를 꾀하는 작업을 시작하면서 먼저 자신의 삶에서 중요했던 사건을 정리해보기로 했다.

> 내 삶에 가장 큰 영향을 미친 사람은 아버지였다. 아버지는 성공의 목표를 높이 잡았고 열심히 하는 것이 최선이라고 믿었으며, 끊임없는 자기 성찰을 통해 더 발전할 방법을 계속해서 찾아야 한다고 생각하는 사람이었다. 줄곧 아들을 원했던 아버지는 내가 태어나기도 전에 벌써 남자아이 이름까지 정해놓았다. 그런데 딸인 내가 태어나자 아버지는 실망하지 않고 나를 '아들처럼' 키우기로 마음먹고는, 자신이 품었던 꿈과 기대를 나를 통해 실현하고자 했다. 그리스에서 태어난 아버지는 미국으로 건너와 전기공 밑에서 기술을 배웠다. 아버지는 내가 전기 공학자가 돼서 자

기보다 더 많은 기회를 누리며 살기를 바랐다.

학창 시절에 나는 그다지 인기 있는 학생이 아니었고 그래서 아이들과 별로 어울리지 않고 혼자서 공부만 열심히 팠다. 인기 있는 아이들, 말하자면 '잘나가는 무리'에 속하지 않다 보니 주변 눈치 볼 필요 없이 내가 옳다고 생각하는 대로 행동할 수 있어 오히려 더 편했다. 친구들이 나를 어떻게 생각하든, 어떻게 대하든 개의치 않았다. 그러다 보니 사랑받는 것보다 존경받는 것에 더 가치를 두게 됐고 다른 사람으로부터 받는 존경이야말로 리더가 갖춰야 할 중요한 덕목이라는 생각이 들었다. 하지만 사랑받는 것도 꽤 좋은 일이라는 사실도 인정해야겠다.

어쨌거나 대학에 가서는 '인기 있는 학생'으로 바뀌었다. 사랑받는 것보다는 존경받는 것이 중요하다는 생각에는 변함이 없었지만, 이와는 별개로 나에게 사람들을 움직이는 재주가 있다는 사실을 알게 됐다. 그래서 4학년 때는 학생 단체 네 곳의 회장을 맡았고 다른 모임 네 곳에서도 열성적으로 활동했다. 사람들과 함께 일하는 것이 내가 진짜 원하는 바였기 때문에 공과대학원에 들어가 전기공학 박사 과정을 밟으라는 권유를 뿌리치고 나는 결국 사람들을 관리하는 일을 해보기로 했다.

이렇게 자기 삶에 일어났던 중요한 사건을 정리해보니 무엇이 지금의 자신을 만들었는지, 또 무엇이 자신에게 중요한지가 좀 더 명확해졌다. 우선 일과 관련된 부분에서 올바른 방향으로 나아가고 있다는 확신이 더 강해졌다. 그리고 삶의 다른 영역에서 취해야 할 중요한 목표는 도외시한 채 일에만 매달리게 된 이유가 무엇인지를 이해하는 데도 도움이 됐다.

누구나 자신의 이야기가 있고 당연히 그 이야기는 사람마다 다르다. 따라서 리더십 훈련 과정은 사람마다 다른 내용으로 짜일 수밖에 없다. 자신에게 중요한 것이 무엇인지, 무엇을 향해 가고 있는지를 전달하려 할 때 그동안 살면서 겪은 실제 이야기를 끌어내 이야기할수록 주변 사람들이 그 이야기를 그들의 상황과 결부시키기가 쉬워지면서 말하는 사람의 이야기를 훨씬 잘 이해하게 된다.

그래서 나는 당신이 연습을 통해 능숙한 이야기꾼이 되기를 권한다. 자신이 누구이고 무엇을 향해 가고 있는지 이야기함으로써 남에게 영감을 주는 법을 배워라. 노엘 티치는 고전적 저서 《리더십 엔진》에서 이렇게 설명한다. "가장 유능한 리더는 리더십에 관한 자신의 이야기로 감동을 줄 줄 아는 사람이다. (중략) 자신의 이야기를 알아야 자기 자신을 잘 안다고 할 수 있다." 그런데 자신의 이야기라고 해서 자신만의 것은 아니다. 당신의 이야기가 중요한 이유를 티치는 이렇게 말했다. "내 이야기를 통해 다른 사람이 나를 알 수 있다. 이야기를 통해 다른 사람이 내 안으로 들어와 내 생각과 삶을 들여다봄으로써 그와 나 사이에 진정한 인간적 유대감이 형성된다."[3)]

케리와 안드레의 영웅

자신이 존경하는 사람과 그 사람의 이야기를 찾아보는 것도 도움이 된다. 자신이 존경하는 사람을 찾아보고 그 사람을 왜 존경하는지 설명하다 보면 자신이 어떤 사람을 닮고 싶어 하는지를 좀 더 구체적으로 그려보는 데 도움이 된다. 자신이 되고 싶어 하는 리더상을 들여다볼 또 다른 창이라고 이해하면 된다. 케리는 남동생 댄을 자신이 존경하는 '영웅'으로 꼽았다.

> 댄은 24살 때 미 육군에 입대했다. 그리고 군 복무 기간 내내 믿을 수 없을 만큼 강한 절제력과 결의를 보여주었다. 입대 후로는 두 가지에만 집중했다. 하나는 대학 학업을 마치는 일이었고 또 하나는 그린베레Green Beret: 미 육군 특수부대원가 되는 일이었다. 댄은 이 두 가지 목표를 향해 차분히 단계를 밟아나가고 있다. 통과하기 쉽지 않은 그린베레 자격 심사 및 선발 과정을 자세히 조사한 후에는 몇 달 동안이나 심신 단련에 매달렸다. 댄은 결국 그린베레로 선발됐고 3주 안에 그린베레 의무병 훈련 과정에 들어간다. 나는 동생이 2년에 걸친 고된 훈련 과정을 무사히 마치리라 믿어 의심치 않는다. 내가 동생을 존경하는 이유는 목표를 향해 흔들리지 않고 매진하는 단호함과 결의를 보여줬기 때문이다. 목표를 달성했다는 사실보다 목표에 도달하는 과정이 더 감동적이었다. 자신이 정한 목표를 추진하는 내내 보여준 열정과 기개는 정말로 본받을 만하다고 생각한다.

케리가 존경하는 사람으로 남동생을 꼽은 이유는 자신에게 중요한 사람이기 때문이기도 하지만, 스스로 중요하다고 생각하는 목표를 추진하는 과정에서 동생이 보여준 끈기와 인내심에 절로 존경심이 생겼기 때문이다. 이렇게 동생을 영웅으로 꼽고 그 이유를 설명하다 보니 자신의 삶에서 중요하게 여기는 가치가 무엇인지가 좀 더 명확해졌다.

한편 안드레는 존경하는 인물로 어머니를 꼽았다.

> 어머니는 인종 차별이 심한 남부에서 10남매 중 셋째로 태어났다. 어머니의 어머니, 그러니까 내 할머니는 열악한 근무 환경에서 일하다가 호흡기 질환을 얻어 돌아가셨다. 그래서 어머니는 16살부터 시카고에 사는 이모 손에서 자랐다. 아버지와 결혼 후 서부로 이주했는데 계속되는 가정 폭력에 시달리다가 결국 이혼을 하고 홀로 두 아이를 키웠다. 이후 수년에 걸쳐 최저 임금 수준의 벌이에도 두 아이를 대학까지 보냈고, 아이들이 대학을 졸업하고 나자 본인이 공부를 해서 사회복지학 학위를 땄다. 내가 살아오면서 개인적, 직업적, 정신적으로 성장할 수 있었던 것은 오로지 어머니의 헌신과 결단력 덕분이다. 어머니는 항상 내 성취욕을 북돋워 준다.

안드레는 어머니를 역경에 굴하지 않고 끝까지 인내하며 앞으로 나아가는 인물이라고 생각한다. 자신이 존경하는 사람을 생각하면 격한 감정이 솟아난다. 엄혹한 현실 속에서 극적인 성공을 이뤄내는 모습에서 감동이 느껴지기 때문이다. 누구나 이런 영웅담을 말할 수 있고, 또 살면서 누구나 이러한 고난을 겪을 수 있다. 이런 '영웅담'에 담긴 고난은 변화를 통해 더 나은 세상을 만들어낸 리더라 해도 그 성취는 고군분투 끝에 어렵사리 얻은 것이라는 사실을 상기시켜준다는 측면에서 의미가 있다.

자신에게 중요한 사람과 그 사람이 왜 중요한지에 관한 이야기는 자신의 가치관을 다른 사람에게 확실하게 알릴 수 있는 매우 효과적인 수단이다. 진정성 있게 그리고 다른 사람이 이해하기 쉽게 자기 자신을 드러내고, 이를 통해 자신이 어떤 사람인지 잘 보여줄 수 있는 방법이기도 하다. 토털 리더십 과정을 진행하다 보면 자신에게 가장 중요한 것에 관해 가장 친한 사람들과 이야기를 나눌 때 이 방법이 얼마나 유용한지 잘 알게 될 것이다.

Exercise

나는 어디에서 왔는가?

편하게 생각해볼 수 있는 장소에 가서 각자 선택한 도구(일지, 블로그, 녹음기 등)에 아래 두 가지 질문에 대한 답을 적어라. 충분히 시간을 들여 답변하라. 한 번에 다 해도 되고 나눠서 해도 상관없다.

나의 이야기

과거를 돌아보고 살면서 겪었던 가장 중요한 일이나 사건, 즉 지금의 자신을 있게 한 결정적 순간을 4~5개 정도로 추려보자. 이 사건들을 시간순으로 정리한 다음, 각 사건이 자신의 가치관과 삶의 방향에 어떤 영향을 미쳤는지 간략히 적어본다.

나의 영웅

자신이 존경하는 사람에 대해 한 문단 정도로 기술해보자. 삶의 중요한 부분에서 영웅 같다고 생각했던 사람을 떠올려보라. 개인적으로 아는 사람도 괜찮고 직접 만나지는 못했으나 알고 있는 사람도 괜찮다. 이런 사람을 찾아 적고 왜 존경하게 됐는지 그 이유를 한두 문장 정도로 간략히 설명한다.

내가 바라는 미래의 모습

자신에게 무엇이 중요한지를 명확히 알아내는 두 번째 단계는 '리더십 비전'을 적어보는 것이다. 여기서 리더십 비전은 '실현 가능한 매력적인 미래상(미래 모습)' 정도로 이해하면 되겠다. 이는 자신에게 가장 중요한 것, 즉 인생을 살면서 성취하고 싶은 것과 자신이 되고자 하는 리더 유형에 관심을 집중하게 해주는 핵심 수단이다. 리더십 비전이 유용하려면 과거에 뿌리를 두고 오늘의 현실적 문제를 고려하면서 미래를 설명하는 것이어야 한다. 리더십 비전은 자신이 누구이며 무엇을 추구하는지 보여주는 한편 건설적인 변화를 만들어내기 위해 자신은 물론이고 원하는 미래를 만드는 데 꼭 필요한 사람들에게도 동기를 부여하는 역할을 한다. 머릿속에 그리는 '미래'의 '이미지'는 '실현 가능'하며 '매력적'이어야 한다. 이제 이 네 가지 핵심어를 하나하나 살펴보도록 하자.

- 여기서 말하는 **'미래'**는 간단히 말해 아직 오지 않은 시간, 즉 지금 이 순간 이후를 의미한다. 그러나 상상의 한계를 넘어설 정도로 너무 멀리 나간 시점이어서는 안 된다. 킹 목사는 변화된 새로운 세상이 더 빨리 다가올 수 있도록 지금 당장 자유의 종소리가 널리 울려 퍼지게 하자고 말했다. "모든 주와 모든 도시, 또 작은 마을까지 통틀어 모든 마을에서 자유의 종소리가 널리 울려 퍼질 때 우리가 바라는 그날이 더 빨리 찾아올 것입니다."

- 당신의 미래 이야기를 듣는 사람의 머릿속에는 어떤 그림이 떠오를까? 당신이 그리는 미래는 어떤 모습인가? 다시 말해 말하는 사람이 생각하는 미래의 **'이미지'**는 무엇인가? 잘 그려낸 리더십 비전은 상상하기도 쉽고 기억하기도 쉽게 구체적으로 기술된 것이다. 킹 목사의 말을 다시 떠올려보자. "언젠가 이 앨라배마에서 흑인 어린이와 백인 어린이가 형제자매처럼 손을 잡고 함께 노는 날이 올 것입니다." 이 말을 들으면 누구나 이 장면을 머릿속에 그릴 수 있고 킹의 미래 비전을 이해할 것이다.

- 미래 비전, 즉 미래 이야기의 나래는 넓게 펼쳐도 되지만 **'실현 가능한'** 것이어야 한다. 실현 불가능한 허무맹랑한 미래 이야기에는 아무도 관심을 기울이지 않는다. 당연히 함께 참여하고픈 동기가 생길 일도 없다. 킹 목사는 이렇게 말했다. "이러한 믿음으로 우리는 함께 일하고, 함께 기도하고, 함께 싸우고, 함께 감옥에 가고, 함께 자유를 부르짖을 수 있습니다. 언젠가는 우리에게 자유가 찾아오리라는 사실을 잘 알고 있기 때문입니다." 그림의 떡이어서는 곤란하다. 실제로 가능한 일이어야 한다.

- 미래에 관한 **'매력적인'** 이야기는 사람들의 관심을 끈다. 매력적인 미래 이야기는 사람의 마음을 사로잡아 그 이야기에 집중하게 한다. 미래 이야기를 듣는 사람 또한 그 미래의 일부가 되고 싶은 마음이 든다. 이야기에 감동해 그런 미래를 만드는 일에 동참하려는 마음이 생긴다. 대중

의 마음을 흔드는 감동적인 말로 자유와 정의라는 숭고한 이상을 이야기하는 킹 목사의 연설을 떠올려보라.

일종의 미래 계획서처럼 앞으로 일어날 주요 사건을 적어나가는 형태로 자신의 미래 이야기를 기록해도 된다. 그러나 특정 목표에 너무 집착하지는 마라. 그러면 목표를 달성하지 못했을 때 실망감이 너무 커진다. 리더십 비전은 프로젝트 관리 기술을 연마하는 도구가 아니라, 현실에 바탕을 두고 꿈을 실현할 기회를 제공하는 수단으로 이해해야 한다. 그러므로 꿈꾸던 미래가 실현되게 하려면 앞으로 15년 동안 무슨 일을 해야 하는지도 생각해봐야 하지만, 목적지에 도달했을 때의 모습, 즉 꿈꾸던 미래 속에서 생활하는 모습이라든지 어떠한 일상이 펼쳐질지를 가능한 한 생생하게 그려내는 일에 좀 더 신경 써야 한다.

또 동기와 원대한 포부 간에는 강한 상관관계가 존재한다는 사실도 알아야 한다. 즉, 무엇을 얼마나 바라느냐에 따라 동기 부여의 수준이 달라진다는 말이다. 이 세상에 어떤 공헌을 하고 싶은가? 모든 사람에게 더 나은 미래, 더 나은 세상이 되게 하려면 어떻게 해야 하는지, 또 그런 세상을 만드는 일에 자신이 얼마나 기여할 수 있는지에 초점을 맞춰라. 이렇게 공헌하며 살아갈 앞으로 15년 동안의 삶을 자신이 이 세상에 남길 유산이라고 생각해도 좋다. 앞으로 딱 15년만 더 산다면 이 세상에 무엇을 남기고 떠나게 될까? 당신의 삶이 다른 사람에게 어떤 의미가 있을까? 당신만이 아니라 다른 사람에게도 의미가 있는 그런 삶을 생각해보자는 말이다.

여기에 소개한 연습 과제처럼 리더십 비전을 적어보면 자신에게 중요한 것이 무엇인지가 더욱 명확해진다. 그러면 자기 가치관에 맞게 행동하는 데 도움이 되는 새로운 방법이 떠오를 가능성이 커진다. 장기적 측면에서 자신의 소중한 시간을 어떻게 사용해야 할지에 대해서도 영감을 얻을 수 있다.

자신의 미래 모습을 글로 쓰려 할 때 약간의 두려움이 느껴지는 것은 당연하다. (사실 토털 리더십 과정에서 수행하는 모든 연습 과제에 이런 두려움이 수반되는 것은 너무도 자연스러운 일이다.) 리더십 비전을 이야기할 때 뒤따르는 불안 요소가 몇 가지 있다. '이 비전이 실현되지 않으면 어떻게 하지?'라는 생각이 그중 하나다. 미래에 대한 생각을 자꾸 억누르게 하는 또 한 가지 걸림돌은 바로 다른 사람의 시선이다. 다른 사람이 어떻게 생각할지에 자꾸 신경이 쓰인다. 마음속에 그린 목표와 포부를 다른 사람들이 과연 얼마나 이해하고 존중해줄지 의심스러운 것이다. 하지만 지금은 그런 걱정은 접어두자. 그리고 일단은 리더십 비전을 쓰고 난 다음에 그 비전을 다른 사람에게 전달하는 방법에 초점을 맞추자. 이 과정을 진행하는 내내 여러분은 자신의 정보를 스스로 관리할 것이고, 원하지 않으면 누구에게도, 그 어떠한 정보도 공개할 필요가 없다는 점을 기억하라.

선택하기가 싫어서 미래 이야기를 쓰기 어렵다는 사람도 있다. 그러나 리더는 선택하는 사람이다. 앞으로 달성해야 할 목표를 정하고 그것을 향해 계속 밀고 나가는 과정 자체가 선택의 연속이라 하겠다. 리더십 과정을 시작하는 단계에서 이렇게 연습 과제를 수행하는 이유는 이 여정의 기초를 다지기 위해서다. 미래 이야기는 이 여정의 출발점이자 훗날 되돌아볼 회귀점이다.

이 리더십 비전은 고정불변이 아니다. 자신에게 변화가 일어나고 주변 상황에 변화가 일어나면 여기에 맞춰 비전도 달라질 수 있다. 새로운 정보, 새로운 기회, 새로운 걸림돌이 생기면 비전을 수정해야 할 수도 있다. 자신의 미래 이야기를 다른 사람에게 들려주고 의견을 구했을 때 자신이 원치 않는 말을 들을지도 모르다. “네가 어떻게 그걸 해?”라든가 “무슨 그런 바보 같은 소리를 해?”라는 식으로 말하는 사람이 있을 수도 있다. 그러나 듣기 싫은 소리가 나올까 봐 다른 사람에게 자신의 미래상을 공개하지 않으면, 그 미래를 실현할 가능성이 그만큼 줄어든다는 사실을 명심하자.

자신의 미래 비전을 진솔하게 이야기할수록, 더 많은 사람이 그 비전을 알게 될수록, 비록 지금 당장은 가치가 없어 보여도 그 비전을 실현하는 방법을 아는 사람과 비전이 실현되기를 바라는 사람이 많아지고, 결국 비전을 실현하는 일에 동참하는 사람도 늘어난다. 진정한 리더십은 ’당신’의 비전이 ‘다른 사람’도 바라고 필요로 하는 것이며 가치 있는 일이라는 점을 설득력 있게 전달하는 힘에서 나온다. 리더십의 본질은 다른 사람도 실현할 가치가 있는 비전이라고 인정하도록 자신의 미래 비전을 기술하고 전달할 창의적인 방법을 찾아내는 데 있다.

빅터의 리더십 비전

빅터 가드너는 30대 중반에 자신의 미래 이야기를 써놓았다. 전형적인 영국인인 빅터는 과묵한 편이라 속내를 헤아리기 힘들고 가끔 풍자 섞인 유머를 구사하는 그런 사람이다. 메탈 안경테를 쓰고 머리 가르마를 확실하게 가른 모습에서 신중함과 권위가 느껴진다. 뉴욕에 있는 유명 투자 은행의 정보기술 담당 이사인 빅터의 직책에 딱 어울리는 인상이다. 현재 직장이 있는 뉴욕에서 아내와 여섯 살짜리 아들, 세 살짜리 딸과 함께 살고 있다.

빅터는 무거운 책임이 따르는 업무를 맡고 있다. 거래 소프트웨어 시스템 구축을 관리하고, 중역급 사용자와 시스템 구축 담당 부서의 의견을 조율하는 역할을 한다. 또 유능한 엔지니어 스무 명으로 구성된 이 시스템 부서를 이끄는 한편 이들의 경력을 개발하는 업무도 맡고 있다. 이렇게 과중한 업무에 스트레스를 받을 만도 한데 빅터는 별로 압박감을 느끼지 않는 듯하다. 빅터는 컴퓨터 시스템, 가정, 회사 등 영역을 가리지 않고 새로운 일을 해낼 수 있기만을 바란다. 더 나아가 자신이 하는 일이 누군가에게, 또 무언가에 큰 도움이 된다고 느끼고 싶어 한다. 한때 느꼈던 '열정'에 다시 한번 불을 지피고 싶은 마음이다.

아래는 빅터가 쓴 리더십 비전의 일부다. 빅터가 맨 처음에 썼던 글이니만큼 리더십 비전 작성의 모범 사례로 보기는 어렵고, 그저 이렇게 써도 된다는 예시 정도로 보면 된다.

> 15년 전에 내 직장생활의 전환점을 맞았다. 열정 없이 그냥 하던 대로만 일하던 틀에 박힌 루틴에서 벗어났고, 기술 부문의 일을 내가 왜 좋아하는지 새삼 깨닫게 되었다. 다른 사람이 자기 자신에 대해 또 자신이 하는 일에 대해 만족감을 느끼도록 동기를 부여하는 방법도 알게 됐다. 내 아이들에게 글 읽는 법을 가르치고 악기 연주하는 법도 알려주면서 그런 방법을 터득했다.
>
> 우리 팀은 매우 성공적으로 업무를 수행했고, 덕분에 우리가 만든 소프트웨어가 회사의 주력 데스크톱 플랫폼이 됐다. 이 같은 성공을 거둔 덕분에 여유가 생겼다. 사내에서 좀 더 독립적으

로 작업하면서 새로운 사업에 활용할 시스템을 구축해 제공하는 일에 집중할 수 있었다.

그 후로도 5년을 더 그 은행에서 일했다. 그러면서도 동료 및 친구와 함께 부업으로 두어 개의 사업을 시작할 수 있었다. 그중 하나가 리모델링 사업이었다. 평소 부동산에 관심이 있었던 나는 참여 의사가 있는 지인들을 모아 낡은 창고 건물을 매입한 다음, 최고급 아파트로 개조했다. 이 사업에는 우리 가족 전부가 참여했다. 그래서 아이들도 이 사업이 진행되는 과정을 지켜볼 수 있었다. 목표를 정하고 그것을 위해 열심히 노력하면 아주 많은 일을 해낼 수 있다는 사실을 몸소 깨닫게 하는 것이 내가 아이들을 교육하는 방식이다.

마침내 거대 은행에서 나와 창업의 세계로 뛰어들었다. 이미 인공 지능 애플리케이션도 만들었고, 실제로 시장 가치가 있으리라 보는 소프트웨어 프로토타입도 구축해놓았다. 각기 다른 분야의 기술을 보유하고 있어 기술적으로 서로 보완이 가능한 몇몇 사람과 함께 소규모로 사업을 시작했고, 신기술 구축 방식에서 큰 혁신을 이룬 회사가 됐다.

그러다 한 2년 전에 이제 일상 업무에서 벗어날 때가 됐다는 생각이 들었다. 정원 가꾸는 것을 좋아했기 때문에 동네 공원을 복원하는 사업이 추진되자 그 일을 감독하는 업무를 맡았다. 지역 식물원 조성을 위한 모금 활동도 시작했다.

빅터의 리더십 비전을 보면 이 비전을 쓸 당시 빅터에게 무엇이 중요했는지가 잘 드러나 있다. 그리고 한 분야의 경험(아이들을 가르침)에서 얻은 것을 또 다른 분야에 적용해 무언가(직원들에게 동기를 부여함)를 얻어내는 새로운 방법을 시도하기 시작했다는 사실도 알 수 있다. 빅터는 미래 비전에 대형 은행의 고위 관리자로 일하다가 친구들과 함께 은행업이 아닌 다른 분야에서 사업을 시작했다는 내용을 적었다. 이렇게 자신이 창업한 회사의 사장으로 변신하는 내용을 미래 이야기에 쓰면서 그 방향으로 일을 추진하는 속도가 더 빨라졌다. 그는 나중에 자신이 쓴 미래 비전을 다시 읽으면서 삶의 모든 영역을 통합하는 작업은 계속해나가야 하는 일이라고 생각했다. 그리고 그가 즐기는 일들을 하기 위해서 굳이 은퇴할 때까지 기다릴 필요가 없다는 생각이 들기 시작했다. 또 공동체와 사회 안에 의미 있는 새로운 일이 있고 그 사회를 위해 공헌할 기회가 있을지 모른다고 생각했다. 자신의 비전을 적어보고 그에 관해 다른 사람과 대화를 나누는 과정에서 미래가 아닌 현재에 건설적인 변화를 끌어내겠다는 의지가 강해졌다.

자신의 리더십 비전을 다른 사람에게 전달하려면 어느 정도의 열정이 있어야 한다. 그리고 자신의 미래 비전을 다른 사람에게 알려줄 때는 그 안에 담긴 열정까지 함께 전달되어야 효과적이다. 자신의 미래 비전과 열정을 다른 사람에게 자연스럽게 전달하려면 연습이 필요하다. 타고난 달변가가 아니더라도 꾸준히 연습하면 전달력이 훨씬 좋아진다.

미래상을 만들어내는 열정의 근원은 바로 자신의 과거에 있다. 과거에 대한 감정을 활용하는 것이 관건이다. 사람들은 인생에서 가장 의미 있는 사건에 관해 이야기를 나눌 때면 자연스럽게 과거에 대한 감정을 떠올리게 된다.

미래 이야기를 자기 자신과 다른 사람에게 전달할 때는 실제로 있었던 과거 이야기를 섞어 넣는 것이 좋다. 이렇게 자신이 실제 경험한 과거사를 기반으로 미래에 관한 이야기를 할 때 더 진정성이 느껴진다.

"내가 하는 일에 열정을 느끼지 못하면 어떻게 하나요?" 많은 사람들이 공통적으로 던지는 이 질문에는 자신의 삶을 되돌아보고 지금까지 살아오는 동안 가장 의미 있었거나 가장 즐겁고 좋았던 일이 무엇이었는지 생각해보고 거기에 초점을 맞추라고 답하겠다. 그러면 재능과 열정의 배출구가 될 미래를 어떻게 하면 만들 수 있을지에 관한 해답을 얻을 수 있을 것이다.

삶의 모든 영역을 주도하는 리더로서 미래를 향해 나아가려면 과거를 돌아볼 필요가 있다.

Exercise

리더십 비전

앞으로 15년 동안 진행될 인생 이야기를 간략하게 적으면서 어떤 리더가 되고 싶은지 생각해보자.

시간을 충분히 들여 생각해보고 준비가 되면 바로 쓰기 시작한다. 되도록 생동감 있게 표현한다. 감추려 하지 말고 자기 생각을 솔직히 쓰자. 이 작업에 몰입해서 미래 비전을 더 많이 쏟아낼수록 이 책과 함께하는 여정에 가치가 더해진다.

삶의 목표를 어디에다 둬야 하는지 혹은 어떻게 살고 싶은지 잘 모르겠다면 어떻게 해야 할까? 그럴 때는 일단 최선을 다해보자. 마음을 열고, 상상의 나래를 자꾸 꺾으려 하지 마라. 다른 사람이 당신에게 원하거나 요구하는 것에 발목을 잡히지 말고 떨쳐 버리도록 하자. (2부에서 다른 사람이 당신에게 거는 기대 수준에 관해 다룰 것이다.)

리더십 비전의 분량은 한 쪽 정도가 가장 적당하다. 그 정도면 실현 가능한 미래상을 생동감 있게 그려낼 수 있을 것이다. 바라던 미래, 도달하고픈 목적지를 향해 어떻게 나아가는지와 그 미래에서 살아가는 자신의 모습을 생생하게 보여줄 것이다. 마지막으로, 리더십 비전은 당신이 더 나은 세상을 만드는 데 어떤 공헌을 하는지도 보여준다.

가장 중요한 가치

어떤 조직이든 각기 추구하는 고유한 가치가 있듯이 사람도 저마다 중시하는 가치가 따로 있다. 어떤 가치를 추구하는지, 또 투쟁을 불사할 만큼 소중히 여기는 것이 무엇인지에 따라 리더로서의 행동과 주변 세상을 바라보는 시각이 달라진다. 자신의 가치관에 맞게 행동하려면, 즉 진정성 있게 행동하려면 자신이 어떤 가치를 추구하는지 분명히 알고 있어야 한다. 다음에 나올 연습 과제에서는 자신이 추구하는 가치가 무엇인지 적어볼 것이다. 건성으로 하면 금방 끝낼 수도 있지만, 시간을 충분히 들여 꼼꼼히 답해야 의미가 있다.

토털 리더십 프로그램이 진행되는 동안에 가치관이 바뀐 사람은 거의 없다. 핵심 가치는 한 개인의 본질적 속성에 뿌리를 두고 있어서 대체로 오래 지속되며 여간해서는 잘 바뀌지 않는다. 이번 장에서 수행한 모든 작업과 마찬가지로 지금 여기서 작성한 핵심 가치 목록은 개인의 체질, 배경, 경험에 따라 달라지는 자신만의 고유 목록이다. 그러니 당연히 당신의 가치 목록은 여기 제시한 빅터의 가치 목록과 똑같지는 않을 것이다. 빅터가 가장 중요시하는 가치와 그것을 꼽은 이유를 살펴보자.

진정성 — 내가 하고 있는 일을 믿어야 한다. 이 믿음이 없이 행동하면 사람들이 내 행동에 열정이 없다는 사실을 알게 되고 자연히 리더십이 무력화된다.

정직과 신뢰 — 신뢰는 정직에서 나온다. 정직이 바탕이 되지 않은 리더십은 강압에 의존하게 된다. 역으로 다른 사람을 신뢰하는 것도 중요하다고 생각한다. 그 사람이 일을 잘하게 하고 올바른 일을 하게 하려면 신뢰해주어야 한다.

영감 — 가장 유능한 리더는 사람들이 항상 모든 일에 최선을 다하고 싶게 하는 사람이다. 유능한 리더는 사람들이 자신과 자신이 하는 일에 만족감을 느끼게 한다. 그리고 사람들의 잠재력을 최대한 끌어낸다.

상호 존중 — 사회 각계각층의 모든 사람을 존중해야 한다. 누구나 존중받을 가치가 있으며, 존중할 부분을 찾아내는 일 또한 중요하다.

용기 — 어려운 질문을 피하고 획기적인 변화를 회피하는 리더가 너무 많다. 진정한 리더라면 실수를 두려워하지 않는 용기를 가져야 한다.

가족 — 일은 그냥 일일 뿐이지만, 가족은 내 삶 그 자체다. 아무리 생각해도 내게는 아내와 아이들이 가장 중요하다. 매일 매 순간을 내 가족이 우선이라는 생각만 하며 살지는 않지만, 막상 큰일이 닥치면 가족보다 더 중요한 것은 없다는 사실을 깨닫게 된다.

남과 다른 리더십의 특성은 자신만의 가치관에서 나온다. 그러므로 매일의 삶이 자신이 중시하는 가치와 얼마나 부합하는지, 또 지금보다 가치관에 좀 더 부합하는 삶을 살려면 무엇을 어떻게 해야 하는지 생각해볼 필요가 있다.

Exercise

당신의 핵심 가치

한 쪽 분량 정도로 자신이 가장 중요하게 생각하는 가치를 나열해보자(5~9개 정도가 적당). 각 가치가 중요하다고 생각하는 이유를 한두 문장으로 설명한다. 예시용으로 로버트 리와 사라 킹의 저서《당신 안의 리더를 찾아서》[4]에서 발췌한 가치 목록을 여기에 제시한다. 물론 이 목록에 없는 가치를 선택해 적어도 된다.

- 성취: 성취감 혹은 숙련되었다는 감각
- 발전: 일을 잘 해낸 결과로 얻는 성장, 서열 상승, 승진
- 모험: 새로운 도전의 기회, 흥분, 위험
- 미적 정서: 사물, 생각, 환경의 아름다움에 대한 인식
- 소속감: 다른 사람과의 상호 작용, 집단의 구성원이라는 인식, 소속 의식
- 풍요: 고소득, 재정적 성공, 번영
- 권위: 사건과 다른 사람의 활동을 통제하는 지위 및 권한
- 자율성: 특별한 제약 없이 독립적으로 행동하는 능력, 자립
- 도전: 복잡하고 까다로운 문제와 과업에 끊임없이 맞섬
- 변화와 변동: 비정례화, 예측 불가능성

- 협력: 긴밀하고 협조적인 집단 간 관계
- 공동체: 개인적 욕구 충족보다 공공의 이익을 추구함
- 능력: 고도의 숙련도와 전문 지식을 드러냄
- 경쟁: 목표 달성을 위한 경쟁
- 용기: 신념을 고수하겠다는 의지
- 창의성: 새로운 생각이나 일의 발견 혹은 개발 및 설계. 상상력 발휘
- 다양한 관점: 올바르지 않아 보이거나 처음에는 별로 인기가 없는 특이한 의견과 생각
- 의무: 권위, 규칙, 규정을 존중함
- 경제적 안정: 변동 없이 꾸준하고 안정적인 고용, 적절한 보수, 낮은 위험 수준
- 즐거움: 재미, 기쁨, 웃음
- 가족: 배우자, 자녀, 부모, 친인척과 시간을 보냄
- 우정: 다른 사람과 친밀한 관계를 유지
- 건강: 신체적·정신적 평안, 활력
- 다른 사람 돕기: 다른 사람이 목표를 달성하도록 도움, 관심과 지원
- 유머: 자신과 삶에 대해 웃을 수 있는 능력
- 영향력: 다른 사람의 태도나 의견에 영향을 미침
- 내면적 조화: 행복, 만족, 마음의 평화
- 정의: 공정, 옳은 일을 함
- 지식: 이해, 기술, 전문 지식 추구. 지속적인 학습
- 정착: 꿈꿔오던 생활 방식을 누리는 데 도움이 되는 거주지 선택
- 사랑: 친하고 다정한 관계, 친밀감
- 충성심: 충실함. 개인이나 전통, 조직에 대한 헌신
- 질서: 안정성, 정례화, 예측 가능함, 명확한 지휘 체계, 표준화
- 개인적 성장: 잠재력 극대화
- 신체적 건강: 신체 활동과 충분한 영양 섭취로 건강 유지
- 인정: 일을 잘 해낸 것에 대한 긍정적 피드백과 공개적 칭찬, 존경과 찬양

- 책임감: 신뢰. 결과에 대한 책임
- 자존감: 긍지, 자부심, 자신에 대한 인식
- 영성: 강한 영적 혹은 종교적 믿음, 도덕적 실천
- 지위: 일 때문에 혹은 명망 있는 집단이나 조직과의 관계 덕분에 존경을 받음
- 신뢰: 믿을 만한 사람 혹은 성실한 사람으로 인정받음
- 지혜: 지식, 경험, 이해력을 바탕으로 현명한 판단을 내림

잠시 멈춰서 생각하기

지금까지 연습 과제를 제대로 완수했다면 리더십 역량을 구축하고 성과를 개선하며 다양한 삶의 영역을 통합하는 데 매우 중요한 단계를 마친 셈이다. 당신은 지금까지 이 책을 읽게 된 이유를 명확히 파악하고, 자신의 삶에서 중요한 사건과 그것이 자신에게 어떠한 의미가 있는지 적어보았다. 또 존경하는 사람의 특징을 묘사하고 그 사람으로부터 무엇을 배웠는지 확인했으며, 자신이 바라던 미래상을 그려보고 핵심 가치를 정리해보았다.

처음에는 생소했을지 모르겠지만 앞으로도 계속 사용할 '리더십 비전'이라는 용어가 이제는 좀 익숙해졌으리라 생각한다. 그리고 당신은 자신이 진정성, 완전성, 창의성을 갖추고 행동하는 리더라는 인식을 더욱 공고히 하는 데 도움이 되는 변화를 이뤄내려면 지금부터 무엇을 어떻게 해야 할지 생각해보기 시작했을 것이다. 이와 관련해 머릿속에 떠오르는 생각을 적어보자. 무언가 시험해볼 계획을 세우고 있다면 '실행 계획' 같은 파일을 만들어놓는 것이 도움이 된다는 사람도 있으니 참고하라.

당신은 이 책을 통해 각기 다른 곳에서 시작해 각자의 여정을 이어온 사람들을 만났다. (뒤에 이어질 장들에서도 또 다른 사람들을 만나게 될 것이다.) 이처럼 토털 리더십 과정이라는 동일한 여정을 함께하는 사람들을 '가상의 학습 공동체'로 생각해도 될 것이다. 이 공동체 안에서 서로 생각과 반응을 비교하면서 배우게 된다.

3인조 혹은 2인조로 아는 사람과 함께 토털 리더십 과정에 참여하고 있다면 이쯤에서 지금까지 써놓은 내용에 대해 서로 대화를 나눠보자. 두 차례에 걸쳐 대화를 나누는 것이 좋다. 처음에는 서로 편한 시간에 코치와 한 시간 정도 이 장에서 연습 과제를 통해 작성한 내용을 검토한다. 다음번에 또 시간을 내서 이번에는 당신이 코치가 되어 상대방이 작성한 연습 과제의 답변 내용을 검토한다. 책 뒷부분에 실은 부록 A에서 서로 번갈아 가며 코치 역할을 하면서 토털 리더십 프로그램의 효과를 극대화하는 방법을 확인할 수 있다.

Exercise

중간 점검- 나에게 중요한 것은 무엇인가?

3장으로 넘어가기 전에 2장에서 수행한 내용을 종합적으로 정리해볼 필요가 있다. 혼자 중간 점검을 해도 되고, 직접 대면이나 온라인(www.totalleadership.org)을 통해 코치와 대화를 나누면서 자기 생각을 정리해보아도 된다.

일단 이 장에서 연습 과제를 통해 작성한 글을 읽어본다. 그리고 아래 질문에 대해 생각해보자. 질문에 대한 답변을 적어보자. 그리고 가능하면 코치와 이야기를 나눠보자.

1. 지금 읽은 내용의 핵심은 무엇인가?
2. 중요한 사건과 리더십 비전을 다른 사람에게 이야기하자. 사람들의 반응을 통해 무엇을 알 수 있는가?
3. 과거와 미래의 비전을 잇는 주요 연결 고리는 무엇인가?
4. 자신이 정말로 중시하는 가치에 더욱 부합하는 삶을 살려면 어떠한 변화가 필요한가?

3장

삶의 네 가지 영역

Total Leadership

● ● ● ●

자신의 핵심 가치와 만들고 싶은 세상에 대한 비전을 확실히 정리했다면 이제 진정성 있게 행동한다는 것이 어떤 의미인지 살펴볼 차례다. 이를 위해 삶의 네 가지 영역 각각의 상대적 중요도, 각 영역에 기울이는 관심의 정도, 각 영역에서 추구하는 목표가 다른 영역의 목표에 부합하는지 여부, 각 영역 혹은 전체 영역에서 이뤄지는 일에 대한 만족도를 살펴볼 것이다. 림 창 역시 케리처럼 이 작업을 수행했다.

림은 키가 177cm 정도고 언제 봐도 에너지가 넘치는 사람이다. 칠흑같이 까만 머리는 웃을 때마다 진주처럼 밝게 빛나는 하얀 치아와 대비를 이룬다. 림은 축구팀에서 활동하며 늘 쾌활한 분위기로 동료의 사기를 북돋워 주는 사람이다. 34세인 림은 두 살배기 아들이 있고 아내가 둘째를 임신 중이다. 오렌지카운티에 직장이 있으며 부하 직원 10여 명을 이끌고 소매점 대상 디자인 전문 회사의 서부 해안 지역을 관리하고 있다. 일주일에 무려 55시간에서 60시간을 일하지만, 주말에는 일하지 않는다는 원칙이 있다.

림은 취미로 마라톤을 한다는데 나와 처음 만났을 때는 운동을 통한 다이어트를 계속하기가 어려울 것 같다고 말했다. 토털 리더십 과정에 관심을 보이게 된 계기는 이 과정을 찾았던 다른 사람들과 크게 다르지 않았다. 림은 삶의 각 영역 간의 '균형'을 맞추기가 점점 더 어려워졌다고 설명했다. 리더십 과정을 마치고 나서 약 2년 후에 자신이 이 프로그램 초기에 기울인 노력에 대해 다음과 같이 적었다.

> 처음 시작할 때 수행한 과제 가운데 하나가 삶의 네 가지 영역 각각의 중요도와 각 영역에 들이는 시간을 표시한 도표를 작성하는 것이었다. 도표를 작성하고 보니 직장이나 일에 대한 집중도가 과도한 반면에 나 자신의 몸과 마음에는 거의 신경을 쓰지 않았다는 사실이 분명해졌다.
>
> 하지만 삶의 각 영역을 원으로 표시하고 내가 정말로 각 영역을 얼마나 중요시하는지 그 정도를 원의 크기로 확인해보니 삶의 영역에 시간을 어떻게 할애하느냐의 문제만이 아님을 알게 됐다. 그래서 나 자신에게 이렇게 물었다. 각 영역을 나타내는 네 개의 원이 나이테의 동심원처럼 한곳에 모여 있나, 아니면 여기저기 흩어진 물웅덩이처럼 따로 떨어져 있나? 나는 내가 정말로 되고 싶던(각 삶의 영역이 동심원처럼 포개진 건강한 나무 같은) 사람인가? 이 질문에 대한 대답은 간단했다. 아니었다. 나는 그런 사람이 아니었다. 이 결론 앞에서 마음이 무거워졌다.

내 삶의 행복 지수를 평가해보고는 그 결과에 깜짝 놀랐다. 누군가 나에게 각 삶의 영역에 대한 만족도를 물어봤다면 내가 작성한 도표에 나타난 결과와는 다른 대답을 했을지도 모르겠다. 각 영역의 중요도, 쏟은 시간과 에너지 수준, 영역 간 상충 관계 등을 다 고려해 평가해보니 좀 더 현실적으로 내 삶 전반에 대한 실제 만족도를 확인할 수 있었다. 공동체와 나 자신에 대한 만족도에 비해 일과 가족에 대한 만족도가 훨씬 높았는데, 이는 과제를 수행하면서 막연히 예상했던 결과와는 아주 달랐다.

그래서 이렇게 자문해보기 시작했다. 내가 정말로 중요하게 생각하는 것에는 관심을 더 많이 기울이고 덜 중요하게 생각하는 것에는 그만큼 관심을 덜 기울이려면 무엇을 어떻게 변화시켜야 할까? 직장과 가정에서 내가 무엇을 어떻게 했기에 만족감이 느껴졌을까? 직장과 가정에서 했던 행동이 평소 내 가치관에 더 부합했던 것일까? 직장 동료와 가족은 내가 무엇을 어떻게 할 때 가장 잘했다고 할까? 이러한 질문에 답을 낼 수 있다면 직장과 가정에서 만족감을 느끼는 부분을 공동체와 자신 영역에 적용해 만족도를 높일 새로운 방법을 찾아낼 수 있을지도 모른다.

림의 경우와 같이 이번 장에서는 삶의 네 영역 전부를 고려하는 법을 배우게 된다. 일, 가정, 공동체, 자신이라는 삶의 네 영역을 면밀히 들여다보고 자신에게 중요한 것이 무엇인지 확실하게 파악한 뒤 새로운 관점에서 자신의 삶을 바라보게 될 것이다. 그리고 완전체적 인간의 관점에서 완전성을 추구하며 행동하는 것이 자신에게 어떤 의미가 있는지도 생각해볼 것이다.

이 장에 나오는 연습 과제를 수행하면 자신이 진정성 있는 삶을 살고 있는지 판단하는 데 도움이 된다. 구체적으로 던져볼 질문은 다음과 같다. 가장 소중하게 여기는 것에 관심을 기울이고 있는가? 되고 싶은 인간상에 걸맞게 행동하고 있는가? 가장 중요한 목표를 추구하고 있는가? 삶 전체와 각 부분에서 행복을 누리고 있는가?

삶의 각 영역을 명확히 하라

먼저 삶의 각 영역을 정확히 규정해보자. 이 작업 자체가 주관적인 과정이므로 자신에게 가장 적합한 방식으로 각 영역을 규정해야 한다. 우선 일 영역은 대부분 직업과 관련돼 있다. 즉, 생계를 위한 활동을 말하며 실직 상태일 때는 앞으로 하려는 일이 여기에 해당한다. 아직 학교에 다니고 있으면 직업이 있든 없든 일단 그 학교도 일 영역에 포함된다. 일 영역을 구성하는 것을 명확하게 파악하려면 사무실처럼 업무를 수행하는 공간에서 보내는 시간만 따져서는 안 되고 업무상의 활동 전반을 고려해야 한다. 수업, 출장, 동업 조합 참석, 멘토에게 업무와 관련한 사항을 논의하는 것, 장래 사업에 대한 시장 조사 등이 여기에 포함된다.

그다음으로는 가정 혹은 가족 영역이 있다. 가정 영역을 규정하는 일 또한 주관적인 과정이다. 여기에는 함께 사는 사람(혹은 반려동물), 원래 가족(부모, 형제자매, 기타), 가정을 꾸려 만든 가족(배우자, 자녀, 기타) 등이 포함된다.

이와 마찬가지로 공동체나 사회 영역은 친구, 이웃, 사회 집단, 종교 단체, 자선 활동 단체, 정치 활동 조직, 비영리 법인 활동, 기타 직장이나 가정 이외에 자신이 영향을 미치는 모든 영역으로 범위를 확장할 수 있다.

마지막으로 자신 영역이 있다. 정신 건강, 지적 능력, 신체적 건강, 여가 생활, 영적 활동 등이 여기에 포함된다.

관심도를 수치화하라

삶의 네 영역을 이해하는 다음 단계는 각 영역의 상대적 중요도를 파악하는 것으로, 어느 영역에 어느 정도의 관심을 기울이고 있는지 따져보는 것이다. 네 영역에 대한 관심도를 표시하는 도표를 작성하는 일은 현재 자신의 상황을 분명하게 그려 확인하는 과정이다. 이 도표를 보면 시간과 에너지를 어떻게 배분하고 있는지, 즉 자신의 삶 속에 있는 각각의 사람과 일에 관심을 기울이는 정도(양)를 어떻게 관리하고 있는지 알 수 있다. 따라서 이 작업은 정말로 하고 싶은 일을 실제로 하고 있는지 평가하는 데 도움이 된다.

그러나 이 도표로는 삶의 각 영역에서 달성하고자 하는 목표와 그 영역에서 하는 활동이 다른 영역에서의 목표 및 행동과 조화를 이루는지 여부는 확인할 수 없다. 이 부분은 나중에 다룰 것이다. 이 두 가지를 다 평가해보면 자신이 진정성 있는 삶을 살고 있는지에 관한 전체적인 그림을 들여다볼 수 있다. 그리고 이 전체 그림은 삶의 모든 영역에서 성과와 만족도를 높여줄 실험을 시도하게 하는 계기이자 실험 실행의 기본 토대가 된다.

이 연습 과제를 수행할 때는 각자의 주관적 판단이 가장 중요하다는 점을 명심하자. 예를 들어 공동체 및 사회 참여 활동을 할 때는 어떤 식으로든 그 활동이 당신에게 의미가 있기 때문에 하는 것이지, 당신이 그 활동을 하기를 다른 사람이 바라서 하는 것이 아니다. 자선 단체에 기부하기, 친구 도와주기, 동네 청소하기, 더 나은 세상을 만들겠다는 취지로 펼쳐지는 사회 운동에 참여하기 등이 이 공동체 및 사회 활동 범주에 들어간다. 이 도표는 자신이 현재 상황을 어떻게 보고 있는지만 보여준다는 점을 기억하라. 실험을 마친 후에 다시 이 도표를 작성하면 결과가 달라져 있을지도 모른다. 대다수가 그렇다. 이 책의 지시에 따라 리더십 과정을 진행하는 동안 진정성, 완전성, 창의성을 발휘하는 방법을 더 많이 알게 되면서 일과 가정, 공동체, 자신 사이의 관계에 변화가 생기기 때문이다.

Exercise

네 가지 영역에 대한 관심도 차트

진정한 내가 되는 데, 혹은 진실한 삶을 사는 데 도움이 되는 한 가지는 삶의 각 영역의 중요성과 내가 매일 실제로 관심을 기울이는 것 사이의 관계를 파악하는 것이다. 다시 말해 자신이 중요하게 생각하는 영역에 실제로 관심을 얼마나 기울이는지를 살펴보면 된다. 아래 도표는 자신에게 정말로 중요한 것이 무엇인지 파악하는 수단이다. 도표의 첫 번째 열에는 오늘을 기준으로 삶의 각 영역의 상대적 중요도를 적는다. 전체를 100으로 보고 각 영역의 중요성을 백분율로 표시해 적어보자. 일·직장·학교 항목이 나머지 세 항목을 합친 것만큼 중요하다면 이 항목에 50%를 써넣으면 된다. 만약 네 영역이 똑같이 중요하다면 첫 번째 열의 각 항목에는 전부 25%를 써넣는다. 두 번째 열에는 실제로 매주 각 영역에 어느 정도의 시간과 에너지를 쏟는지 표시한다. 각 항목의 수치는 백분율로 표시한다. 역시 각 수치의 합은 100이 되어야 한다.

영역	중요도	시간과 에너지를 들인 정도
일·직장·학교	%	%
가정·가족	%	%
공동체·사회	%	%
자신: 마음, 신체, 정신	%	%
	100%	100%

도표를 완성했으면 다음 질문에 답해보자.

1. 일, 가정, 공동체, 자신에게 지금처럼 시간과 에너지를 들인 결과가 어떠한가?
2. 도표에 표시한 여덟 개 항목의 수치를 보니 중요도나 관심도 중 변화시키고 싶은 것이 있는가?
3. 이러한 변화를 꾀하려면 어떻게 해야 하는가?

네 가지 영역에 대한 빅터의 관심도 차트

빅터는 삶의 네 가지 주요 영역의 중요도를 각각 35%, 35%, 10%, 20%로 평가했다. 토털 리더십 프로그램을 시작했을 당시 빅터의 일 영역에는 대형 은행의 IT 담당 이사가 되는 것과 최고 경영자 MBA 코스를 밟는 학생이 되는 것이 포함됐다. 학교는 격주로 나가고 여름 학기에는 강의 시간이 더 늘어난다. 일 영역은 아내와 두 자녀 그리고 부모님으로 구성된 가족 영역과 중요도가 똑같았다. 공동체 영역에는 친구 몇몇 외에는 별다른 게 없었다. 네 가지 영역 중 공동체 영역의 중요도가 가장 낮았으나 빅터 본인은 별로 개의치 않았다. 마지막으로 개인적 성취는 일과 가족보다는 덜 중요했으나 공동체 및 사회 참여보다는 중요했다.

빅터는 두 번째 열에 매주 각 영역에 할애하는 시간과 에너지의 비중을 각각 65%, 20%, 5%, 10%로 적었다. 이 연습 과제를 수행하는 사람들 대다수처럼 빅터 역시 다른 영역에 비해 일의 비중이 과도하게 높았다. 물론 이 도표는 작성하는 사람마다 수치가 다 다르다. 그러나 토털 리더십 프로그램을 진행하는 동안 중요도가 높은 영역과 관심도가 높은 영역이 점점 일치하게 된다. 다시 말해 중요한 곳에 관심을 더 많이 기울이는 방향으로 바뀌어 간다는 것이다. 아래는 빅터가 자신의 네 가지 영역 관심도 차트에 관해 설명한 내용이다.

> 내가 중요하게 생각하는 부분에 시간을 많이 할애하지 않은 것 같다. 특히 가족을 중요하게 생각하면서도 시간을 충분히 쓰지 않은 것이 못내 아쉬웠다. 하루의 시작과 끝은 되도록 아이와 함께하려고 했다. 그래서 아침에는 아이를 학교에 데려다주기도 했고, 저녁이면 아이가 잠들기 전에 집에 들어가려고 했다. 그런데 아이들과의 사이가 그다지 좋다고는 할 수 없다. 아마도 내가 일과 학교생활에 너무 몰두해 있어서인 듯하다. 혼자서 아이들을 돌봐야 했던 아내가 자신이 '싱글맘'이나 다를 바 없다며 볼멘소리를 할 정도였다.
>
> 지금 당장은 공동체 영역에 대해 별로 신경 쓰지 않는다. 몇몇 친구와 관계를 유지하고 약간의 자선 활동과 기부를 계속하려고 한다. 이 정도가 공동체 영역에서 내가 할 수 있는 전부다. 그리고 자신 영역을 보면 신체 및 정신 건강 상태가 지금 최악인 것

같다. 하지만 지금으로서는 이 부분은 잠시 미뤄둬야 할 것 같다.

모든 것을 다 하려 하는데 실제로는 어느 것 하나 제대로 하지 못하고 있다. 그러니 내 삶의 각 영역이 서로 긍정적인 영향을 미치게 할 방법을 고심해야 할 것 같다. 그렇지 않으면 삶의 한 영역에서 쌓인 불만이 다른 영역으로 옮겨가지 않으리라는 보장이 없다.

빅터가 이 연습 과제를 통해 자신을 인식하는 수준이 높아진 것은 아주 중요한 진전이다. 빅터는 네 가지 영역에 대한 관심도 차트를 작성하고 그 결과를 분석하면서 일과 삶의 다른 영역이 조화를 이루게 하려면 어디서 어떻게 변화의 기회를 찾아야 하는지 생각하기 시작했다. 예를 들어 아내가 더는 싱글맘 같다고 불평하지 않게 하는 동시에 자신은 일에 더 몰두할 수 있는 방법이 있을까? 건강에 더 관심을 기울이면서 자신의 건강뿐 아니라 고용주, 가족, 공동체 모두에게 이득이 될 수 있을까?

이러한 질문을 하면서 변화에 대해 생각하기 시작했다. 그러나 진정으로 원했던 삶의 모습과 현재 모습 사이의 격차를 보다 분명히 확인하려면 몇 가지 작업이 더 필요하다.

원으로 그려보는 삶의 네 가지 영역

네 가지 영역에 대한 관심도 차트를 작성했으면 이번에는 네 영역을 원으로 그려보자. 이 작업은 삶의 각 영역이 조화를 이루는지 확인하는 데 도움이 된다. 관심도 차트를 보면 각 영역에 기울이는 관심도, 즉 시간과 에너지를 얼마나 투입하는지가 분명하게 드러난다. 그런데 삶의 각 영역을 이렇게 원으로 그려보면 자신에게 또 한 가지 질문을 던지게 된다. 각 영역 안의 모습이 전부 진정한 자신이 맞는가?

여기서는 삶의 각 영역에 얼마나 관심을 기울이느냐가 아니라 한 영역에 대한 관심이 다른 영역에 대한 관심과 어느 정도 관련이 있는지를 알아본다. 당신은 삶의 모든 영역에서 자신이 원하던 삶을 살고 있는가?

여기서 그린 네 개의 원을 사용해 삶의 영역에 따라 각기 다른 역할을 하는 자신에게 무엇이 중요한지, 그것이 서로 어떤 영향을 미치는지, 각 영역 간에 메워야 할 격차가 있는지를 살펴볼 것이다.

Exercise

삶의 각 영역을 나타내는 네 개의 원

삶의 네 영역이 서로 조화를 이루는가 아니면 충돌하는가? 원을 그리기 전에 원의 형태를 결정하는 두 가지 선택 사항을 고려해야 한다.

- **원의 크기를 고려하라:** 첫 번째 선택 사항은 원의 '크기'인데 이는 앞서 수행한 연습 과제에서 정한 셈이다. 각 원의 크기는 네 가지 영역에 대한 관심도 차트의 첫째 열에 표시한 각 영역의 중요도를 나타낸다. 예를 들어 일 영역이 30%고 가정 영역이 40%면 가정을 표시하는 원을 일을 표시하는 원보다 3분의 1 정도 더 크게 그린다. 일이 가정보다 덜 중요하다는 뜻이다.

- **상대적 위치를 고려하라:** 두 번째 선택 사항은 각 원의 '상대적 위치'다. 각 원이 겹쳐지는가 아니면 서로 떨어져 있는가? 원 네 개의 위치를 정할 때 각 원이 겹쳐지는 정도를 보면 각 영역이 서로 조화를 이루는지 아닌지 알 수 있다. 두 영역이 완벽한 조화를 이룬다면, 다시 말해 한 영역에서 이루려는 목표와 그 목표를 실현하는 방법이 다른 영역의 목표 및 그 실현 방법과 완전히 들어맞는다면 두 원이 완벽하게 겹쳐진다. 두 영역이 완전한 부조화를 보이며 서로 충돌한다면, 다시 말해 한 영역에서의 행동과 그 결과가 다른 영역에서의 행동 및 결과와 완전히 상충하는 관계라면 두 원이 전혀 겹치지 않는다.

이제 원을 그릴 준비는 마친 셈이다. 종이 한 장을 준비하거나 www.totalleadership.org에 들어가서 일, 가정, 공동체, 자신이라는 삶의 네 영역에 해당하는 원을 그린다. 그리고 원 안이나 옆에 해당하는 영역의 이름을 적는다.

그런 다음 원에 대한 자기 생각을 적어둔다. 진정한 자신의 모습을 향해 한 걸음 더 나아간다는 차원에서 네 개의 원이 완벽하게 겹치는 삶을 살려면 어떻게 해야 하는지 생각해보라. 원 네 개가 완전히 겹치는 사람은 거의 없다는 사실을 명심하자. 완전히 겹치는 원은 그저 우리가 목표로 삼은 이상적인 상태일 뿐이다. 각 원이 많이 겹치게 하려면, 즉 각 영역이 좀 더 조화를 이루게 하고 상충하는 정도를 줄이려면 어떻게 해야 할까?

나이테 같은 동심원을 상상하라

물론 원 네 개가 완벽하게 겹치는 일은 거의 없다. 실제 삶의 각 영역에서 자신이 추구하는 목표와 행동하는 방식이 완벽하게 일치하는 경우는 찾아보기 어렵다. 석가모니, 예수, 마호메트, 달라이 라마, 모세 같은 종교 지도자라면 혹시 가능할지도 모르겠다. 이처럼 모범적인 인간의 삶에서는 개인으로서 추구했던 인생 목표가 일과 가족, 사회적 맥락에서 추구했던 목표와 본질적으로 일치했다.

그러나 우리는 신적인 존재가 아니다. 그저 평범한 인간일 뿐이므로 네 개의 원이 정확하게 겹쳐지지 않는다고 해서 걱정할 필요는 전혀 없다. 원을 그렸는데 네 개가 나이테의 동심원처럼 완벽하게 겹쳐진다면 이 책을 바로 반품하고 내게 연락해주기 바란다. 희귀 사례로 당장 인터뷰하고 싶다! 사실 두 영역이 완벽하게 상충해서 원들이 겹치는 부분이 전혀 없는 경우가 훨씬 흔하다. 현실 세계에서는 삶의 한 영역에서의 자신과 다른 영역에서의 자신이 충돌하는 상황이 늘 존재한다.

부조화를 보이는 영역뿐 아니라 겹쳐지는 영역이 어디인지도 파악해야 한다. 이미 조화를 이루는 부분이 어디인지 알 수 있고 그 부분을 확대하는 방법을 찾는 데 도움이 되기 때문이다. '여기서 할 수 있는데 저기서는 왜 안 되겠어?' 이런 식으로 생각하면서 조화를 이루는 영역을 확대해나갈 수 있다.

이 원 그림은 삶의 각 영역 간의 관계를 파악하는 도구이기도 하다. 나이테의 중심원을 우리가 추구하는 이상적 목표라고 가정하자. 지금 그린 원이 이상적인 중심원과 얼마나 차이가 나는지 확인해보면, 진정한 자신을 어떻게 찾아야 하는지에 대한 실마리를 얻을 수 있다. 네 개의 원이 동심원에 가까워질수록 삶의 어느 영역에서든, 당신이 그 영역에서 어떤 역할을 하고 있든, 자신이 되고 싶어 하던 사람으로 살아갈 가능성이 커진다.

원 그림이 주는 정보

앞에서 빅터가 네 가지 영역에 대한 관심도 차트를 보고 어떤 생각을 했는지 살펴봤다. 이제 그림 3-1 속 네 개의 원 그림을 들여다보자.

그림 3-1

빅터의 네 개의 원

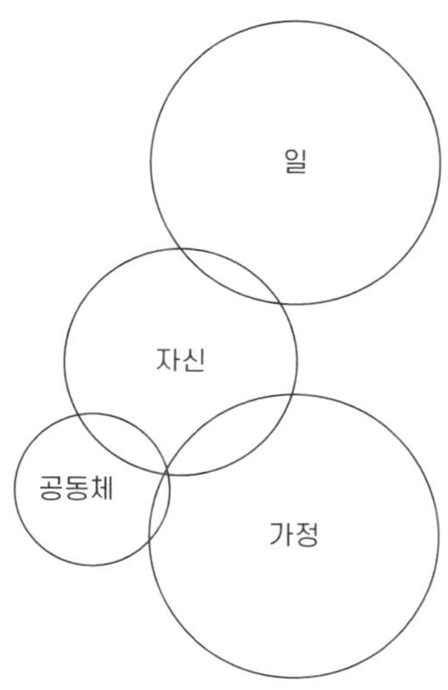

그림을 보면 알 수 있듯이 빅터의 일과 가족 영역은 겹치는 부분이 전혀 없었다.

> 일 영역은 다른 영역과는 다소 분리되어 있다. 그래도 자신 영역과는 약간 겹치는 부분이 있다. 일 영역에서 성공하면 나 자신에 대해서도 만족감을 느끼기 때문이다. 하지만 그냥 그 정도다. 그 사실이 지금은 오히려 좀 괴롭다. 그리고 자신 영역과 가정 영역도 크게 겹치지는 않는다. 뭔가 변화가 필요하다는 생각이 든다.

빅터는 자신이 그린 네 개의 원을 분석해보고 일할 때의 자신, 즉 유명 투자 은행에서 IT 담당 이사로서 추구하는 목표와 관심사가, 평소 자신이 꿈꾸던 아버지와 남편으로서의 모습과는 완전히 다르다는 사실을 깨달았다. 2장에서 빅터는 리더십 비전에 자신이 하는 일에 아이들을 참여시켰고 아이들에게 악기 연주하는 법을 가르치며 터득한 기법을 직장에서 관리 업무를 할 때 적용했다고 썼다. 리더십 비전에서는 일과 가정 영역이 겹치는 부분이 있었는데 현재 삶에서는 전혀 그렇지 않았다. 빅터는 이 사실을 알고 좀 실망했다. 하지만 이러한 사실에 경각심을 갖고 변화의 계기로 삼는다면 마냥 나쁘게만 볼 일은 아니었다. 빅터는 자신에게 중요한 것이 무엇인지를 이미 확인했다. 그는 네 가지 영역 모두에서 원하던 삶을 사는 방법에 대해 새로운 통찰력을 얻기 시작했다.

토털 리더십 과정의 여러 목표 중 하나는 변화를 통해 삶의 네 영역이 조화를 이루게 하는 것이다. 원 그림을 보면서 네 원이 겹쳐지게 하려면 어떻게 해야 하는지 생각해보자. 우선 일 영역에 초점을 맞춰보자. 직장과 가정에서 자기 모습이 서로 다를 때 가정 영역의 모습에 근접하도록 직장생활을 완전히 바꿔야 하는가? 아니면 가족, 사회에서의 역할, 신체와 마음, 정신 등과 조화를 이루도록 일에 대한 사고방식을 바꿔야 하는가? 이 문제에 대한 또 다른 접근 방식은 자신이 일을 하는 목적이 무엇인지 다시 한번 자문해보는 것이다. 자신과 자신이 사랑하는 사람들의 의식주 해결을 위해 돈을 벌려는 것인가? 물질적 풍요를 누리며 살고 싶어서인가? 일을 통해 세상에 공헌하고 그것에 자부심을 느끼고 싶어서인가? 그런 감정이 친구와 가족이 자신을 바라보는 시각에 어떠한 영향을 미치는가? 이 좋은 감정을 당신의 일상적인 일과 직업에서 더 많이 느끼려면 무엇을 바꿔야 하는가? '행동'을 바꿔야 하는가 아니면 일을 통해 성취하는 것에 대한 '생각'을 바꿔야 하는가?

이제 가정과 가족 영역을 생각해보자. 가정 영역이 삶의 다른 영역과 조화를 이루게 하려면 무엇을 어떻게 변화시켜야 하는가? 당신이 졸업을 앞둔 대학생이라고 가정해보자. 부모에 대한 의존도를 줄여야 할까? 그렇다면 부모와 당신 모두가 만족하는 방식으로 이러한 변화를 이루기 위해서는 어떻게 해야 하겠는가? 아주 친한 사람이 당신과 가치관이 다르거나 당신이 사회에서 하는 역할을 탐탁지 않아 한다고 해보자. 그렇다면 이 사람과의 관계를 끊어야 할까? 이보다 좀 덜 과격한 방법은 없을까? 당신의 이런 면을 바라보는 상대방의 시각을 변화시켜 지금 당신이 하는 사회적 역할을 상대방이 지지하게 만들 방법은 없을까?

자신이 그린 네 개의 원을 볼 때 이런 부분을 곰곰이 생각해본다면 영역들이 상충하는 면을 줄이고 조화를 이루게 하기 위해서 어떻게 해야 할지 알 수 있을 것이다.

록산이 그린 원 그림(그림 3-2)은 빅터의 것과는 아주 다르다.

일단 일 영역과 자신 영역에서 겹치는 부분이 없다. 다시 말해 신체와 마음, 정신 건강을 위한 삶이 일과 관련된 삶과 조화를 이루지 않는다는 것이다. 반면, 다른 영역들은 겹치는 부분이 꽤 있다. 예를 들어 록산은 어머니와 직장인으로서의 역할을 통해, 즉 아이를 키우는 어머니로서, 그리고 건강 증진에 도움이 되는 의약품을 판매하는 직업인으로서 사회에 아주 가치 있는 공헌을 하고 있다고 느낀다.

록산은 자신의 원 그림을 분석하면서 원들이 더 많이 겹치게 하려면 어떻

그림 3-2

록산의 네 개의 원

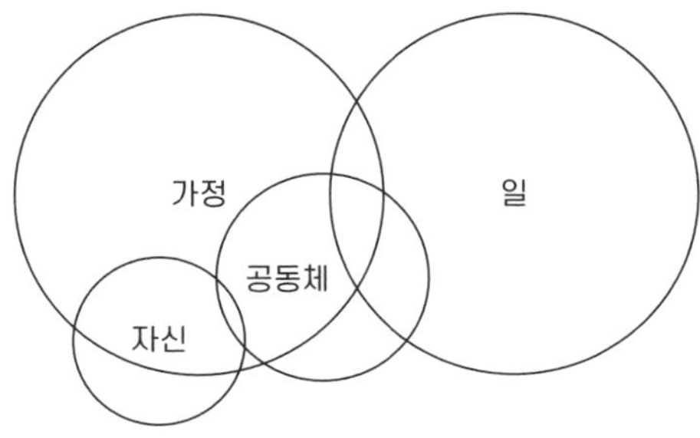

게 해야 하는지를 생각해보기 시작했다.

나는 주말에는 주로 집에서 일한다. 인정하기는 좀 부끄럽지만, 가장 큰 이유는 가족 모두가 좋아하고 같이해볼 만한 일이 딱히 생각나지 않아서였다. 지금 시간과 에너지를 쏟아부으며 오로지 일에만 전념하면 나중에 가족을 위해 중요한 계획을 세울 때 시간을 더 여유롭게 쓸 수 있으리라는 오랜 믿음에서 나온 행동이 아닐까 생각한다. 물론 그 '나중에'는 항상 나중 일이지만 말이다.

가족과 함께할 일로는 골프나 테니스, 수영 등이 있을 것 같다. 이런 활동은 나 자신을 위해서도 좋다. 내가 하고 싶어 하던 지역 공동체 활동에 가족이 함께 참여하는 것도 괜찮지 않을까? 공동체를 지원하는 유나이티드 웨이United Way 같은 단체에서 활동하는 것도 생각해볼 만하다.

록산의 경우처럼 이 원 그림은 삶의 각 영역이 더 조화를 이루게 하려면 어떻게 해야 하는지를 생각하게 하는 또 다른 도구다. 그런데 삶의 네 영역을 바라보는 또 다른 관점이 있다.

나의 각 영역별 만족도는 얼마인가

이제 각 영역과 전체적인 삶이 만족스러운지 평가해보자. 현재 당신은 행복한가?

Exercise

삶의 각 영역에 대한 만족도- 영역별 행복 지수

현재 각 영역과 전체적인 삶에 얼마나 만족하는지를 10점 만점으로 평가해 아래 칸에 기입한다. 여기서 1점은 '전혀 만족하지 않음'이고, 10점은 '매우 만족함'이다.

영역	만족도
일·직장·학교	
가정·가족	
공동체·사회	
자신: 마음, 신체, 정신	
전체 삶	

시간의 문제가 아니다

이처럼 삶의 각 영역 간의 상호 관계는 만족감에 영향을 준다. 그렇다면 영역 간의 관계 구조를 적절하게 유지하기 위해서는 어떻게 해야 할까? 물론 시간을 어떻게 안배하느냐가 중요하다. 하지만 좀 놀라울지는 몰라도 시간 관리가 주요인은 아니다. 시간을 관리한다고 문제가 다 해결되지는 않는다는 말이다. 제프리 그린하우스와 내가 《일과 가족》에 소개했던 한 연구에서 확인할 수 있듯이, 일과 가정 영역의 충돌에 관한 문제를 다루는 문헌에서 자주 언급하는 '시간 제약time bind'은 분명히 실재하고 또 중요한 요소임이 분명하다.[1] 그러나 이보다 더 삶의 각 영역에서의 만족도를 낮추는 보다 교묘하고, 광범위하게 영향을 미치는 요소가 따로 있다는 사실을 알았다. 삶의 각 영역 사이에서 전개되는 '심리적 간섭psychological interference'이 바로 그것이다. 심리적 간섭이란 간단히 말해 몸과 마음이 따로 움직이는 현상, 즉 몸은 여기 있는데 마음은 다른 곳에 가 있는 상황이라고 보면 된다. 이는 너나 할 것 없이 누구에게나 일어나는 현상이다. 책을 읽을 때 눈은 책을 보고 있는데 머리로는 딴생각을 할 때가 있지 않은가. 책 내용에 집중하지 않는 것이다. 달리 말하자면 우리는 물리적으로는 여기 존재하지만 정신적으로는 부재할 때가 있다. 그럴 때는 다른 사람과의 의사소통에 집중하지 못하고 엉뚱한 말을 하기 쉽기 때문에 다들 당신이 그런 상태라는 것을 금방 알아차린다.

이러한 심리적 간섭을 줄이면 '중요할 때 중요한 일에 집중하는 능력'이 향상된다. 이는 일과 가정 등 영역 간 충돌에서 오는 파괴적 영향을 최소화하는 데 도움이 된다. 이 책에서 말하고자 하는 바는 리더십 기술로 시간과 공간이라는 물리적 경계뿐 아니라 관심과 집중이라는 심리적 경계까지 모두 포함하는 삶의 각 영역 간의 경계를 관리하고, 상호 이득이 되는 방향으로 삶의 모든 영역을 통합하자는 것이다.

자신의 진짜 모습을 들여다보며 진정한 자신을 찾아가는 것이 이를 위한 첫 단계다. 우선 자신이 정말 중요하게 생각하는 곳에 시간과 에너지를 쏟고 있는지 살펴봐야 한다. 더불어 네 개의 원이 자신에게 어떤 의미가 있는지도 파악해야 한다. 두 아이를 둔 아버지이자 세계적인 소프트웨어 개발사의 제품 담당 이사 안드레는 네 영역 간의 관계를 분석하고 다음과 같은 사실을 알게 되었다.

> 처음에 삶의 네 영역을 원으로 그리면서 내가 각 영역을 서로 겹쳐질 수 있는 원으로 보지 않고 깔끔하게 분할된 파이 조각같이 생각했다는 사실을 깨달았다. 다시 말해 나는 내 삶을 일종의 제로섬 게임이 벌어지는 판으로 본 것이다. 삶의 각 영역은 서로 충돌하기 때문에 한 영역이 만족스러우면 다른 영역이 불만스럽고, 한 영역에서 무언가를 얻으면 다른 영역에서는 잃을 수밖에 없다고 생각했다. 그래서 어떤 결과가 나왔는지 보니, 한 영역에서 만족도를 높이려고 할 때면 항상 다른 영역의 만족도가 감소했다.
>
> 각기 다른 영역에 완전히 몰입하기가 어려웠던 이유가 바로 여기에 있지 않았나 생각한다. 한곳에 집중하지 못하고 갈팡질팡한다고 느낄 때가 꽤 있다. 일의 우선순위를 정해서 행동하려 할 때도 내 기대치를 충족시키지 못하고, 다른 사람이 으레 내게 기대

하는 일을 하게 된다. 그러다 보니 불만이 쌓일 수밖에 없다.

그런데 이번에 네 가지 영역을 표시한 원 그림을 분석하면서 이제는 내 사고방식을 바꾸고 삶의 각 영역을 적절히 통합할 수 있는 새로운 방법을 찾아내야겠다는 생각이 들었다. 각 영역은 서로 겹친다. 당연히 겹쳐야 한다. 삶은 조각난 파이 형태로 존재하는 것이 아니다.

파이를 갖기도 하고 먹기도 하는 일이 가능할까? 다시 말해 두 마리 토끼를 한꺼번에 잡을 수 있을까? 여러 증거로 볼 때 그 가능성은 사람들이 생각하는 것보다 훨씬 높다고 확신한다. 그것을 가능하게 하려면 삶의 각 영역에서 추구하는 목표들이 서로 상승효과를 내야 하고, 자신의 가치관이나 포부와도 조화를 이루게 해야 한다. 각 영역에 시간을 쓰는 방식에도 변화를 줄 필요가 있을까? 어느 정도는 필요할지도 모르겠다. 현재의 시간 사용법에 관한 사고방식을 아예 바꿔야 할 수도 있다.

자신에게 중요한 것이 무엇인지를 명확히 파악하면 자신이 정말로 되고 싶어 하던 사람으로서 살아간다는 자각이 더욱 강해진다. 한 영역에서의 성공과 만족이 다른 영역에서의 성공과 만족을 해치지 않도록 항상 긴장 속에서 줄타기를 해왔다면, 이제 그렇게 하지 않아도 되는 세상을 만들고 스스로 그 세상에 대한 통제력을 발휘할 수 있다.

자신에게 무엇이 중요한지를 확실히 알면 가치관에 맞게 그리고 진정성 있게 행동하는 리더의 모습에 한 걸음 더 다가가게 된다. 진정성을 가지고 사람들을 이끌면 자신의 삶에서 중요한 사람으로부터 지지를 얻기 쉽다. 이 책은 단순히 일과 삶의 나머지 영역 간의 균형을 유지하고자 쓰인 것이 아니다. 그보다는 자신이 가치 있게 여기는 것, 즉 자신에게 중요한 것이 무엇인지 확인하고 일, 가정, 공동체, 자신이라는 삶의 모든 영역에서 이를 실현하는 데 목적이 있다.

지금까지 안으로 눈을 돌려 자신의 내면을 들여다봤다면 이제 밖으로 눈을 돌려볼 차례다.

Exercise

중간 점검- 삶의 네 영역에 대한 시각

4장으로 넘어가기 전에 지금까지 수행한 작업 내용을 정리해보자. 이번 장에서 수행한 연습 과제의 답변 내용을 다시 읽어보라. 그리고 아래 질문에 대해 생각해보자. 질문에 대한 답변을 적고 가능하면 그에 관해 코치와 의견을 나눠본다.

1. 답변 내용을 읽고 어떤 생각이 드는가?
2. 네 가지 영역 가운데 서로 가장 동떨어진 영역은 어디인가?
3. 각 영역 간의 조화 수준을 높이려면 어떤 변화가 필요한가?
4. 그러한 변화는 행복 지수에 어떤 영향을 미치는가?

2부_ 완전성

온전한 삶을 사는 법

4장

온전한 삶

Total Leadership

● ● ● ●

온전하게 산다는 것은 일관성과 합리성을 바탕으로 각 영역이 통합된 삶을 산다는 말이다. 우리가 지금 완전성 혹은 통합성이라고 표현하고 있는 이 단어 'integrity'는 사실 성실함 혹은 품격을 의미하는 단어로 주로 사용된다. 그러나 "프랭크 로이드 라이트Frank Lloyd Wright가 설계한 낙수장Fallingwater: 폭포 위에 지은 주택- 역주은 '위풍당당함'을 지녔다Frank Lloyd Wright's Fallingwater has great 'integrity'"고 말할 때처럼, 이 책에서는 이 단어를 잘 설계된 구조나 체계에 내재한 강인함 혹은 완전체의 힘이라는 의미로 사용한다는 점을 일단 짚고 넘어가고 싶다. 부분의 통합이 우아한 전체를 만들어낸다. 이러한 관점에서 유능한 리더는 삶의 모든 영역을 존중하고, 한 영역의 자원을 다른 영역에 적용하는 방식으로 자원 이용의 효율성을 극대화한다. 그러면서도 한편으로는 영역 간 경계를 유지해 각 영역 내에서 생산성의 극대화를 꾀하는 방식으로 리더십을 발휘한다. 이것을 더욱 잘 해내려면 우선 삶의 각 영역에서 자신에게 가장 중요한 사람들이 누구인지 확인하고, 서로 상대에게 무엇을 기대하는지 기술한 뒤, 어떻게 하면 그 기대와 자신이 가장 중요하게 생각하는 것이 일치하도록 상호 작용 체계를 구성할 수 있을지 그 방법을 알아내는 과정이 필요하다.

빅터가 이 일을 시도했다. 빅터는 아내와 두 아이를 둔 한 가정의 구성원이자 뉴욕에 있는 대형 투자 은행의 IT 담당 이사로서 정말 다양한 사람들과 관계를 맺고 있다. 자신의 삶에서 가장 중요한 사람들과의 관계를 개선하고 그 상태를 유지하려면 어떻게 해야 하는지 생각해보라고 하자 빅터는 이렇게 답했다.

> 가족들이 내게 바라는 것은 한결같다. 서로 더 사랑하고, 함께 더 많은 시간을 보내고, 더 지지해주며 살자는 것이다. 나는 집에서 피로를 풀고 에너지를 충전해 활력을 되찾고 싶고, 내 시간을 알차게 잘 쓰고 싶다.
>
> 직장에서 사람들은 내가 회사에 도움이 되는 가치를 더 많이 창출해주기를 바란다. 하지만 직장 사람들이라고 해서 일과 관련된 부분만을 기대하는 것은 아니고 인간적으로도 좋은 관계를 유지하고 싶어 한다. 사실 직장에서뿐 아니라 내 삶의 어느 영역에서든 사람들이 나와 좋은 관계를 유지하고 싶어 하는 것은 마찬가지인 것 같다.
>
> 주변 사람들이 나와 원만한 관계를 맺고 싶어 한다는 사실은 내가 나 자신에게 바라는 것과도 깊은 연관성이 있다는 생각이

점점 강해졌다. 나와 사람들 간에 긍정적인 상호 작용이 이뤄지면 내 마음이 훨씬 편안해지면서 나 자신에 대해 긍정적으로 생각하게 된다. 편안히 휴식을 취한 덕분에 활력을 되찾았다는 느낌이 들면 직장에서도 일을 더 잘 해낼 수 있지 않을까? 그러면 집에도 좀 더 관심을 기울일 수 있지 않을까? 이런 방향으로 뭔가를 해야 할 것 같다.

빅터는 자신의 삶에서 가장 중요한 사람들이 누구인지 되돌아보는 과정에서 서로 조화를 이루는 영역과 충돌이 일어나는 영역이 어디인지를 확인하는 것 외에도 주로 어떤 문제가 어떤 식으로 발생하는지까지 생각해보기 시작했다. 토털 리더십 프로그램의 2부에 해당하는 지금부터는 내면이 아닌 외부로 시선을 돌려 자신에게 정말로 중요한 사람, 즉 '핵심 이해관계자'와의 관계를 더 확실하게 살펴보자. 여기서 우리는 '성과에 대한 기대'라는 개념을 더 확장하고 심화해 직장 상사뿐 아니라 핵심 이해관계자 '전부'에게 적용할 것이다. 그들이 당신에게 기대하는 것과 당신이 그들에게 기대하는 것을 알아보고, 양측의 기대가 얼마나 충족되고 있는지도 함께 살펴본다. 마지막으로는 이 핵심 이해관계자와 실제로 어떤 관계를 유지하고 있는지를 새로운 각도에서 바라볼 것이다.

이전 장들에서 세운 토대를 기반으로 자신의 핵심 이해관계자에 대한 분석이 끝났으면 이제 각각의 이해관계를 조율하고, 상호 이득이 되는 방향으로 이 사람들과의 관계를 발전시키려면 어떻게 해야 하는지 따져볼 차례다. 이 관계들을 강화하고 주변 사람들을 바라보는 시각에 변화를 주는 것이 목표다. 이 프로그램을 거친 수많은 참가자들이 과거에는 주변 사람들이 이것저것 요구도 많고 바라는 것도 많아서 자신이 이리저리 휘둘리고 있다는 생각에 짜증과 분노가 치밀어 오르는 일이 많았다고 했다. 그들은 프로그램을 거치면서 친한 동료들의 지지를 많이 받게 되면서 삶에서 겪는 여러 문제에 더 자신 있게 대응할 수 있게 됐다고 말했다.

핵심 이해관계자가 당신에게 무엇을 기대하는지, 당신이 그 사람들에게 무엇을 기대하는지, 이 사람들과 어떤 관계를 유지하고 있는지를 분석하는 데는 물론 시간이 걸린다. 하지만 이것은 토털 리더십 과정의 필수 단계다. 자신에게 가장 중요한 것과 가장 중요한 사람이 누구인지를 알면 새로운 방식으로 삶의 다양한 영역을 통합할 기회가 더 많아지기 때문이다.

나에게 가장 중요한 사람은 누구인가

핵심 이해관계자는 당신의 미래에 '이해관계'가 있는 사람들이다. 핵심 이해관계자는 직장에도 있고 가정에도 있으며 공동체에도 있다. 그리고 당신의 마음, 신체, 정신이라는 삶의 네 번째 영역에서 핵심 이해관계자는 바로 당신 자신이다. '자신'은 이해관계자 중 가장 복잡하고 까다로운 존재다.

이해관계자는 직장 상사일 수도 있고 자녀일 수도 있다. 배우자나 룸메이트, 동업자일 수도 있다. 수업을 같이 듣는 학생이나 같은 부서에서 일하는 동료도 이해관계자가 될 수 있다. 또 종교 단체 지도자, 스포츠클럽 회원, 친구나 이웃도 이해관계자일 수 있다. 시야를 좀 더 넓혀보면 사회와 환경이 자기 삶의 이해관계자일수도 있다. 요컨대 당신이 중요하게 여기는 영역 어디에든 이해관계자는 존재하고 누구든 이해관계자가 될 수 있다.

핵심 이해관계자를 확인하는 일은 자신에게 가장 중요한 사람이 누구인지를 가리는 작업이다. 삶의 각 영역에서 가장 큰 영향을 미치는 사람이 누구인지 생각해보자. 또 자신과 상호 작용을 가장 많이 하는 개인이나 집단을 확인해보자. 이 관계가 자신의 가치관과 성취하고자 하는 목표에 어떤 영향을 미치는가?

핵심 이해관계자를 정하는 공식 같은 것은 없다. 이를 정하는 일은 전적으로 당신의 몫이다. 그리고 이렇게 정한 이해관계자는 고정불변이 아니고 언제든 바뀔 수 있다. 당신이 사람들에게 기대하는 바와 사람들이 당신에게 기대하는 바가 무엇인지를 확인하는 과정에서 핵심 이해관계자라고 혹은 핵심 이해관계자여야 한다고 믿었던 사람들이 실제로는 그렇지 않다는 사실을 깨닫게 되는 일도 드물지 않다. 이 분석 작업은 자신의 삶에서 이들이 얼마나 중심적인 역할을 하는지 파악하는 데도 도움이 된다. 예를 들어 이 과정에서 예전에는 핵심 이해관계자였던 사람들이 지금은 그렇지 않다는 사실을 알게 될 수도 있다. 그렇다고 그 사람들이 지금은 전혀 중요하지 않다는 의미는 아니다. 그 사람들과의 관계가 예전과는 달라졌다는 의미일 뿐이다. 대학생이 되면 부모님과의 관계가 전과 같을 수는 없다. 마찬가지로 예전 직장을 함께 다니던 동료가 지금은 단순한 직장 동료를 넘어 사회 친구일 수도 있다.

Exercise

나에게 가장 중요한 사람은 누구인가?

자신 영역을 제외한 삶의 각 영역, 즉 직장이나 일, 가정이나 가족, 공동체나 사회에서 핵심 이해관계자 4~5명 정도를 선택해 명단을 작성해보자. 다음 사항을 토대로 핵심 이해관계자를 찾아보면 된다.

- 삶의 각 영역에서 당신에게 가장 중요한 사람이나 집단, 기타 존재(예: 동물, 환경)는 누구/무엇인가?
- 각 영역에서 가장 자주 접하는 사람은 누구인가?
- 자신의 삶에 가장 큰 영향을 미치는 사람 그리고 자신이 가장 큰 영향을 미치는 사람은 누구인가?

이러한 과정을 거친 다음, 세 영역에서 핵심 이해관계자라고 생각하는 사람이나 집단의 명단을 작성하라. 자신 영역에 관해서도 곧 다룰 것이다. 각 핵심 이해관계자를 선택한 이유도 한두 문장으로 요약해 설명해보자.

빅터의 이해관계자

빅터는 일 영역에서의 핵심 이해관계자로 직속 상사인 부사장, 직급이 같은 동료 직원, 자신이 이끄는 팀원, 최고경영자 과정에서 함께 공부하는 학생들을 꼽았다. 가정 영역에서는 아내, 아들, 딸 그리고 부모님을 핵심 이해관계자로 봤다. 마지막으로 공동체 영역의 핵심 이해관계자는 친구, 지역 주민센터, 자신이 자원봉사자로 참여하고 있는 멘토링 프로그램이었다. 명단에 오른 이 사람과 단체 등은 빅터와 '가장 친밀한 집단'으로서 적어도 이 명단을 작성할 당시에는 빅터에게 가장 중요한 존재였다.

이렇게 자신과 가장 친밀한 사람과 단체 등의 명단을 작성하는 작업은 단지 시작에 불과하다. 조금 뒤에는 토털 리더십 과정에서 삶의 각 영역에 존재하는 모든 사람이 당신이 이뤄낸 변화로 인해 이득을 볼 수 있도록 '4면 성취'를 겨냥한 실험을 설계할 것이다. 이 작업을 효과적으로 완수하려면 자신이 중요하게 생각하는 사람들이 이 '성취'를 어떻게 바라보는지부터 알아야 한다. 삶의 각 영역에서 당신에게 중요한 사람에 대해 생각해보고, 현재와 미래에 그 사람들이 중요하게 생각하는 것을 성취할 수 있도록 도우려면 어떻게 해야 하는지도 생각해보자.

사람들은 나에게 무엇을 기대하는가

당신이 의지하는 사람들과 의미 있는 관계를 맺는 일이야말로 리더십의 핵심이자 필수 불가결한 요소다. 다른 사람이 나라는 사람과 내가 성취하려는 바를 이해하지도, 믿지도 않는다면 그 사람들을 이끌고 중요한 일을 해내기는 매우 어렵다. 2장에서 당신의 영웅으로 꼽았던 사람을 떠올려보라. 아마도 주변 사람들은 그 사람을 신뢰할 만하다고 여길 것이고 그 사람이 그렇게 신뢰를 받는 이유 중 하나는 매사를 다른 사람들의 관점에서 생각하고 판단할 줄 아는 능력 때문일 것이다. 이렇게 다른 사람의 관점에서 생각하는 것은 내가 성취하려고 하는 일이 결국은 그 사람들에게도 득이 된다는 사실을 알게 하는 데 도움이 된다. 더불어 이들이 나를 지원해야 하는 이유와 방법을 깨닫게 하는 데도 도움이 된다.

자신의 이해관계자를 확인했으면 이제 그 사람들이 당신에게 기대하는 것이 무엇인지를 알아볼 차례다. 그 사람들이 당신과의 관계를 어떻게 바라볼지 상상해보라. 그들이 당신에게 정말로 바라는 것은 무엇인가? 그 사람들은 당신이 이뤄낸 성과를 어떻게 바라볼까?

Exercise

이해관계자가 나에게 기대하는 것은 무엇인가?

아래와 같이 이해관계자 기대표를 작성해보자. 우선 해당 칸에 이해관계자의 이름을 적는다.

그러고 나서 각 이해관계자의 관점에서 나 자신을 생각해보자. 각 이해관계자가 다음 질문에 어떻게 답할지 상상해보라. 내게 바라거나 원하는 것은 무엇인가? 그 사람들이 기대하는 행동이 무엇인지 가능한 한 구체적으로 적어본다. 각 칸에 해당 답변을 적어넣자.

마지막 열은 자신 영역의 다양한 측면을 표시한 것이다. 정신적 건강, 휴식, 신체적 건강, 감정의 건강과 관련해 자신에게 기대하는 바를 해당 칸에 적는다. 이번에도 가능한 한 구체적으로 기술하자.

마지막으로, 각 칸 우측 상단에 있는 작은 네모 안에 성과 기대치를 얼마나 충족시켰는지 10점 만점으로 평가해 기록해보자. 기대치를 항상 충족시켰다고 생각하면 10점을 준다. 때때로 기대치를 충족시켰다면 5점을 준다. 1점은 기대치를 충족시킨 적이 전혀 없다는 의미다.

기대표 1을 다 작성했으면 이제 전에는 한 번도 생각해보지 않았을 중요한 질문 몇 가지에 답해보자. 시간을 조금 내서 아래 질문에 대한 답변을 간략히 적어보자.

- 내 시간, 내 관심을 포함해 각 이해관계자가 내게 바라거나 기대하는 것은 무엇인가?
- 한 영역의 이해관계자가 내게 기대하는 것과 다른 영역의 이해관계자가 기대하는 것이 양립할 수 있는 방법이 있는가? 이 기대는 서로 일치하기도 하는가?
- 어느 지점에서 두 기대가 충돌하는가?
- 이러한 기대가 내 가치관 및 내가 추구하는 미래 목표와 일치하는가?
- 이상의 질문에 대한 답변을 살펴본 후 변화를 꾀하고 싶은 부분이 있는가?

이해관계자 기대표 1

일	가정	공동체	자신
			정신적 건강
			휴식
			신체적 건강
			감정의 건강

빅터의 이해관계자가 기대하는 것

빅터는 각 이해관계자나 이해관계자 집단이 자신에게 기대한다고 생각하는 사항을 파악한 다음 이것에 대한 자기 생각을 다음과 같이 적었다.

각 영역의 이해관계자가 기대하는 내용은 처음에 생각했던 것보다 양립 가능성이 높았다. 가정 영역에서는 가족 구성원이 내게 기대하는 부분이 서로 많이 겹쳤다('함께 있어 주기', '곁에 있기', '연락 잘 되기' 등). 직장 영역의 이해관계자들이 기대하는 부분도 많은 부분 서로 겹쳤다. 그리고 가정과 직장에서 사람들과 원활히 소통하는 것은, 심신이 좀 더 편안한 상태에서 항상 중심이 잡혀 있으면서 그런 나 자신을 긍정적으로 바라보고 싶은 내 기대와도 맞아떨어진다.

반면에 서로 충돌하는 부분도 있었다. 이런 경우에는 적당한 수준에서 타협하는 것 말고는 답이 없다. 집에서 아내와 아이에게 집중하는 동시에 직장 업무를 보거나 학교에 제출할 리포트를 완성하기란 쉽지 않다. 이 모든 일을 한꺼번에 다 하기는 어렵고, 이런 경우 나 자신만을 위한 시간을 내기도 어렵다.

물론 문제는 시간이다. 시간은 무한하지 않으니 말이다. 그렇더라도 빅터의 관점에서 삶의 네 영역에서 원하는 바를 성취할 수 있도록 시간을 최대한 효율적으로 활용할 방법을 한번 생각해보자. 상충하는 부분을 최대한 줄이면서 삶의 모든 측면에서 성과를 개선하려면 어떻게 해야 할까? 빅터와 마찬가지로 자신이 작성한 이해관계자 기대표를 읽어보면 시간이 부족해서 중요한 사람들과의 관계를 개선하지 못한다고 생각하게 된다. 그러나 앞으로 알게 되겠지만, 시야를 넓히면 처음과는 다른 그림이 눈앞에 펼쳐진다. 이 책이 제시하는 단계를 계속 밟아나가다 보면 시간을 더욱 효율적으로 활용하는 방법과 그것이 가능한 이유를 당신도 알게 될 것이다.

나는 사람들에게 무엇을 기대하는가

이제 관점을 바꿔서 생각해보자. 이해관계자가 당신에게 무엇을 기대하는지, 당신이 그 기대를 얼마나 충족시키고 있는지 파악했다면 이제 삶에서 추구하는 목표를 달성하고 삶의 네 영역을 효율적으로 통합하려는 과정에서 이해관계자가 무엇을 어떻게 해주었으면 하는지 적어보라.

Exercise

당신이 이해관계자에게 기대하는 것은 무엇인가?

먼저 두 번째 유형의 이해관계자 기대표(기대표 2)에 핵심 이해관계자의 이름을 적어 넣어 보자.

그런 다음, 자신이 각 이해관계자에게 바라는 바를 적는다. 그 사람들에게 기대하는 행동을 가능한 한 구체적으로 기술하라. 각 칸에 자기 생각을 적으면 된다.

기대표 1에서처럼 이해관계자를 적은 각 칸 우측 상단의 작은 네모 안에 당신이 적었던 기대를 각 이해관계자가 얼마나 충족시키고 있는지 10점 만점으로 평가해 기록한다. 여기서 10점은 이해관계자가 기대를 항상 충족시킨다는 의미다. 5점은 기대를 충족시킬 때가 가끔 있다는 뜻이다. 1점이면 이해관계자가 당신의 기대를 전혀 충족시키지 못한다는 의미다.

이해관계자 기대표 2

일	가정	공동체

기대표 2를 다 작성했으면 시간을 조금 내서 아래 질문에 간략히 답해보자.

- 전체적으로 보았을 때 당신이 핵심 이해관계자에게 원하거나 기대하는 것은 무엇인가?
- 당신이 핵심 이해관계자에게 기대하는 것과 그들이 당신에게 기대하는 것이 맞아떨어지는가?
- 이 책 초반부에서 당신에게 정말로 중요한 것이 무엇인지 생각해봤는데, 이해관계자에게 기대하는 내용이 이것에 얼마나 부합하는가?

빅터가 이해관계자에게 기대하는 것

빅터는 자신이 핵심 이해관계자에게 기대하는 바가 얼마나 충족되는지를 평가해 그 수치를 기대표에 적어넣었다. 그런 다음 이 기대표에 대한 질문에 답하면서 그 패턴을 찾아보려 했다.

내가 핵심 이해관계자에게 정말로 원하고 또 필요하다고 생각하는 것에는 공통점이 있다. 나는 내 일을 열심히 했고 그래서 그 결과에 대해 제대로 된 보상과 인정을 받고 싶었다. 결과가 신통치 않았다면 내가 어떻게 해야 하는지 올바른 해결책이나 조언을 해주기 바란다. 가정에서도 마찬가지다. 가사나 육아를 비롯해 집안일을 많이 분담하고 있다고 생각한다. 이 부분도 인정받고 싶다.

이러한 기대는 이해관계자가 내게 기대하는 것과 크게 어긋나지 않는다. 직장에서 이해관계자가 내게 기대했던 일을 해내고 그 결과에 따라 제대로 보상받는다면 양쪽의 기대가 충족된다는 점에서 그런대로 적절한 타협이 이뤄진 것이라고 본다. 마찬가지로 나는 내 팀원도 일을 잘 해내기를 바란다. 팀원들은 존중받기를 원하고 경력이 쌓이고 있음을 느끼고 싶어 한다. 집에서 아내는 내가 육아와 가사 분담을 해줄 것을 원한다. 그런데 나는 최고경영자 과정 수료를 몇 개월 앞두고 있고, 앞으로 직장에서도 일을 더 잘 해내고 싶기 때문에 아내의 지원이 절실하다. 이것이 아내와 내 기대가 어긋나는 부분이다.

내가 이해관계자에게 기대하는 부분과 내가 꿈꾸던 미래 비전이 상당히 일치한다는 사실에 꽤 흐뭇했다. 존중받는다는 것은 내가 중시하는 핵심 가치 가운데 하나고 이해관계자들과 공통적으로 가지고 있는 기대다. 지지를 해주는 것은 양방향의 기대를 관통하는 주제다. 처음에 쓴 리더십 비전에서는 언급하지 않았는데 이제는 일, 가정, 공동체 영역에서 서로에 대한 지지와 존중이 얼마나 중요한지 깨달았다.

빅터는 삶이라는 거대한 체계 안에서 각기 다른 영역이 서로 조화를 이루며 상호 영향을 미치는 관계의 방식을 이해하기 시작했다. 당신에게도 여기서 해왔던 연습 과제는 삶의 네 영역을 하나로 인식하고, 각 영역 간의 상호 의존 관계를 이해하는 데 도움이 될 것이다.

네 개의 퍼즐 조각, 하나의 그림

삶의 각 영역이 상호 작용을 통해 서로 영향력을 강화하는 현상이 나타난다는 점에 주목하면 이제 토털 리더십 과정에서 일어나는 아주 중요한 변화 단계에 이르게 된다. 즉, 온전한 삶을 산다는 것과 그 삶의 퍼즐 조각을 맞춰 일관성 있는 통합 체계를 만들어낸다는 것의 진정한 의미를 파악하는 일에 한 걸음 더 나아가게 된다는 말이다.

일단은 패턴을 파악하는 일에서 시작한다. 자신이 작성한 도표를 분석할 때 무엇이 눈에 들어오는가? 각 부분이 서로 영향을 미친다는 사실이 보이는가? 당신은 각 부분의 경계가 어디인지, 또 그 경계를 관리하는 일이 얼마나 중요한지 보다 명확히 알게 될 것이다.

경계는 일종의 한계를 표시하는 일이라고 할 수 있다. 여기서는 삶의 각 영역을 구분하는 표시로 이 용어를 사용한다. 삶의 각 영역 간 경계는 상호 '투과성'이 어느 정도인지(서로 섞이는 정도) 또 '유연성'이 어느 정도인지(변화의 용이성)에 따라 달라진다. 각 영역을 통합 혹은 분할하는 방법으로 경계를 바꾸는 것도 가능하다. 빅터가 이 가능성을 확인했다.

> 삶의 각 영역 간의 경계 개념을 이해하는 것이 얼마나 중요한지 깨닫기 시작했다. 주어진 시점에 가장 중요한 사항에 집중하려면 영역 간 경계를 더 명확히 세워야 한다. 하지만 이 명확한 경계가, 영역을 초월하는 이해관계자의 이익을 충족시키는 데 걸림돌이 되어서는 안 된다.

빅터는 창조적인 변화 과정에 들어갔다. 신체적, 심리적으로 온전히 집중할 수 있었고, 그 결과 주어진 역할을 보다 효율적으로 수행해 더 나은 성과를 올렸다는 뿌듯함과 만족감을 느낄 수 있었다. 그는 이런 변화가 삶의 전 영역에 미치는 긍정적인 영향을 확인할 수 있었다.

제나도 자신이 작성한 기대표를 분석하는 동안 이해관계자의 기대가 서로 어떻게 영향을 주고받는지 처음으로 확인하게 됐다.

> 이해관계자가 내게 무엇을 기대하는지 확인하면서 중요한 사실이 처음으로 눈에 들어오기 시작했다. 가족이 내게 정말로 원했던 것은 '수용'이라는 사실이었다. 아버지와 여동생은 나와는 너

무 다른 사람이라서 받아들이기 어렵다고 느낄 때가 많다. 그래서 다른 방식으로 이들에게 특별한 관심을 보임으로써 이런 불편함을 해소하려 했다. 하지만 아버지와 여동생의 관심은 분명히 다른 데 있고, 나는 결국 이들이 진짜 원하는 바를 충족시킬 방법을 찾아야만 한다.

직장에서는 부하 직원들이 관리 및 동기 부여 부분에서 내게 의지하리라는 점은 대충 알고 있었지만, 자신들의 성공을 견인하는 역할까지 내게 기대한다는 사실은 미처 깨닫지 못했다. 우리 모두가 서로의 성공을 견인하는 존재라는 사실을 깨닫는 순간 온몸에 전율이 느껴졌다. 내 성공에 대한 부하 직원들의 기대는 단순한 기대를 넘어 이들에게 꼭 필요한 것이기도 했다.

빅터와 마찬가지로 제나의 이런 깨달음 역시 온전한 삶을 향해 나아가는 단계였다. 핵심 이해관계자를 존중하고, 자신의 가치관에서 비롯되는 창의적 행동을 통해 각기 다른 기대(자신과 이해관계자의 기대)의 조화를 꾀하는 과정에서 온전한 삶에 한층 다가서는 것이다. 자신과 이해관계자가 상대에게 기대하는 바가 무엇인지 알아야만 가능한 일이다.

자신이 꿈꾸던 리더가 되려면 이해관계자가 기대하는 것을 제대로 알고 있는지 곰곰이 생각해보는 시간이 필요하다. 당신은 이해관계자의 다양한 기대를 충족시키는 여러 과업을 하나로 결합해 성과를 개선하는 식으로 새로운 기회를 노려볼 수도 있다(네 영역에서의 목표를 단번에 성취). 혹은 좀 더 효과적으로 영역 간 경계를 관리하는 방법도 있다. 예컨대 주어진 영역에서 활동할 시간을 확보하고, 당신에게 중요한 사람에게 그 시간이 왜 필요한지 설명하며, 가장 중요하게는 그런 경계가 어떻게 이해관계자와 당신 모두에게 이득이 되는지를 설명하는 것이다(한두 영역에서는 목표를 단번에 성취하고 다른 영역에서는 우회하여 성취).

Exercise

삶 자체를 변화가 가능한 하나의 체계로 간주하라

이해관계자 기대표를 보면서 4면 성취를 이루려면 어떻게 해야 하는지 생각해보자. 그리고 아래 질문에 간략히 답해보자.

- 기대가 가장 잘 충족되고 있는 영역은 어디인가? 또 가장 충족되지 않는 영역은 어디인가?
- 자신과 이해관계자 중 누구에게서 해결책을 찾아야 하는가?
- 가장 쉽게 바꿀 수 있는 관계는? 그 이유는 무엇인가?
- 바꾸기 가장 어려운 관계는? 그 이유는 무엇인가?
- 한 영역에서 성과를 개선해 다른 영역의 만족도와 성과를 높일 수 있을까? 예를 들어 공동체나 가정에서 성과를 높임으로써 직장에서 업무 성과를 높이는 일이 어떻게 가능할까?

이상의 질문에 답하다 보면 이해관계자와의 관계 하나하나가 모여 당신의 삶 전체를 이루고 있다는 사실을 이해하는 데 도움이 될 것이다. 또 삶의 각 영역 간 연결 고리를 파악하는 데도 도움을 받을 수 있다. 한 영역에서 일어난 일이나 이해관계자 한 명과의 관계에서 발생하는 일이 다른 영역이나 다른 이해관계자와의 관계에도 영향을 미친다. 그리고 리더로서 당신은 각 영역이나 관계의 이러한 상호 작용이 상호 이득이 될지 혹은 해가 될지에 영향을 미친다. 다시 말해 당신이 어떻게 하느냐에 따라 이렇게 상호 영향을 주는 관계가 득이 되기도 하고 해가 되기도 한다는 것이다.

이러한 성과 격차가 어느 정도인지는 앞서 두 기대표에 기입했던 이해관계자 성과 평점을 비교하면 알 수 있다. 평점이 10점이 안 되면 어느 방향으로든 격차가 존재한다는 뜻이다. 자신과 이해관계자 모두에게 1점을 줬을 때 격차가 가장 크게 벌어진다.

이 방식을 활용하면 자신의 삶에 대해 새로운 사실을 깨닫게 된다. 제나가 그 좋은 예다.

> 나는 내가 좋은 어머니이자 좋은 아내이고 좋은 언니이자 좋은 딸이며 괜찮은 친구라고 생각한다. 그런데 가정 영역에서 내가 최악이라니! 전혀 예상하지 못한 결과였다. 사실 나는 공동체 영역 점수가 가장 낮고 그다음이 직장이지 않을까 생각했다. 하지만 이런 상황에 관해서 구체적으로 생각해보지는 않았다. 서로 기대 충족 수준을 높이려면 어느 한쪽이 아닌 나와 이해관계자 모두에게서 해결책을 찾아야 한다는 사실을 이제는 알았다. 서로 상대가 기대하는 바를 더 많이 충족시키려 노력하는 한편 기대를 적절히 조정해 양쪽이 조화를 이루게 하려는 노력도 필요하다.

제나로서는 매우 신선하고도 중요한 깨달음이었고, 이후 이 깨달음은 자신만의 실험을 해보게 된 동기로 작용했다. 그러나 성과 평점에서 격차의 의미가 무엇인지를 보여주는 가장 중요한 질문은 바로 전에 살펴보았던 연습과제의 마지막 문항이다. 한 영역에서 성과를 개선해 다른 영역의 성과를 높일 수 있는가? 예를 들어 아버지 역할을 잘 해냄으로써 직장에서 관리자 역할까지 잘 해낼 수 있을까? 친구와의 관계가 개선되면 가족이나 업무 부분에서도 일이 잘 풀릴까? 신체적 건강이 좋아지면 직장에서도 생산성이 향상될까? 이러한 질문에 답해보는 것이 본질적으로는 삶의 완전성을 높이는 방법을 탐구하는 것과 같다고 할 수 있다.

4면 성취를 이루는 법

대다수의 사람은 자신이 각 영역에서 수행하는 다양한 역할을 어떻게 통합하느냐는 문제에 대해 제로섬식 '균형' 유지라는 관점에서 해결책을 모색하려고 한다. 하지만 나는 당신이 상상력을 조금 발휘해 다른 각도에서 생각해보기를 바란다. 모든 가능성을 열어두고 한 영역에서의 목표, 이익, 가치가 다른 영역의 목표와 이익, 가치에도 이득이 될 수 있는 방법을 찾아보라.

4면 성취는 토털 리더십의 기본 전제다. 다양한 삶의 영역에 걸쳐 다양한 이해관계자 간의 상호 이익을 실현할 기회는 얼마든지 있다. 각 영역 간의 조화를 이뤄낼 수 있음은 물론이고 한 영역의 기술, 가치, 인간관계 등의 자원을 다른 영역으로 가져와 성과를 향상하는 것도 가능하다. 말하자면 일종의 '긍정적 파급'을 노릴 수 있는 것이다. 예를 들어 부모 역할을 잘하고 있다고 느끼면 삶의 다른 영역에도 더 집중할 수 있다. 토털 리더십 프로그램 참가자 대다수가 가정과 공동체 그리고 자신 영역에서 성과가 개선되자 긍정적 파급 효과를 통해 직장에서도 업무 생산성이 높아졌다고 말한다.

토털 리더십 프로그램 초반에 참가자 일부는 직장에서 원하는 변화를 끌어내는 데 집중하면서 다른 영역은 아예 신경 쓰지 않는 경향이 있다. 그래서 이들에게 좀 더 넓은 관점에서 여러 영역을 동시에 바라보라고 권하곤 한다. 4면 성취를 목표로 한다면 일과 관련된 부분에만 초점을 맞춰서는 안 된다. 삶의 모든 영역에서 이익을 실현할 기회를 계속해서 찾아야 한다. 그저 한두 영역에서만 성과를 높이려는 자세는 토털 리더십 프로그램의 목표와도 맞지 않는다. 연습 과제에 대한 빅터의 답변 내용을 살펴보자.

> 일 영역에서 기대치를 충족시키려고 최선을 다했다. 자신 영역에서는 최악의 점수가 나왔다. 그리고 가장 중요하게 생각하는 영역인데도 가정에서는 기대가 제대로 충족되지 않고 있다. 일단은 가정 영역에서부터 변화를 꾀하는 편이 가장 쉬울 듯하다. 직장보다는 아무래도 가정에서 이런 유형의 대화를 나누기가 더 편할 것이라 생각하기 때문이다. 직장에는 정해진 상호 작용 방식대로 행동하는 조직 문화가 자리 잡혀 있어서 이러한 대화나 변화를 꾀하는 과정에 걸림돌로 작용한다. 게다가 나는 상사와 이런 주제로 대화를 나눠본 적이 없다. 늘 업무와 관련된 이야기만 했을 뿐이다. 이 부분에도 변화가 필요할 듯하다.
>
> 이 기대표를 본 순간 가정 영역에서의 변화에 집중해야겠다

는 생각부터 떠올랐다. 그쪽이 가장 고민스러운 영역이었기 때문이다. 하지만 나는 다른 관점에서 조금 더 생각해봤다. 근본적인 치료가 아니라 표면적 증상에만 초점을 맞추지는 않았을까? 가정뿐 아니라 나 자신에게도 신경을 써야 한다. 그리고 비록 간접적인 영향에 불과할지라도 가정과 자신 영역이 일과 공동체 영역에 어떠한 영향을 미치는지도 생각해봐야겠다. 여기서 핵심은 시간이 제한되어 있기 때문에 서로 상충되는 요구 사항을 한꺼번에 처리하는 것은 아직 버겁다는 점이다. 따라서 크게 부담스럽지 않으면서 삶의 모든 영역에서 성과를 높일 수 있는 방안을 모색해야겠다.

빅터는 스스로 분석한 내용에서 실질적인 교훈을 끌어내고, 이 교훈을 자신만의 실험을 설계하는 데 적용할 수 있는 방법을 고민했다. 토털 리더십 프로그램에서 가장 중요한 개념 가운데 하나를 완벽하게 자신의 것으로 만든 것이다. 전체 과정의 핵심은 스트레스와 압박감을 '줄이고' 성과 수준을 '높이는' 것이다. 자기 삶을 전체적 관점에서 바라보고 사고와 행동의 방식에서 변화를 추구하는 한편, 나 자신을 지지하는 것이 곧 그들에게도 득이 된다는 사실을 사람들에게 알려준다면 상충되는 부분은 줄이면서 더 나은 결과를 끌어낼 수 있을 것이다. 또한 다양한 부분에서 일이 더 잘 풀리고 자신의 삶을 스스로 주도한다는 느낌이 강하게 들 것이다. 자신에게 어울리는, 혹은 자신에게 특화된 방식으로 삶을 이끌어가는 방법을 배웠기 때문이다.

관계에는 패턴이 있다

이해관계자와의 관계에는 몇 가지 패턴이 있다. 그 패턴에 충동적으로 반응할 수도 있지만 좀 더 사려 깊게 접근할 수도 있다.

먼저 '폭발적' 패턴이 있다. 당신이 이해관계자에게 기대하는 것이든 이해관계자가 당신에게 기대하는 것이든 간에 양측의 기대를 충족시키기 어려운 상황을 말한다. 양쪽 다 만족스럽지가 않다. 이러한 상황에서 리더가 바람직한 관계를 만들어 유지하거나 나빠진 관계를 회복하거나 개선하려면 어떻게 해야 하는가? 일단은 서로 상대가 무엇을 기대하는지 확인하고 양측이 만족하는 방향으로 기대를 조율한 다음, 이 기대를 충족시킬 수 있도록 필요한 변화를 꾀해야 한다. 이에 관해서는 이후에 상세히 다룰 것이다. 그런데 사람들이 이와 같은 폭발적 상황에 충동적으로 반응하면서 그 상황을 회피하는 경우가 너무 많다. 일이 잘되도록 노력하면 상황이 나아진다는 사실을 알고 있을 때도 마찬가지다.

다음으로 '분노' 패턴이 있다. 자신은 다른 사람들에게 잘하는 것 같은데 그들은 자신을 실망시킨다고 생각하는 상황을 말한다. 이러한 상황에서 충동적 반응은 어떤 식으로 나타날까? 분노를 안으로 삭이면서 자신을 책망하기도 하고, 심하면 우울증에 빠지는 사람도 있다. 말로 분노를 폭발시키는 사람도 있고, 이 두 가지 반응을 다 보이는 사람도 있다. 이보다 생산적인 반응은 이해관계자에게 자신이 무엇을 기대하는지를 명확히 말하고, 자신의 기대든 이해관계자의 기대든 간에 이 기대가 충족되지 않을 때 나타날 결과를 설명한 뒤, 극복하기 어려운 한계가 있다면 그 사실을 인정하고 받아들이는 것이다.

다른 사람이 자신에게 갖는 기대를 과도하게 부풀려 인식하는 바람에 스스로 너무 과한 부담을 지고 있었다는 사실을 깨닫는 사람도 많다. 또 '압박·죄책감' 패턴이 있는데, 이는 '분노' 패턴과 정반대라고 보면 된다. 즉, 다른 사람들은 전부 자신에게 잘하는데 자신은 그들을 실망시킨다고 생각하는 것이다. 같은 일을 더 열심히 해도 충동적으로 반응하면 스트레스와 긴장감만 높아질 뿐이다. 토털 리더십 프로그램 참가자 중에는 이와 같은 심리적 압박감에 시달리는 사람이 아주 많다. 이런 상황에서 다시 리더십을 발휘하려면 자신에게 무엇을 기대하는지를 명확히 인식해 불필요한 부담감에서 벗어나야 한다. 그래야 협상과 혁신이 가능해진다. 토털 리더십 프로그램에 참가하다 보면 자신에 대한 다른 사람의 기대가 생각했던 것보다 크지 않다는 사실을 알게 된다. 그러면 스트레스도 줄어들고 시간과 에너지를 좀 더 효율적으로 활용할 수 있다.

폭발적 패턴의 정반대 유형으로 '발전' 패턴이 있다. 자신과 이해관계자 양측 모두의 기대가 완벽하게 충족되는 상황이 여기에 해당한다. 이런 상황이라면 거의 완벽의 경지에 오른 셈이다. 물론 모든 이해관계자와의 관계가 전부 발전 패턴이기를 기대하기는 힘들다. 그동안 수많은 사람의 이해관계자 기대표를 봤지만, 완벽하게 발전적인 관계 패턴은 한 번도 본 적이 없다. 발전적 관계에 근접한 패턴이 조성됐다면 그다음에는 어떻게 해야 할까? 우선은 그렇게 이상적인 관계를 어떻게 만들어냈는지 잘 생각해보고, 그 관계를 계속 유지할 수 있도록 주의를 기울여야 한다. 그리고 삶의 전 영역에서 생산적 관계를 구축하는 방법도 계속 배워나가야 한다.

관계 유지를 위한 새로운 수단

온전한 삶을 추구하려면 자신에게 중요한 사람들과 바람직한 관계를 유지해야 하고, 그러기 위해서는 적어도 연락이 끊겨서는 안 된다. 21세기를 살아가다 보면 소통을 위해 어떤 기기를 선택하는 게 좋을지 판단이 서지 않을 때도 있다. 그렇기 때문에 놀라울 정도로 발달한 디지털 기기를 소통에 어떻게 사용할지에 대해 생각해볼 필요가 있다.

디지털 기술은 우리 삶에 편리함과 함께 스트레스도 던져줬다. 새로운 통신 도구의 등장으로 시간과 장소의 제약에서 벗어날 수 있었으나 동시에 새로운 문제를 떠안게 됐다. 새로운 기기를 활용하면 영역 간의 이동이 더 빨라져서 영역 간 경계 관리가 더 수월해지고, 자신을 필요로 하는 사람들에게 더 빨리 접근할 수 있다. 덕분에 동시다발적인 의견 전달이 가능해져서 의사소통의 효율성이 극대화되는 측면도 있다. 그런데도 대다수의 사람들은 매일, 매 순간 쏟아져 들어오는 방대한 정보량에 짓눌려 그 혜택을 제대로 누리지 못하고 있다고 하소연한다.

이 시점에서 머릿속으로 가상의 실험을 하나 해보자. 앞으로 3일 동안 디지털 기기 없이 버텨보라고 하면 어떤 기분이 들까? 홀가분함? 아니면 공포감? 우리는 디지털 기기에 크게 의존하고 있으면서도 그 활용법에 관해서는 잘 생각해보지 않는다. 그렇다면 삶의 질을 떨어뜨리지 않으면서도 첨단 기기의 혜택을 누릴 수 있는 최선의 활용법은 무엇일까?

사람들은 신기술 때문에 사회적으로 상호 작용할 수 있는 기회가 오히려 줄어들었고 공동체 의식이 약해졌다고 불평한다. 또 긴급하게 들어오는 메시지에 바로 응해야 한다는 강박에 하루 24시간 늘 대기 상태로 있어야 한다며 불만을 토로하는 사람도 있다. 이처럼 새로운 매체는 자유와 선택 그리고 통제력을 약속하지만, 과도한 부담감에 시달리게 하는 것 또한 분명한 현실이다. 고용주의 관점에서 보면 직원들이 디지털 기기로 소통하는 환경에서는 이들이 정말로 일을 하는지 확인하기 어렵다. 팀이 눈에 보이지 않는 상황에서 팀 정신이라든가 팀원 간의 결속을 어떻게 다져야 하는지 난감해지기도 한다. 성과를 평가할 때도 결과(일하는 시간과 장소에 구애되지 않고)가 아니라 기존 방식(사무실에 있는 시간)을 기준으로 하면 디지털 기기를 통한 소통이 생산성을 저해하는 것처럼 보일 수도 있다.

디지털 혁명이 만들어낸 첨단 기기를 최대한 효율적으로 활용하려면 심리적, 사회적 기술이 필요하다. 그런데 우리는 이 부분에 관해서 이제 막 알아가는 단계일 뿐이다. 신뢰를 구축하고 융통성을 늘리기 위해 이러한 디지털 매체를 활용하는 방법이 있지 않을까? 핸드폰과 노트북, 탭의 노예가 되는 일 없이 중독되지 않으면서 이러한 기기를 사용할 수 있다면 어떨까? 그러면 당신의 삶 속에서 사회라는 다양한 퍼즐 조각들을 더 효과적으로 맞춰 보다 온전한 모양을 만들 수 있을 것이다.

새로운 소통 매체를 이용해 자신을 포함한 모든 이해관계자에게 이익이 되는 방향으로 시간과 공간을 활용할 수 있다. 그러나 현재 이용 가능한 다양한 매체를 좀 더 현명하게 활용하는 것과 디지털 기기를 더 많이 사용하는 것은 다른 이야기다. 즉, 디지털 기기를 무조건 많이 사용한다고 될 일이 아니라는 것이다. 각 이해관계자의 상황에 맞춰 직접 만나는 쪽을 선택해 디지털 기기의 사용을 줄이고 대면 소통을 늘리는 것이 더 효과적일지도 모른다.

이는 자신과 이해관계자에게 어떤 방식이 더 편한지에 따라 결정할 일이다.

좀 더 효율적으로 상호 작용할 수 있는 방식을 고민하면 각 소통 방식의 이점은 극대화하고(예: 신뢰 관계가 아직 확실히 구축되지 않은 상태에서는 대면 접촉이 더 낫다) 부담은 최소화하는(예: 대면 접촉은 시간과 장소의 제약을 받는다) 방법을 찾아내는 데 도움이 된다. 특정한 이해관계자(자녀 혹은 고객)와 소통할 때는 대면 시간을 늘리고, 또 다른 이해관계자(상사 혹은 부하 직원)와는 대면 시간을 줄이고 다양한 디지털 기기를 최대한 활용하는 방법이 여기에 해당하겠다. 아래 연습 과제를 통해 다양한 소통 방식을 창의적으로 활용하는 방법을 생각해보자.

Exercise

소통 방식

이해관계자와의 소통 방식을 생각해보자. 각 이해관계자와 대면 접촉, 동시적 가상 접촉(전화, 문자 메시지, 화상 회의 등 같은 시간, 다른 장소에서 이루어지는 것), 비동시적 가상 접촉(이메일, 음성 사서함 등 시간과 장소의 구애를 받지 않는 것)이라는 세 가지 소통 방식을 어느 정도 활용하고 있는지 비율을 살펴보자. 예를 들어 상사와는 대면 접촉 50%, 전화 20%, 이메일 30%의 비율로 소통한다고 적어볼 수 있다. 작업하기 편한 장소를 찾아서 각 이해관계자와 소통할 때 어떤 방식을 얼마나 활용하는지 그 비율을 기록해보자. 그런 다음에는 소통의 패턴을 살펴본다. 각 소통 방식이 각 영역에서의 목표를 달성하고 영역별 목표가 서로 조화를 이루게 하는 데 어떤 영향을 미치는지 생각해보라. 이처럼 다양한 소통 방식을 좀 더 효과적으로 활용할 방법이 있는가? 다른 소통 방식보다 대면 접촉을 더 늘려야 하는 이해관계자가 있는가? 가상 접촉을 더 늘려야 하는 상대가 있는가?

이러한 분석의 진정한 가치는, 자신과 이해관계자가 어떤 소통 방식을 선호하는지 더 명확히 파악하고, 주어진 매체를 활용해 상호 기대를 보다 효과적으로 충족시키는 방법을 알아낼 수 있다는 데 있다. 다양한 매체 가운데 특정한 매체를 왜 선호하는지 그 이유를 설명할 기회를 제대로 포착하는 것도 꽤 중요하다. 예를 들어 친구, 아버지, 동료와 소통할 때 전화보다 이메일을 주로 사용하고 그 이유를 본인이 확실하게 알고 있다고 하자. 이때 자신이 왜 그 매체를 선호하는지를 주제로 삼아 이야기를 나누면 대화가 한결 매끄러워질 것이다. 어떤 매체를 사용할지는 소통하는 이유와 방법, 시기에 대한 상호 이해를 바탕으로 결정해야 한다.

다른 사람이 어떤 소통 매체를 선호하는지 항상 머릿속에 담아둬야 한다. 이해관계자와 대화를 나눌 때 언제 대화가 가능하고 가능하지 않은지, 또 언제, 어디서, 어떤 매체를 사용해 주로 연락을 취할지를 화제로 삼을 수 있다. 한두 시간만이라도 디지털 기기를 꺼놓고 한 가지 화제에 집중하자는 쪽으로 대화가 진행될 수도 있다.

여러 가지 매체를 활용해 4면 성취라는 목표를 달성하기 위한 실험을 다양하게 시도해볼 수 있다. 첨단 기술 활용에 관한 분석을 바탕으로 효율적인 매체 사용에 대한 실험도 진행할 수 있다. 이에 대해서는 뒤에서 다루기로 하자. 하지만 첨단 기술을 활용한 새로운 매체가 만병통치약은 아니다. 그러므로 영역 간의 조화를 이루지 못하거나 이해관계자의 기대를 충족시키지 못하는 상황, 이해관계자에게 기대하는 바를 얻지 못하는 상황에서 새로운 매체를 맹신해서는 안 된다.

다음 장에서는 가장 효과적이라 생각하는 매체를 활용해 자신의 삶에서 중요하다고 생각하는 핵심 이해관계자와 함께 지금까지 이 책을 읽으며 생각했던 내용, 작성했던 글에 관해 짧은 시간 동안 집중해서 생산적인 대화를 나누는 방법에 관해 알아본다. 지금까지 당신에게 가장 중요한 사람이 누구인지 확인하고, 당신이 그 사람에게, 그 사람이 당신에게 무엇을 기대하는지 그리고 이러한 기대가 얼마나 충족되고 있는지 살펴보았다. 또한 삶의 다양한 영역이 서로 어떻게 영향을 미치는지를 살펴보고, 이해관계자와 소통할 때 활용하는 매체에 관한 평가도 해보았다. 지금까지 수행한 이 모든 작업은 당신이 더욱 온전한 삶을 향해 내딛는 발걸음을 한결 가볍게 해줄 것이다.

다음 단계로 들어가기 전에 중간 점검을 하는 차원에서 이해관계자가 기대하는 사항을 분석하면서 알아낸 사실과 그것이 온전한 삶을 살아가는 데 어떤 의미가 있는지 살펴보자. 또 이 과정에서 알게 된 것이 무엇인지도 다시 한번 정리해보자.

5장

이해관계자와의 대화

Total Leadership

● ● ● ●

자신과 가장 가까운 사람들인 이른바 핵심 이해관계자와의 관계를 꼼꼼히 들여다보고 재차 확인해봤다면 이제 이들과 좀 더 친밀한 관계가 될 준비는 마친 셈이다. 그러니 지금부터는 이 사람들과의 관계를 더 돈독히 할 방법을 모색해야 한다. 이제 본격적으로 이해관계자와 생산적인 대화를 시작할 준비가 됐다. 이 사람들과의 관계를 좀 더 깊숙이 들여다보고 서로 어떤 방식으로 영향을 미치는지 확인함으로써 관계를 개선할 새로운 기회로 삼아야 한다. 더 나은 리더, 더 풍요로운 삶을 영위하는 사람이 되려면 서로 영감을 주고받으며 생산적인 자극을 주는 사람들과 의미 있는 대화를 나누는 데 필요한 기술을 꾸준히 연마해야 한다.

이해관계자와 대화를 나누는 목적은 크게 두 가지가 있다. 하나는 현재 서로 기대하는 바가 무엇인지 확실히 '파악하는' 것이다. 또 하나는 현재 기대하는 바를 '바꾸고' 그 기대를 충족시킬 새로운 방법을 찾아내는 것이다.

물론 이는 기대 사항을 바꾸는 일이 합당하다고 판단할 때의 이야기다. 이해관계자와의 대화는 상호 간에 신뢰를 쌓는 동시에 서로를 더욱 지지하고 응원해주는 기회가 된다. 빅터의 경우 직장에서 가장 중요한 대화 상대는 다들 예상할 수 있듯이, 바로 상사였다.

> 이런 대화가 잘 진행되리라는 기대는 하지 않았다. 사람들이 내가 요청하는 것을 들어주지 않을까 봐 조금 걱정스러웠고, 내 부탁을 아예 무시하면 어쩌나 싶기도 했다. 상대가 이런 대화에 진지하게 응할지도 의문이었다. 하지만 사람들은 굉장히 솔직하게 대화에 임했고, 이런 식의 대화를 처음 해보는 데도 전에는 하지 못했던 이야기를 허심탄회하게 털어놓았다. 아주 신기한 경험이었다. 생각보다 대화는 아주 쉬웠다!
>
> 내가 가장 꺼리던 것은 상사와의 대화였다. 우리 두 사람은 사무적으로 업무 지시를 내리고 받는 것 외에 별다른 대화를 하지 않는 사이였다. 그래서 이 상사와의 대화가 끔찍하리라고 생각할 수밖에 없었다. 그런데 예상외로 대화가 생각보다 아주 순조롭게 흘러갔다. 나는 우선 내가 무엇을 원하는지 설명했고, 전반적으로 업무 성과를 높이고 싶다고 말했다. 이렇게 우리는 전과는 다른 방식으로 대화를 나누게 됐다. 나는 상사가 내게 가장 바라는 것이 이러저러한 것이라고 생각하는데, 내 생각이 맞는지 확인하고 싶다고 말했다. 상사는 내가 이렇게 말한 것이 마음에 들었던 모양이다. 이 대화로 우리가 아주 친해졌다고 말할 수는 없지만

이제 시작 아니겠는가. 친밀한 관계로 가기 위한 첫 단추는 잘 끼운 셈이라고 생각한다.

당신은 이해관계자와 대화를 나눔으로써 중요한 실험을 설계하는 단계로 나아갈 수 있다. 즉, 자신은 물론이고 자신의 삶에서 가장 중요하게 생각하는 모든 사람에게 이득이 될 수 있는 방향으로 변화를 꾀하는 실험에 나서게 되는 것이다. 이는 진정한 리더십에 대해 생각하는 사람이라면 반드시 거쳐야 할 단계이자 도전 과제이기도 하다. 리더라면 자기 자신과 자신이 중요하게 생각하는 사람에 대한 이해를 바탕으로 의미 있는 방향을 선택하고, 그것을 향해 추진력 있게 나아가야 한다.

대화를 통해 무엇을 얻는가

토털 리더십 프로그램은 한 단계씩 순차적으로 진행된다. 앞선 장에서 했던 작업 내용이 다음 단계를 위한 기본 토대가 된다. 지금까지 자신의 핵심가치를 생각해보았고, 되고 싶은 리더상을 그려보았으며, 현재의 삶에 얼마나 만족하는지를 평가했다. 또한 다양한 삶의 영역에서 자신의 역할을 잘 수행하고 있는지 살펴봤고, 자신에게 가장 중요한 사람들과 얼마나 잘 협력하고 있는지도 평가했다.

이해관계자와 대화하다 보면 사람들이 당신에게 무엇을 기대하는지 새삼 확인하게 되고, 때로는 그들이 당신 생각과는 다른 것을 기대한다는 사실을 알게 되기도 한다. 그리고 자신과 주변 사람들의 관계를 더 넓고 깊이 들여다보게 된다. 이런 대화는 삶의 각 영역이 서로 어떻게 영향을 미치는지 확인하는 데 도움을 준다. 자신과 이해관계자의 공동 이익과 이해관계자 간의 공동 이익이 무엇인지 알게 되고, 그 공동 이익을 실현하는 새로운 방법도 알 수 있다. 자기 자신뿐 아니라 이해관계자의 이익을 도모하려면 무엇을 어떻게 변화시켜야 하는지 명시적 혹은 암묵적으로 논의를 시작할 수도 있다.

다시 말하지만 공개하고 싶지 않은 내용까지 다른 사람에게 전부 말할 필요는 없다. 뭔가를 다른 사람에게 공개할지 말지 결정하는 것은 전적으로 당신의 몫이다. 그러나 앞서 말했듯이 자신의 과거와 미래 이야기를 들려주는 것 또한 리더가 활용할 수 있는 여러 도구 중 하나이므로, 제대로 이야기하는 법도 충분히 연습해두라고 권하고 싶다. 당신의 리더십 비전을 이해관계자에게 이야기함으로써, 당신이 목표를 향해 나아갈 때 그가 그 행보에 동참할 마음이 들게 할 수 있다. 이해관계자와 대화를 나누면 당신의 이야기를 가장 듣고 싶어 하는 사람에게 들려줄 기회가 생기는 셈이다.

핵심 이해관계자와 각기 따로 만나 일정 시간 동안 집중적으로 이야기를 나눔으로써 직장, 가정, 공동체의 사람들로부터 소중한 피드백을 들을 수 있다. 이것은 전문적인 '다면 평가' 기법과 비슷한 측면이 있다. 상사가 부하 직원을 대상으로 하는 '업무 평가'가 아니라 주변 동료에게 의견을 듣는 방식에 더 가깝다. 하지만 이해관계자와의 대화를 위한 자료 수집은 본인이 해야 하는 부분이고 보상이나 임금을 받는 것도 아니다. 이는 오로지 자신의 역할에 관한 이야기로서 일종의 '인생 다면 평가'로 이해하면 된다.

이해관계자와의 대화는 중요한 사람들과 친밀한 관계를 유지하는 것이 성공에 얼마나 중요한 요인으로 작용하는지 새삼 깨닫는 기회가 되기도 된다. 자기가 세운 목표를 추구하고 자신의 가치관에 부합하는 삶을 살아가려면, 다른 사람이 자신에게 정말로 원하는 것이 무엇인지 더 확실하게 알아보는 동시에 자신이 다른 사람에게 원하는 것이 무엇인지에 관해서도 진지하게 이야기를 나눠보아야 한다.

이해관계자와 나누는 대화는 지금까지 해왔던 여느 대화와는 다르다. 이는 모든 것을 이해과계자의 관점에서 바라보는, 다시 말해 밖에서 안을 들여다보는 접근법으로 이 또한 필수적인 리더십 기술이다. 이런 대화가 전환점이 되어 당신의 관점이 바뀔 수도 있는데, 그런 변화가 다음 단계에 큰 영향을 미친다. 여기서 말한 일들이 실현되려면 준비와 계획이 필요하다.

대화에도 계획이 필요하다

4장에서 수행한 평가 및 분석 작업은 이해관계자가 당신에게 무엇을 기대하는지 당신의 관점에서 생각해본 것을 바탕으로 했다. 물론 이것은 정확하지 않을 수도 있다. 그러므로 이해관계자와의 대화를 준비할 때는 자기 생각과 다른 이야기를 들을지도 모른다는 점까지 염두에 둬야 한다. 이 대화의 주된 목적은 이해관계자가 당신에게 기대하고 있는 것이 당신의 생각대로라는 것을 확인하거나 생각했던 것과 다른 기대가 있다는 사실을 확인하는 것이라는 점을 명심하자. 대화를 통해 가까운 주변 사람들이 당신에게 원하는 것이 무엇인지에 대해 좀 더 현실적이고 정확한 그림을 그릴 수 있다. 또한 이 모든 것을 온전한 하나의 체계로서 이해하는 데도 도움이 된다. 여기서 더 나아가 새로운 기대에 관해 협의하거나 기대를 더 확실히 충족시키는 방법을 논의하는 등의 작업까지도 가능할 것이다.

대화 상대가 다르니 대화 과정이나 내용도 각기 다를 수밖에 없다. 그러므로 대화를 준비할 때마다 각각의 계획을 따로 세워야 한다. 그리고 시작에 앞서 대화를 어떻게 진행하고 싶은지 미리 생각해두는 편이 좋다. 어떤 주제에 초점을 맞추고 싶은가? 특별히 피해야 할 주제가 있는가? 그 대화에서 무엇을 알고 싶은가? 공식적인 논의가 좋을까 아니면 비공식적인 논의가 좋을까? 여러 주제를 다뤄야 할 때 어떤 순서로 이야기하는 것이 좋을까? 각 대화에서 자신이 생각했던 목적을 달성했는지 어떻게 알 수 있을까?

토털 리더십 프로그램 참가자 대다수가 경험한 바에 따르면, 대부분의 사람들은 누군가가 자신을 핵심 이해관계자로 꼽았다는 사실에 흐뭇해한다. 또 두 사람이 공유할 미래에 관해 이야기 나누는 것을 매우 즐거워한다. 대화를 나눌 때 가능한 한 편안한 분위기를 만들어야 기분 좋게 이야기를 풀어갈 수 있다. 그러니 대화를 나눌 장소와 소통 방식, 시간 등을 신중하게 생각해서 정해야 한다.

대부분의 경우 얼굴을 직접 맞대고 이야기하는 것이 가장 좋지만, 직접 대면이 항상 가능하지도 않고 모두가 이 방법을 선호하는 것도 아니다. 그러니 잘 따져보고 판단해야 한다. 이러한 대면 소통이 꼭 필요한가? 디지털 기기를 사용해 대화를 진행해도 상대방이 여전히 친밀감을 느낄 수 있을까? 다양한 소통 매체의 장단점을 고려해야 한다. 그리고 이렇게 매체 활용법을 분석하면서 각 대화에 가장 적합한 소통 매체를 선택하는 능력을 키우자.

각자의 계획에 따라 토털 리더십 프로그램에 참가했겠지만, 이해관계자의 도움이나 참여 없이는 성공하기 어렵다. 이해관계자들도 이 리더십 과정이 자기와 무관하지 않으며 자신이 프로그램 참가자의 성공에 도움을 주고 있다고 느껴야 한다. 성공적인 대화를 준비하는 과정에서 명심해야 할 점은 상대방이 나를 자연스럽고 편하게 대할 수 있는 분위기를 만들어야 한다는 것이다. 그래야 그들이 나에 대해 전보다 긍정적으로 생각하고 내게 더 좋은 감정을 품게 되기 때문이다.

바로 개인적인 이야기부터 꺼내기는 어려우므로 시간이 어느 정도 흘러 대화가 무르익은 다음에 개인적인 문제를 거론해야 한다. 양측 다 편안해하는 장소를 선택하자. 부하 직원과 대화를 나눌 때 당신의 사무실을 대화 장소로 정하면 그 사람이 과연 편할까? 아마도 상사와의 직급 차이가 먼저 느껴질 테니 자신이 상사에게 무엇을 바라는지 솔직하게 털어놓기 꺼려지고, 상사의 부족한 점을 말하기도 껄끄러울 것이다. 그러므로 특정한 이미지가 떠오르지 않는 중립적인 장소에서 대화를 나누는 것이 가장 좋다. 그리고 되도록 정신이 산만해지지 않을 장소를 택하라. 가능한 한 방해받지 않을 만한 시간대를 선택하는 것도 중요하다.

본격적으로 대화를 시작하기 전에 4장에서 작성한 내용을 다시 살펴보고 이해관계자가 나와 내 성과에 대해 어떻게 느끼는지 한 번 더 생각해보자. 이 작업은 자신이 이해관계자에게 무엇을 기대하는지 확인하는 데 도움을 준다. 또한 앞에 있는 사람(혹은 그 사람이 속한 집단)과 어떤 이해관계가 있는지를 새로운 각도에서 바라보게 해준다. 그러면 대화를 시작하기 전에 관계를 개선할 방법을 생각해보게 된다. 이렇게 미리 준비를 해두면 혹시 이야기가 더 진전돼 새로운 기대에 관해 논의하게 되더라도 대화하기가 훨씬 수월해진다.

당신의 미래 이야기를 담은 리더십 비전을 슬쩍 끼워 넣어도 좋다. 당신이 무엇을 추구하는지, 앞으로 무엇을 성취하려 하는지에 관심이 가고, 지지하고 응원하고픈 마음이 들도록 하려면 당신의 비전을 어떻게 이야기해야 할지 미리 생각해두자. 이해관계자가 당신과 그 사람의 공동의 미래에서 어떤 역할을 담당할지 이야기할 준비를 해두는 것이다.

대화에 들어가기 전에 이렇게 조금이라도 준비를 해놓으면 자신이 원하는 목적을 달성할 확률이 그만큼 커지고, 더 나은 리더가 될 가능성도 커진다. 다음 연습 과제는 이러한 대화의 주된 목적인 성과에 대한 기대치 점검과 기대 사항 변경을 위한 것이다. 아래 내용을 참고해 대화를 진행하면 당신과 이해관계자가 전보다 친밀해지고 그 관계에 대해 더 만족스럽게 느끼며, 상대방의 목표를 더욱 열심히 지지하게 된다.

Exercise

대화 접근법 가다듬기

이번 연습 과제에서는 대화에서 원하는 주제를 끌어내는 방법 몇 가지를 알려주려 한다. 일단 편하게 느껴지는 화법을 선택해보자.

- 상대방이 당신에게 원한다고 생각하는 것이 있는데 그것이 맞는지 물어본다. 이때 '나 기술문'을 사용해서 "나한테 ~를 바란다고 생각하는데 그것이 맞는지 말해달라"는 식으로 이야기를 풀어나간다. 그리고 당신의 생각이 틀렸으면 더 자세히 말

해달라고 요청하자.

- 당신에게 원하는 것, 필요한 것이 무엇인지 예를 들어서 자세히 말해달라고 요청한다.
- 입장을 바꿔서 당신이 상대방에게 원하는 바를 이야기하고, 이 부분에 관해서 하고 싶은 말이나 질문이 있으면 말해달라고 요청한다.

우리는 자신의 과거 행동에 대해 방어적인 자세를 취하고픈 유혹에 빠지기 쉽다. 감정에 휘둘려 대화를 망치는 일이 없도록 하자. 둘 사이에 혹시 있을지도 모를 문제로 상대를 비난하지 마라. 상대방을 인정하고 상대의 감정에 민감하게 반응하라. 대화의 목적을 잊지 말자. 상대에게 기대하는 바를 서로 정확히 알고 있는지 확인하고, 만약 잘못 알고 있다면 이 기회를 통해 제대로 알겠다는 애초의 목표에 집중하라.

이처럼 서로 상대에게 기대하는 것을 알아가는 과정은 과학자가 진실을 탐구하는 과정과 다를 바 없다. 탐구하는 자세로 대화를 이어나갈수록, 주변 사람이 당신에게 거는 기대가 무엇인지 더 정확히 알 수 있다. 또 그래야만 다음 장에서 다룰 실험 설계 작업을 더 현명하게, 더 성공적으로 수행할 수 있다.

시간을 충분히 들여서 다음 질문을 읽고 처음으로 떠오르는 생각을 적어보자.

1. 각 대화를 어떻게 준비할 것인가?(시간, 장소, 매체)
2. 이전 장들을 통해 무엇을 배웠나?
3. 각 이해관계자의 기대가 당신이 생각했던 것과 일치하는지 확인하려면 어떻게 해야 하는가?

각 이해관계자와의 관계는 다 다르고 대화에 대한 반응도 제각각일 것이다. 각 이해관계자가 당신에게 기대하는 바가 무엇인지에 대한 당신의 예상이 맞는지 어떻게 확인할 것이며, 반대로 당신이 상대에게 기대하는 바를 상대가 정확히 알고 있는지 확인할 방법도 생각해보자. 또 서로에 대한 기대를 더 많이 알아내고, 이러한 기대가 서로에게 어떤 의미가 있는지 알아내려면 어떻게 해야 할지도 생각해보자.

대화에 대한 두려움을 극복하라

대화를 준비하는 과정에서 또 한 가지 예상해야 할 것은 바로 불안감이다. 사실 두려움이 전혀 없다면 무언가 잘못된 것이다. 그 대화를 진지하게 생각하지 않는다는 의미일지도 모른다. 대화를 나누다가 자신이 정말 듣고 싶지 않은 말이 나왔을 때 어떤 기분이 될지 걱정하는 것은 너무도 당연하다. 그러니 이 부분을 예상하고 미리 준비하면 마음속의 막연한 두려움이나 걱정이 현실이 될 가능성은 줄어들고, 대화를 통해 유용한 통찰력을 얻을 가능성은 커진다.

안드레는 아내 마르타와의 대화를 준비하면서 이 사실을 실감했다.

> 이해관계자가 내게 무엇을 기대할지 생각하며 그 내용을 적어보는 과정에서 내면 깊숙한 곳에 존재하는 두려움과 나만 알고 있던 약점이 드러나는 느낌이었다. 그래서 아내와 대화할 때 이런 부분을 다 솔직히 말해야 할지 망설여졌다. 내 생각에 아내는 내가 강한 사람이기를 바라는 것 같다. 그래서 공연히 내 약점이나 두려움을 드러내서 나에 대한 아내의 인식에 부정적인 영향을 미치고 싶지는 않았다. 게다가 두 아이를 돌보느라 스트레스가 이만저만이 아닐 텐데 자신을 비판하는 소리로 들릴지 모를 이야기를 굳이 해야 하나 싶었다. 하지만 내가 아내에게 기대하는 부분을 아내가 완벽하게 충족시키는 상황은 아니었기 때문에 이 문제에 대해 이야기해볼 필요는 있다고 생각했다.

대화를 시작하기 전에는 아내가 반발하거나 심하면 화도 내리라 예상했는데, 놀랍게도 대화는 잘 이어졌다. 무엇보다 아내가 먼저 내 생각을 상당 부분 인정해주었다. 그러다 보니 긴장이 많이 풀리는 느낌이었다. 그리고 가족을 부양해야 한다는 책임감 때문인지 금전적인 부분에서 내 기대치가 너무 높다는 말도 해주었다. 금전적인 성공에 대한 내 기준이 너무 높고 아내가 필요하다고 생각하는 수준을 훨씬 뛰어넘는다고 했다. 아내는 그저 편안하게 사는 것만으로도 만족한다고 했고 내가 생각하는 수준으로 돈을 벌 필요도 없고, 그 정도의 돈에는 관심도 없다고 했다.

그리고 아내가 지금보다 더 나아질 수 있는 부분이 있다는 점을 인정해주어 크게 안심했다. 내가 생각했던 부분과 같은 것이었다. 대화 내내 아내와 나는 서로에 대한 사랑과 헌신을 재확인했다. 우리 두 사람이 여전히 사랑하고 있다는 사실은 새로울 것도 없지만, 이 대화는 우리에게 특별한 경험을 안겨주었다.

안드레의 대화는 예전부터 늘 하던 이야기를 반복하는 수준이 아니었고, 두 사람이 정말로 중요하게 생각하는 부분에 새삼 초점을 맞추는 계기가 됐다. 두 사람이 상대에게 바라는 점을 다시 들여다볼 기회가 되었고, 그들은 더 만족스러운 가정생활을 할 방법을 찾아낼 수 있었다.

예상과 현실이 다른 경우는 많다. 대개 사람들은 내 생각보다 나에게 기대는 적게 하고, 지원은 많이 해주려 한다. 이런 사실이 살짝 당황스러우면서도 한편으로는 안심이 되리라 생각한다. 물론 항상 그렇지는 않고 그럴 가능성이 높다는 말이다.

한 학생의 표현을 빌리자면 '두려운 이해관계자'와 만나는 장면을 떠올릴 때 아마 불안감이 극에 달하지 않을까 싶다. 누구에게나 이런 사람이 적어도 한 명은 있을 것이다. 자신의 이해관계자 중 이렇게 두려운 사람이 누구이며, 당신은 왜 그 사람을 그렇게 두려워하는가? 여러 가지 이유로 자신의 미래라든가 현재 일이 진행되는 상황 등에 관한 이야기를 나누고 싶다는 생각이 눈곱만큼도 들지 않는 사람이 있다. 희망과 꿈에 관한 이야기를 하는 도중에 혹시 드러날지 모르는 내 약점을 그 사람이 악용하면 어쩌나 하고 은근히 걱정이 된다. 자신이 세운 원대한 인생 계획을 듣고 무슨 그런 허무맹랑한 소리를 하느냐고, 멍청한 소리 그만하라고 하면 어쩌나 싶기도 하다. 대개 당신에게 권한을 행사하는 사람, 당신 삶의 일부를 통제한다고 생각되는 사람, 당신이 원하는 일을 하지 못 하게 하는 사람이나 앞으로 그렇게 할 사람을 우리는 '두려운 이해관계자'라고 생각한다.

그런데 그간의 경험상 두려운 이해관계자와의 대화는 대부분 예상보다 훨씬 괜찮았다. 아마도 이들과의 대화를 미리 준비하고, 탐구 정신을 가지고(이기기 위한 것이 아니라 정보를 얻으려는 목적으로) 이해관계가 걸린 두 사람이 함께 공동의 미래에 초점을 맞춰 이야기를 풀어나간 덕분이지 않을까 한다. 이렇게만 하면 누구나 두려운 이해관계자와의 대화를 잘 풀어나갈 수 있다. 이런 접근법의 핵심은 상호 존중과 이해를 바탕으로 서로에게 도움이 되는 방향으로 대화를 이끌어가야 한다는 것이다.

림은 평소 두려운 이해관계자라고 생각했던 사람과 대화를 나누면서 깜짝 놀랐다.

내 상사 샘과의 대화는 나의 직장생활을 통틀어 가장 놀라운 경험이었다. 샘은 이 대화에 진지하게 응했을 뿐 아니라 이런 식의 대화를 나눌 첫 번째 상대로 자신을 꼽을 만큼 내가 우리 둘의 관계를 중요하게 여긴다는 사실에 감동한 듯했다. 솔직히 나는 이 대화를 나누기 전까지만 해도 우리 두 사람의 관계는 개선의 여지고 뭐고 없이 거의 끝났다고 생각했다.

그런데 막상 대화를 나누면서 정말 중요한 사실을 알게 됐다. 우리 두 사람은 지난 18개월 동안 완전히 대립각을 세운 채 험악한 시간을 보냈다. 하지만 이야기를 나누면서 그렇게 된 원인을 알고 나니 인간사가 참 묘하고 또 무엇이든 함부로 예단할 일이 아니라는 생각이 들었다. 샘은 내가 다른 사람과는 달리 CEO인 자신을 한 회사의 창립자이며 멘토 같은 존재로 인정하지 않는 것 같아 매우 낙심했다고 한다. 샘의 말을 빌리자면 나의 그런 태도가 정말 '큰 슬픔'으로 다가왔다는 것이다. 나는 이 부분이 특히 흥미로웠다. 나도 이와 비슷한 느낌을 받았기 때문이다. 사실 최근 몇 년간 회사를 위해 열심히 일했는데도 샘이 그 공로를 인정해주지 않는 것 같아 서운함이 컸고, 그래서 사이가 그렇게 험악해졌는지도 모른다.

그래서 한 가지 실험을 해보기로 했다. 앞으로 샘과 아주 '진솔한 관계'를 형성할 방법을 찾아볼 생각이다. 이 실험이 다행히 성공으로 끝나면 우리 두 사람은 상대에게 품은 기대를 충족시키면서 함께 협력해나갈 것이다. 만약 실패하면 다른 회사로 옮길지 말지 결정하고 그 시기와 방법을 생각해보면 될 일이다.

보이지 않는 것을 읽어라

대화를 통해 서로의 기대를 확인하면 그 기대를 제대로 충족시키고 더 건설적인 관계를 형성할 방법에 대해 논의할 기회가 생긴다. 이 과정에서 지금의 성과 수준과 기대 수준 간의 격차를 확인하고 이를 좁힐 방법에 관해서도 편하게 의견을 나누고 분석하는 작업이 이루어진다. 물론 사람마다 대화에 임하는 자세가 다르다. 다른 사람보다 개방적으로 협의에 임하는 사람이 있는가 하면 서로 기대하는 바가 무엇인지 확인하기 위해 수차례 의견을 교환한 뒤에야 기대를 충족시킬 방안을 찾자며 대화를 이어가는 사람도 있다.

현대의 협상 이론가 대다수가 꼽는 협상의 기본 수칙은 '드러나지 않는 진짜 생각'과 '표면적인 입장'을 구분하는 것이다. 사실 기대는 표면적인 요구나 공식적인 의견의 형태로 드러날 때가 많다. 그런데 여기에는 이해관계자의 마음속 깊은 곳에 자리한 요구 사항이나 욕구, 두려움 등은 잘 나타나지 않는다. 이렇게 드러나지 않은 이해관계자의 진짜 속내를 알아야만 무엇으로 그 사람의 마음을 움직일 수 있는지 감을 잡을 수 있다. 이 부분에 대한 정보가 있으면 삶의 모든 영역에 도움이 되는 방향으로 기대를 충족시킬 새로운 방법을 더 많이 생각해낼 수 있다. 공동의 이익을 파악하고 나면 대화를 하는 동안 서로에 대한 탐색이 더욱 효과적으로 이루어진다.

예를 들어 상사와 대화를 나누는 상황을 가정해보자. 이해관계자인 상사와 대화를 나누다가 직장과 가정 영역의 경계를 관리하기 위해 새로운 방법을 시험해보고 싶다는 말을 편하게 할 수 있는 지점에 도달했다고 치자. 상사와 대화해보기 전에 당신은 퇴근해서 집에 돌아와서도 필요하면 언제든지 전화 회의가 가능하도록 대기하는 것을 상사가 바라리라고 생각했다. 겉으로 드러나는 상사의 '입장'을 고려한 생각이었다. 그러나 드러나지 않은 속내, 즉 상사가 정말로 바라던 것은 이와 달랐으며 그러한 속내는 당연히 겉으로만 봐서는 파악하기 어렵다. 그러니 대화를 통해 직접 알아내는 방법이 최선이다. 이렇게 해서 속마음을 알아낸 결과 상사가 정말로 알고 싶어 하던 사실은 필요할 때(더 구체적으로는 필요할 때만) 자신과 연락이 될지, 상사가 추진하는 업무에 당신이 혼신의 노력을 다할지 여부였다.

이러한 사실을 알고 나니 두 사람 모두에게 득이 되는 방향으로 상사의 진짜 기대를 충족시킬 또 다른 방법을 찾아볼 기회가 생겼다. 예를 들어 당신은 상사에게 다음과 같이 이야기해볼 수 있다.

> 제게 생각이 하나 있는데, 이렇게 하면 효율적으로 원하시는 결과를 도출할 수 있을 것 같습니다. '오후 6시부터 9시까지는 이메일 확인을 하지 않고' 집안일에 전념하는 대신, 그 외 시간에는 오로지 업무에만 집중하는 겁니다. 이렇게 하면 일에 더 집중할 수 있고 생산성도 높아지기 때문에 업무에도 도움이 된다고 생각합니다. 전체적으로 볼 때 더 건강해지고 행복해질 것 같아요. 오후 6시부터 9시 사이에 이메일을 보내신 게 있는지는 9시에 확인하고 가능한 한 빨리 답장을 드리겠습니다. 그 시간대라도 정

말 급한 일이 있으면 바로 전화로 연락하시면 됩니다. 일단 몇 주 동안만 이 방법을 시도해보면 어떨까요? 별로 만족스럽지 않다면 예전 방식으로 돌아가도 좋고, 아니면 또 다른 방법을 시도해봐도 괜찮지 않을까요?

이것은 상대의 의중을 탐색하는 간단한 예다. 공동 이익 실현을 위한 새로운 방법을 모색하는 과정이기도 하다. 당신은 일정 시간 동안 가족과 집안일에 전념하고 나머지 시간엔 일에 좀 더 집중할 수 있으니 좋고, 상사 입장에서도 부하가 일할 때 더 집중해서 효율이 높아질 테고 정말 필요할 때는 언제든 연락할 수 있으니 나쁠 것이 없다.

협상 전문가 리처드 셸이 '협상의 묘약'이라 부르는 공동의 이익을 확인하는 일은 이해관계자와의 대화에서 추구하는 중요한 목표다.[1)] 물론 쉽지는 않다. 우리는 모두 각자의 두려움, 무지, 기타 감정적인 부분 때문에 편향된 시각으로 각자의 방식에 따라 세상을 바라본다. 이해관계자의 머릿속과 마음속을 들여다보는 일이야말로 진정한 리더십을 갖기 위해 반드시 수행해야 하는 과제라 할 수 있다. 자신이 아닌 상대의 시선으로 세상을 바라볼 수 있어야 한다. 상대의 의견에 동의하지 않더라도 상대의 말을 귀담아듣고 그 사람을 이해하는 것을 기본 목표로 삼자. 논쟁이 아니라 배움의 자세로, 즉 탐구 정신을 가지고 대화에 임한다면 새로운 길이 열릴 가능성이 커진다.

각 대화를 위한 전반적인 전략을 구상하고 상대방이 당신에게 가지고 있는 기대에 대한 당신의 예상이 맞는지 확인할 방법을 고안할 때는, 상대가 진짜로 바라는 것을 알아내는 방법과 그 기대를 충족시킬 방법을 미리 생각해보는 것이 좋다. 다음 연습 과제가 도움이 될 것이다.

Exercise

드러나지 않은 이해관계와 기대를 충족시킬 방법 알아내기

드러나지 않은 숨은 이해관계와 상대의 의중을 알아보려면 다음과 같이 해보자.

- **이해관계자에게 내게 그러한 기대를 하는 '이유'가 무엇인지 물어본다.**
  너무 노골적이라는 인상을 주지 않도록 주의하면서 왜 그런 기대를 하게 됐는지 정말로 궁금하다는 식으로 묻는다.

- **질문을 통해 '표면적인 입장'의 기저에 깔린 인간의 기본적 욕구를 찾아낸다.**
  새로운 사실을 알고 싶기 때문에 질문을 던진다는 점을 명심하자. 일단은 배우는 것이 목적이다. 상대방의 관심사를 더 많이 알수록 자신과 상대방의 이익을 더 많이 꾀할 수 있고, 그래야 그 사람들이 당신을 지지할 마음이 더 커지기 때문이다.

- **다양한 이해관계가 존재하고 때로는 그것이 서로 충돌할 수도 있다는 사실을 인지한다.**
  옳고 그름의 경계가 분명하게 갈리는 경우는 매우 드물다. 그러므로 이익이 상충할 때는 장기적 측면에서 가장 중요한 요구 사항을 충족시키는 데 적합한 쪽을 잘 판단해서 선택해야 한다.

- **공동의 미래에 초점을 맞춰라.**
  모험 삼아 꾸역꾸역 걸어야 할 돌투성이 길이 아니라 공동의 미래를 향해 가는 길이다. 공동의 미래로 가는 이 길은 이해관계자와 대화를 하면서 매끄럽게 포장해야 하는 길이자 두 사람이 함께 걸어가야 할 길이다.

- **더 좋은 친구, 상사, 직원, 배우자, 형제자매 혹은 시민이 되려면 당신이 어떻게 해야 하는지 물어본다.**
  상대의 말을 주의 깊게 듣고 들은 그대로 다시 말해보면서 당신이 제대로 이해했는지 확인해보자. 상대방의 말을 열심히 듣는 것은 이해하기 위해서지 무언가 새로운 일을 해야 해서는 아니다. 그러나 새로운 시도를 하려 할 때 선택할 수 있는 정보가 더 많아진다는 점은 분명하다.

- **이해관계자에게 변화를 제안할 때는 되도록 구체적으로 표현한다.**
  어떤 행동을 어떻게 해야 하는지 구체적으로 제시하라. 그러면 상대방이 그런 변화가 자신에게 어떤 의미가 있는지 머릿속에 그려보는 데 도움이 된다.

- **이해관계자에게 새로운 방법을 한번 시도해보면 어떨지 물어본다.**
  너무 재촉하거나 강요하려 하지 말고, 새로운 방법을 적용했을 때 어떤 결과가 나올지 생각해보자고 한다. 지금과는 다른 방법을 시도하려 할 때 걱정되는 부분과 기대되는 부분, 좋은 점과 나쁜 점을 물어보자.

이제 다음 각 항목에 관해 생각해보고 그 내용을 적어보자.

1. 드러나지 않은 속마음을 파악하고, 그것이 다른 이해관계자가 원하는 것과 조화를 이루는지 평가해본다.
2. 더 나은 결과를 위해 다르게 시도해볼 만한 방법을 생각해본다.
3. 이해관계자의 기대를 충족시키기 위한 실험을 새롭게 제안한다.

이해관계자가 정말로 원하는 것이 무엇인지를 알면 상대가 거절하지 못할 제안을 할 수 있다. 당신이 도모하는 일이 이해관계자가 진정으로 바라는 일이고, 그 일이 그 사람에게도 이득이 된다면 상대의 속내를 알아내는 일이 그리 나쁘다고 볼 수는 없다. 수많은 사람을 주저앉히는 좌절과 낙담의 근원이 바로 죄책감이다. 그런데 자신은 물론이고 이해관계자에게도 이익이 된다는 생각으로 변화를 추구한다면, 죄책감의 노예가 되어 일을 망칠 가능성은 그만큼 줄어들 것이다. 아래 연습 과제를 통해 상대의 시선으로 세상을 바라보며 공감대를 찾는 연습을 해보자.

Exercise

상대의 머릿속과 마음속으로 들어가라

역할 바꾸기 연습을 통해 당신에게 중요한 사람들이 진짜 원하는 것을 그들의 관점에서 살펴보는 방법을 알 수 있다. 이렇게 역할을 바꿔보는 것은 자신의 요청을 거절할 거라고 예상되는 이해관계자를 상대할 때 가장 유용하다. 아마도 앞서 말한 '두려운 이해관계자'가 여기에 해당할 것이다.

우선 당신의 역할을 해줄 사람을 구하고, 당신은 이해관계자 역할을 한다. 당신 역할을 하는 사람이 뭔가를 요청하면 (이해관계자 역할을 맡은) 당신은 일단 알겠다고 한다. 그런 다음 그 이해관계자가 당신의 예상과 달리 요청을 들어준 이유, 더 나아가 그 요청을 들어줘야만 하는 이유를 생각나는 대로 '모두' 읊어본다. 당신 역할을 하는 사람은 (이해관계자 역할을 하는) 당신이 왜 그 요청을 들어주겠다고 하는지 그 이유와 근거를 상세히 설명해달라고 계속 요구한다.

최고 경영자 과정을 밟고 있는 마이크 밀러는 아버지와의 대화를 준비하면서 이 역할극을 해보았다. 마이크는 아버지가 절대 들어줄 것 같지 않은 부탁을 해볼 참이었다. 아버지에게 창업을 생각하고 있으니 좀 도와달라고 부탁하려는 것이었다. 마이크는 아버지가 분명 거절하리라 생각했다. 수업 중에 마이크는 아버지 역할을 하기로 했다. 아버지 입장이 된 마이크는 상상력을 최대한 발휘해서 아버지가 자신의 부탁을 들어줘야 하는(아버지에게 득이 된다는 측면에서) 이유를 여러 가지 생각해냈다. 마이크의 역할을 맡은 학생이 마이크에게 요청을 들어주는 이유가 무엇인지 말해달라고 계속해서 채근했기 때문에 가능한 일이었다. 이 과정에서 마이크는 아버지가 자신의 부탁을 당연히 거절하리라는 생각은 근거가 없다는 사실을 깨달았다. 마이크는 아버지의 관점에서 자신의 부탁을 들어줘야 하는 이유를 머릿속에 한가득 담은 채 허락을 받아낼 수 있다는 기대를 품고 아버지와 대화할 준비를 마쳤다. 그리고 정말로 아버지의 허락을 받아냈다. 몇 주 후 수업 시간에 이 소식을 전하자 학생들 모두가 환호했다.

공감대 찾기

우리는 이런 대화를 통해서 삶의 한 영역에서 거둔 성과가 다른 영역에 어떻게 영향을 미치는지 좀 더 분명하게 알 수 있다. 이해관계자와 어떻게 대화하면 좀 더 수월하게 목표를 달성할 수 있는지, 핵심 가치를 어떻게 정하면 되는지, 가치관에 부합하려면 어떻게 행동해야 하는지 등을 파악할 수 있다. 사람들은 서로 영향을 주고받는 하나의 세트이자 시스템으로서 핵심 이해관계자와 서로 기대하는 바에 대해 대화를 나눈 결과 자신감과 만족도가 높아졌다고 말했다. 본격적인 실험은 아직 시작도 안 했는데 4면 성취를 향해 가는 길로 이미 접어든 것이다.

아래와 같은 케리의 경험은 그리 드물지 않게 일어난다.

> 처음에는 내가 나 자신에게 더 집중하는 편이 모두에게 도움이 된다는 점을 다른 사람들이 알아줬으면 하는 마음으로 이 대화를 시작했다. 그런데 막상 대화를 하면서 그 사람들은 나에게 상당한 관심을 기울이고 있을 뿐 아니라, 내가 그들에게 신경 쓰는 것 이상으로 나 자신에게도 관심을 기울이길 바란다는 사실을 깨닫게 되었다. 대화를 나누기 전에는 생각해본 적도 없는 놀라운 사실이었다. 이 사람들이 나를 그렇게까지 생각해줄 줄은 몰랐다. 공동체 영역의 이해관계자도 마찬가지였다. 아니 특히 더 그랬다. 나는 그 사람들이 내가 뭔가를 해주길 바란다고 생각했는데 사실은 그렇지 않았다. 그들은 오히려 내게 이렇게 말했다. "넌 다른 사람을 위해 너무 많은 일을 하고 있어." "너무 열심히 하는 거 아냐?" "자신을 좀 돌보면서 일해야지. 너 자신한테도 신경을 좀 써." "친구들에게 그런 만큼 너 자신에게도 관대했으면 좋겠어." "나는 별로 해주는 것도 없는데 나한테 너무 많은 걸 해주는 것 같아서 미안한 마음이 들 때가 있어."
>
> 우리는 나 자신에게 관심을 더 기울이고 투자하는 것이 이해관계자 모두에게 왜 이득이 되는지에 관해 이야기를 나눴다. 대화를 시작하기 전에는 이것을 열심히 주장해 상대를 설득해야 한다고 생각했는데 그럴 필요가 없었다. 이미 다들 너무 잘 알고 있

었기 때문이다. 직장 영역에 있는 이해관계자의 이해심과 사고의 유연성을 과소평가했다고 인정해야 할 것 같다. 알고 보니 다른 사람이 내게 갖는 기대보다 내가 나 자신에게 갖는 기대 수준이 더 높았다. 내 이해관계자는 내게 1을 기대하는데 나는 10을 해야 한다고 생각했던 셈이다.

이해관계자 가운데 한 사람은 나 자신에게 투자하라는 차원에서 한 가지 실험을 제안하기까지 했다. 친구나 운동 파트너들과 함께 철인 3종 경기를 해보면 어떻겠냐는 것이었다. 그래서 정말 한번 해볼까 진지하게 생각해봤다. 삶의 모든 영역에서 내 목표를 달성하는 데 도움이 되는 실험이라고 생각했다. 일단 내 건강을 돌보는 일이고(내가 건강해지면 부모님도 행복하실 테고) 친구들과 의미 있는 시간을 함께 보낼 수 있을 것이다. 여러 사람과 함께 훈련하니 서로 응원하고 격려하며 즐겁게 지낼 수 있지 않을까? 그러면 기분이 좋아지고 직장에서도 일에 더 집중할 수 있을 것이다. 게다가 같이 운동하는 사람과 정해진 시간에 만나야 하니 업무를 더 효율적으로 하려고 노력할 것이다. 그래야 운동 시간에 맞춰 가기 위해 제시간에 퇴근할 수 있을 테니 말이다.

케리는 결국 그해에 토털 리더십 프로그램 동료 두 명과 함께 캐나다에서 열린 철인 3종 경기에 참가했다.

신뢰 구축과 회복

이해관계자와 대화를 나눌 때마다 서로 신뢰를 쌓는 동시에 목표 달성에 필요한 지지와 응원을 받을 기회가 생긴다. 신뢰는 선의를 가지고 다른 사람의 말과 행동을 믿으려는 의지라고 할 수 있다. 신뢰는 끈끈한 관계를 유지하게 해주는 접착제와 같다. 신뢰가 없으면 이해관계자의 인정이나 동의를 얻기 어렵다. 이들이 함께하지 않으면 중요한 일을 성공적으로 해내는 데 차질이 생긴다. 신뢰감을 주는 경영자는 뛰어난 인재를 모으고 계속 곁에 머물게 할 수 있다. 이들은 조직에 대한 소속감을 불러일으키고 소속감은 헌신을 끌어낸다. 그리고 소속감과 헌신은 결국 생산성의 향상으로 이어진다. 여기서 말하고자 하는 핵심이 바로 이것이다. 우리는 누구나 진심으로 다른 사람을 배려하고 신경 쓰는 사람이라는 평을 듣고 싶어 한다. 그리고 단순히 혼자 만족감을 느끼려고 그러는 게 아니라 다른 사람에게 잘해주는 것이 모두에게 이익이 된다고 생각하기 때문에 그러는 것이라는 인상을 주고 싶어 한다.

신뢰는 물론 가정생활에서도 중요하다. 서로 사랑하는 관계는 가족 구성원 모두가 선의를 가지고 상대방을 대하려는 의지와 선의에 따라 행동하는 능력에 바탕을 둔다. 사람들은 친밀한 관계를 갈구한다. 가장 가까운 사람들과 신뢰를 쌓는 방법이 있다. 정말 중요한 일에 대해 솔직하게 말하고 진심으로 상대방을 배려하는 모습을 보여주면 상호 신뢰가 쌓이게 마련이다.

록산은 아이들과 이야기를 나누면서 가족의 속마음을 알게 됐다. 대화를 하기 전에는 가족이 그런 생각을 가지고 있는지 전혀 몰랐다. 새로운 사실을 알게 되면서 자신에게 가장 소중한 사람들과 새롭게 신뢰를 쌓아갈 기회가 생겼다.

> 여덟 살 난 아들이 내게 엄마는 재미있는 사람이라며 같이 놀고 싶다고 말했다. 한창 비디오 게임을 좋아하고 또래 친구들과 노는 데 빠져 있을 나이라 아들이 나와 놀고 싶다는 말을 했을 때 깜짝 놀랐다. 이야기를 나누면서 나와 같이 시간을 보내는 일을 아들이 매우 중요하게 생각한다는 것을 알 수 있었고, 이 사실이 매우 놀라웠다.
>
> 그런데 13살짜리 딸은 내게 화가 나 있었다. 내가 자기들에게 관심도 없고 시간을 내지도 않는다며 불만이 많았다. 언젠가 밤에 자다가 일어난 적이 있었다고 한다. 그때 잠에서 깨서 일어나 보니 내가 소파에 누워 휴식을 취하면서 남편과 이야기를 나누고 있었다고 한다. 그 모습을 본 딸아이는 내가 항상 아이들이 잠자리에 들기만을 기다렸다가 혼자만 편히 쉰다고 생각했다는 것이다. 엄마인 내가 자신들과 시간을 보내기 싫어한다는 생각에 상처를 받았고 그래서 화가 났다고 했다. 아이들이 그런 생각을 하고 있으리라고는 꿈에도 몰랐기 때문에 이 대화는 내가 아이들의 입장에 서보게 되는 아주 중요한 계기가 되었다. 최근에 딸아이와 왠지 모를 거리감이 생겼다고 생각했는데 대화를 나눠보니 그 이유를 알 수 있었다.

록산의 사례는 이해관계자와의 대화로 그들이 자신에게 정말로 원하는 것이 무엇인지 알아낼 수 있다는 사실을 보여준다. 록산은 아들로부터 예상 외의 말을 듣고 깜짝 놀랐고 덕분에 전과 다르게 주말을 보낼 방법을 열심히 생각해보게 됐다. 딸과 서로 기대하는 바를 확실히 알기 위해 시작한 대화는 새로운 사실을 발견하게 해주었고, 덕분에 둘의 유대감은 더욱 강화되었다.

이해관계자에게 마음을 열수록 그 이해관계자도 당신에게 더 마음을 열고, 그 대화가 양쪽 모두에게 중요하다는 사실을 확실히 알게 된다. 이해관계자에게 정보를 많이 줄수록 그들이 당신을 더 많이 도울 수 있다. 서로 마음을 열고 함께 진심을 내보이는 것이 가장 중요하다. 나와 내 관심사(내 미래라든가 우리 관계가 내 미래에 얼마나 중요한지 등)에 대해 이야기할 테니 당신도 당신의 관심사를 말해달라고 하는 것이다. 이런 식의 대화로 양자 간의 신뢰가 더 두터워진다.

상대방의 생각에 관심이 있다는 태도를 보이기만 해도 상대는 매우 흡족해한다. 대다수의 사람이 누군가 자신에게 뭔가를 질문해주면 좋아한다. 장담하건대 이해관계자 역시 당신이 관계를 개선하려 애쓰고 있다는 사실과, 중요한 목표를 달성하는 데 자신이 매우 중요한 역할을 한다고 여긴다는 사실 자체에 크게 감동할 것이다.

이러한 대화가 상대에게 더 잘해야 한다는 압박감으로 다가오는 경우는 매우 드물다. 오히려 시간과 에너지를 더 효율적으로 배분하는 방법을 찾게 되거나, 어떤 일이 생각과는 달리 그다지 중요하지 않다는 사실을 깨닫고 그 부분에 대한 압박감이 줄어드는 경우가 더 많다. 그리고 자신이 그동안 어떤 일을 제대로 해내지 못하고 있다는 생각에 찜찜했는데, 대화를 나누는 과정에서 굳이 온 힘을 다할 필요가 없는 일이었다는 사실을 알고 죄책감을 더는 경우도 많다. 반드시 해야 한다고 생각했던 일인데 알고 보니 그럴 필요가 없는 일일 가능성도 있는 것이다. 그런 경우 그 일에 쏟던 시간과 에너지를 줄여 자신이 정말로 하고 싶은 일에 할애할 수 있다. 죄책감을 덜어낸 것만으로도 변화를 가로막던 걸림돌이 제거된 셈이다.

제나도 대화를 통해 이 사실을 알게 됐다.

> 함께 일하는 동료가 일을 좀 더 달라고 해서 깜짝 놀랐다. 다른 사람들도 내가 그들을 믿지 못하는 것 같다며 서운해했다. 그동안 그들과 꽤 좋은 관계를 유지했다고 생각했었기 때문에 좀 충격이었다. 그런데 내 생각과는 달리 우리 관계에 신뢰 문제가 있었던 모양이다. 팀원 중 한 명은 내가 다른 사람에게 일을 거의 위임하지 않아 바빠 죽을 지경이 되는 거라고 말했는데, 다들 내가 일에 파묻혀 내 시간을 낭비하고 있다고 생각하는 듯했다. 그들은 자기들이 해야 할 일인데 왜 나 혼자 다 끌어안고 있느냐고 물으며 자신들을 신뢰하지 못하는 것인지 물었다. 그래서 나는 팀원에게 자율권을 더 부여해보기로 했다. 지금 내가 하는 일을 동료에게 넘기면 내 시간이 더 생길 것이다. 그 시간에 좀 더 전략적인 업무에 집중하는 편이 낫지 않을까 싶다.

신뢰는 '깨지기 쉬운 상품'이다. 이해관계자와의 대화에서 깨진 신뢰의 문제를 다루는 데 효과가 있다고 입증된 몇 가지 대화법이 있다. 첫 번째는 상대의 판단이나 생각을 존중하는 것이다. 둘 중 하나가 신뢰가 깨졌다고 생각한다면 신뢰가 깨진 것이 맞다. 신뢰가 정말로 깨졌는지 아닌지 다퉈봐야 아무 의미가 없다는 뜻이다. 신뢰가 깨졌다고 생각한다는 것 자체가 중요하다. 그리고 그 관계를 유지할 가치가 있다면 관계를 회복해야 한다. 누가 자신의 이해관계자인지 정확히 파악했고, 그 사람들이 당신 삶의 각 영역에서 가장 중요한 사람이 분명하다면 깨진 신뢰를 회복하는 일이 급선무다.

깨진 신뢰는 어떻게 회복할 수 있을까? 일단은 언제 어디서 어떻게 신뢰가 깨졌는지부터 파악해야 한다. 그리고 관계가 소원해졌다는 점을 인정하고, 그 부분에 대해 진심으로 사과하는 것이 먼저다. 무너진 신뢰가 두 사람의 관계에 부정적인 영향을 미쳤으며, 그것이 문제라는 점을 인정해야 한다. 상대의 신뢰를 깨뜨렸다고 생각되는 행동에 대해 설명하자. 하지만 방어적인 자세로 그 행동을 정당화하는 식의 설명이어서는 안 된다. 당신이 왜 그런 선택을 했는지 설명하고 상대의 이해를 구하라. 그러나 말다툼이 되어버리면 곤란하다. 당신과 당신의 미래를 위해서 이 관계는 매우 중요하기 때문에 신뢰를 회복하는 데 도움이 되는 일이라면 무엇이든지 할 의향이 있다는 것을 상대에게 보여주고 이해를 구하는 것이 가장 중요하다.

대화하지 않으면 바뀌지 않는다

위대한 연주가가 거의 모든 시간을 연습하는 데 쓰듯이, 이해관계자와 대화할 때도 준비가 매우 중요하다. 마음을 열고 허심탄회하게 대화를 나누기가 쉽지는 않다. 물론 대다수의 참가자들이 막상 대화를 끝내고 보면 생각보다 그렇게 어렵지 않았다고 말하지만, 준비 단계에서는 이런저런 걱정이 드는 것이 사실이다. 지금까지 행동에 나설 준비를 나름대로 해왔지만 다른 사람과 이런 식의 대화를 하기 위해 직접 나서본 적은 없을 것이기 때문이다. 이제 그 일을 할 차례다. 꽤 힘들지도 모른다.

어떤 일이든 준비 단계에서는 불안감이 들기 마련이다. 예를 들어, 부모님과의 대화를 준비하면서 자신이 부모님에게 뭔가를 다 덮어씌우려 하거나 일방적으로 요구하는 듯한 인상을 줄까 봐 겁이 난다는 사람도 있었다. 또 아직 어린 자녀와 그렇게 의미 있는 대화를 나눌 수 있을 리가 없다는 사람도 있었다. 하지만 이제 당신은 대화에 나설 준비를 마쳤다. 이 대화는 충분히 해볼 만한 가치가 있고, 일단 대화를 마치고 나면 변화를 위한 중요한 실험을 설계하는 데 유용하게 쓸 수 있는 많은 정보와 자료를 얻게 될 것이다.

토털 리더십을 연습한다는 것은 온전한 삶을 원한다는 것이고, 주변 사람들과 친밀한 관계를 유지하고 싶다는 의미다. 주변 사람에 대한 진지한 호기심이 필요하다. 탐구 정신으로 뭔가를 알아내려는 자세도 필요하다. 방어적이어서는 안 된다. 사람들의 기대 밑에 깔린 이해관계를 파악하고, 그것이 당신이 중요하게 생각하는 다른 모든 것들과 어떻게 조화를 이룰 수 있을지, 왜 조화를 이루어야 하는지 생각해보자. 그리고 그 이해관계가 당신이 중요하게 생각하는 것들 중 무엇과 가장 잘 조화를 이루는지 계속해서 찾아보자.

Exercise

이야기하고, 기록하고, 생각하라

이 장에서 제시한 세 가지 연습 과제를 완수하고 각 대화에 임할 준비를 마쳤으면, 적당한 장소를 찾아 대화를 시도해보자. 기간은 2주 정도가 적당하다. 그래야 각 대화를 하나로 통합해 전체적으로 바라볼 수 있다.

대화가 끝날 때마다 다음과 같은 사항을 기록한다.

- 대화하면서 놀란 부분이 있다면 무엇이었나?
- 대화를 준비하면서 걱정했던 부분은 어떻게 됐나?
- 삶의 각 영역이 서로 어떻게 영향을 미치는지에 대해 새로 알게 된 사실은 무엇인가?
- 혁신을 위한 새로운 아이디어가 떠올랐는가?

이해관계자 전부와 대화를 마친 다음에는 적어놓은 내용을 읽어보고, 그 대화에서 무엇을 배웠는지 생각해본다. 아래 질문에 대한 답을 한 페이지 정도로 적어보자.

- 여러 이해관계자가 당신에게 기대하는 것 중에서 서로 조화를 이루는 부분이 있는가?
- 여러 이해관계자가 당신에게 기대하는 것들 가운데 어느 부분이(시간이 겹치는 상황 포함) 서로 충돌하는가?
- 여러 기대가 양립할 수 있는 가능성을 높이고, 충돌은 줄이며, 삶의 모든 영역에서 성과와 만족도를 높이려면 어떤 부분을 어떻게 변화시켜야 하는가?

코치나 믿을 만한 조언자와 함께 당신이 관찰한 사실과 생각을 이야기해보자.

3부_ 창의성

창의적으로 삶을 바꾸는 법

6장

인생을 바꾸는 실험

Total Leadership

● ● ● ●

창의적으로 행동하며 혁신적이 된다는 것은 자신감을 가지고 새로운 환경에 적응하는 것을 말한다. 그런 사람은 늘 활기 넘치는 삶을 살 수 있다. 유능한 리더는 결과에 집중하면서 일을 더 잘 해낼 방법이 없는지 늘 고민한다. 자기에게 의지하는 사람의 기대를 충족시키기 위해 실험을 해보는 데는 용기가 필요하다. 이제 지금까지 이 책을 교본 삼아 수행한 모든 작업에서 새롭게 알게 된 사실을 바탕으로 일, 가정, 공동체, 자신이라는 네 영역에서 만족할 만한 성과를 내는 데 목적을 둔 실험을 설계하고 실행하는 매우 까다로운 작업을 실행할 차례다. 이스마일 하셰미의 사례를 살펴보자.

이스마일은 50살이고 워싱턴 DC에 산다. 인상이 좀 강하고 사람을 바라보는 눈빛이 아주 매섭다는 느낌이 든다. 곱슬머리에 숱이 별로 없어 앞머리 부분이 살짝 빈약해 보이기는 하지만, 이탈리안 스웨터나 맞춤 정장을 항상 고급스럽게 차려입고 다닌다. 중동의 부유한 가문 출신이라 어린 시절에는 그야말로 무엇 하나 아쉬울 것 없이 살았다. 그러나 집안이 몰락하면서 모든 것이 아쉬운 삶을 경험하게 됐다. 대학을 갓 졸업한 여유로운 사회 초년생에서 하루아침에 돈도 없고 갈 곳도 없는 신세가 되어버렸다. 그래도 창업을 하고 사랑에 빠져 결혼도 하면서 어떻게든 새로운 기회를 만들며 살아남는 법을 배웠다. 최근에는 쌍둥이 아들을 얻었고 이 아이들이 태어나면서 자신이 많이 바뀌었다고 느꼈다. 이스마일은 아이들 이야기를 하는 동안 눈물을 글썽이기도 했다.

이스마일은 매사에 미적대는 태도를 줄이고 좀 더 진취적인 사람이 되고 싶어서 토털 리더십 과정을 신청했다고 말했다. 그리고 자신으로서는 매우 중요한 문제에 대한 해결책을 찾고 싶다고도 했다.

> 사업을 더 번창시키고 직장에서는 업무를 더 잘 해내면서 집에서는 더 좋은 아빠이자 남편이 되려면 어떻게 해야 할까? 업무에 너무 많은 시간과 에너지를 쏟고 있어서 육체적으로나 심리적으로 힘이 고갈되는 기분이다. 가족을 등한시한다는 생각은 들지만, 무엇을 어떻게 해야 할지 모르겠다. 가정을 너무 소홀히 했다는 자책감에 아예 직장을 그만둔 사람도 봤다. 하지만 지금도 여전히 일에 빠져서 다른 영역에서 어떤 문제가 발생하고 있는지 인식조차 하지 못하는 사람이 더 많다. 나의 경우, 일에 열중하면 할수록 아내와 아이들과 멀어지고 있다는 생각이 강하게 들었다.
>
> 사업적으로는 분명히 성공하고 있고 돈도 많이 번다고 생각하는데, 항상 뭔가가 빠져 있다는 느낌이 든다. 그게 뭔지 정확히는

모르겠지만 내가 기대했던 삶은 이런 게 아니라는 생각이 자꾸만 든다. 내가 해온 선택들 때문에 나 자신에게 화가 날 때도 있다. 어떻게 해야 할지 정말 모르겠다.

위의 글은 이스마일이 처음 이 과정을 시작할 때 달성하고 싶은 목표에 대해 썼던 내용이다(1장에서 수행했던 연습 과제를 떠올려보자). 이스마일은 그때 '미적대는 태도 때문에 원하는 결과를 얻지 못할까 봐 걱정이다'라고 적었다. 그는 이 과정을 밟으면서 자신의 삶을 제대로 바라보며 자기에게 중요한 것이 무엇인지 정확히 파악하는 과정을 통해 '진정성을 추구하는 삶'의 영역으로 들어갔다. 그다음에는 핵심 이해관계자의 말을 귀담아들었고, 삶의 여러 영역이 어떻게 연결돼 있는지 확인하면서 '완전성을 추구하는 삶'에 한 발 더 다가갔다. 실험을 설계할 준비를 열심히 해온 셈이었다. 이제 다음 단계는 좀 더 창의적인 삶을 살기 위한 한 방편으로서 4면 성취를 위한 실험을 설계해볼 차례였다.

삶의 네 영역 모두에서 성과를 개선하는 것을 목표로 실험을 설계했다. 먼저 동업자들에게 우리 회사의 운영 방식을 바꿔보자고 권해볼 참이다. 그 변화의 일환으로 요즘 젊은 세대와는 다르게 우리에게는 아직 어려운 스마트폰을 업무에 적극적으로 활용해볼 생각이다. 또 아이들과 보낼 시간을 따로 마련할 예정이다. 일정을 미리 비워두고 무슨 일이 있어도 이 시간만큼은 꼭 아이들을 위해 쓸 것이다. 계속 빠지던 교회에도 이참에 다시 나가볼 생각이다. 이런 작은 변화를 통해 삶의 각 영역 간의 충돌은 줄어들고 나 자신에 대해서는 더 만족하게 되리라 생각한다.

이스마일처럼 이전 장에서 지시한 과제를 완수했으면 4면 성취를 위한 실험을 설계할 준비는 마친 셈이다. 이제 더 나은 리더가 되어 보다 풍요로운 삶을 사는 방법을 배울 차례다. 이 실험을 염두에 둔 채 이해관계자와의 대화에 임했든 아니든 간에 여기까지 왔다면 아마도 이 실험을 해볼 만하다고 생각할 것이다. 그러니 이제 가장 좋은 기회를 택해서 실험 전략을 세우고, 구체적인 목표를 정한 다음, 진행 과정을 점검할 방법을 고안해보자. 자, 이제 행동에 나설 차례다.

아홉 가지 실험

토털 리더십 실험은 변화를 위한 실행 가능한 과제를 실제로 시도해보는 거라고 이해하면 된다. 지금까지 익힌 내용을 바탕으로 네 가지 영역 모두에서 훨씬 나은 삶을 만드는 것이 목적이다. 일단 실험의 목표를 세울 때는 삶의 각 영역의 상황을 개선하는 데 도움이 되는 행동에 초점을 맞춘다. 처음에는 '단일 영역'에서 시도하되 다른 영역에도 '간접적으로 긍정적인 영향'을 미치는 쪽으로 설계의 방향을 잡아도 된다(예: 직업 전환으로 자존감을 높이는 동시에 좋은 아버지, 좋은 친구가 될 기회까지 얻음). 혹은 '다양한 영역'에서 동시에 변화를 시도해 모든 영역에 '직접적인 영향'을 미치게 하는 계획도 가능하다(예: 자신의 회사가 후원하는 자선 단체의 기금 마련 마라톤 대회에 참가 신청을 한 뒤, 아이와 함께 마라톤 훈련을 하면서 가족과 시간을 보냄). 토털 리더십 실험의 목적은 간접적이든 직접적이든 상관없이 4면 성취를 이뤄내는 것에 있다.

실험 계획 수립에 관한 지침을 살펴보기 전에 우선 이런 실험에는 어떤 유형이 있는지부터 살펴보자. 토털 리더십 프로그램에 참가한 사람의 수만큼이나 다양한 유형의 실험이 존재한다. 우리 연구팀은 그동안 수백 건에 달하는 상세 실험 보고서를 검토해오면서 일반적인 실험 유형 몇 가지를 추려낼 수 있었다. 이론적으로는 이렇게 구분하지만, 실제로는 몇 가지 유형이 혼합된 형태로 실험이 진행되는 경우가 대부분이다. 일단 실험 유형을 대략적으로 알고 나면 자신의 상황에 가장 적합한 유형을 선택하거나 고안하는 데 도움이 될 것이다.

진행 과정의 기록 및 성찰 실험: 목표 달성을 향한 활동, 생각, 느낌 등을 계속 기록하는 것이다. 진행 중인 모든 행동과 생각을 기록하면서 목표를 향해 잘 가고 있는지 평가한다. 이 실험 유형은 자기 인식 수준을 높이고 우선순위를 유지하는 데 도움이 되며, 그 결과 자신에게 중요한 것이 무엇인지 더 명확히 파악할 수 있게 해준다. 보험 회사 임원이자 아마추어 운동선수인 한 참가자는 문제가 있다고 생각한 두 영역, 가정과 공동체 영역에서 자신이 어떻게 행동하고 어떤 성과를 내고 있는지 월 단위로 기록하기 시작했다. 본인이 운동하는 사람인만큼 진행 상황을 계속 추적하고 확인하는 일이 얼마나 중요한지 충분히 알고 있었으면서도, 그동안 이 두 영역에서 자신이 얼마나 노력해왔는지를 수치화하지 않았다는 사실을 깨달았기 때문이다.

계획과 체계화 실험: 시간을 더 효율적으로 활용하기 위해 실험을 설계하고 이에 따라 새로운 행동을 시도해보는 것이다. 새로운 기술을 활용해 계획을 짜고, 삶의 영역별로 해야 할 일의 목록을 작성하고, 가족과 함께할 새로운 일을 계획하는 것 등이 여기에 해당한다. 경영 컨설팅 회사를 운영하는 한 참가자는 아내와 아이들과 '꼭 함께 지내는 날'을 정해놓고 지키는 실험을 설계했다. 이는 단순히 달력에 표시한 날짜를 지키는 수준이 아니라 직장과 가정 영역에서 이해관계자들과 더 나은 성과를 만들어내기 위한 의도적인 시도였다.

활력 충전 및 회복 실험: 몸과 마음, 정신에 활력을 불어넣고 이렇게 충전된 에너지를 가지고 열정적으로 업무를 수행하며, 우선순위가 높은 일에 집중하는 것을 목표로 한다. 삶의 네 영역 가운데 자신 영역은 가장 소홀히 하기 쉽다. 자신과의 약속은 깨더라도 사회적 파장이 없다. 그래서 자기 자신을 위해 했던 약속은 거리낌 없이 깨곤 한다. 이 유형의 실험이 그래서 인기가 있는지도 모르겠다. 활력 충전 실험의 전형적인 예가 아마 운동 계획이 아닐까 싶다. 첨단 기술 회사의 마케팅 담당 이사인 한 참가자는 조금 더 일찍 출근하는 실험을 계획했다. 일찍 출근하는 대신 그만큼 일찍 퇴근하고, 그렇게 낸 시간을 체육관에 다니거나 친구를 만나는 데 쓰기로 했다. 이렇게 스스로 정한 일정을 소화하려면 퇴근 시간에 맞춰 일을 끝내야 하므로 업무의 효율성과 직장에서의 생산성을 끌어올려야 했다.

인정과 배려 실험: 사람들과 즐겁게 지내고, 다른 사람을 배려하고, 관계의 가치를 인정하는 것이다. 사람은 기본적인 유대감이 형성되면 서로 존중하며 신뢰를 쌓아가게 된다. 프로그램 참가자 중에는 업무 외 시간에 동료와 함께 어울리는 실험을 하는 사람도 있었다. 화학 회사에서 연구실 총책임자로 일하는 한 참가자는 '사기를 진작하고 팀워크를 증진'하려는 목적으로 직장 동료와 어울릴 기회를 많이 만드는 실험을 했다. 이 실험은 직장 내 업무의 효율성을 높이는 기회가 됐을 뿐 아니라 원하는 사람 모두에게 업무 외 활동에 마음껏 참여할 기회를 마련해주었다는 측면에서 가치 있는 일이었다.

집중 실험: 핵심 이해관계자가 당신을 필요로 할 때 물리적으로나 심적으로 곁에 있어 주려 노력하는 것이다. 그러기 위해서는 당신에게는 좋은 기회일지도 모르는 일을 포기하는 것까지 감수해야 할지도 모른다. 제약 회사의 영업부장인 마이크 코헨은 이해관계자로부터 일을 할 때 '별로 중요하지 않은 일'에 시간을 너무 많이 쓴다는 평가를 받았다. 그래서 업무를 다른 사람에게 더 위임했고, 누군가 그의 아까운 시간을 써야 하는 일을 부탁할 때는 과감하게 거절하는 훈련에 들어갔다. 물론 쉽지 않은 일이었다. 하지만 그 덕분에 퇴근 후 업무를 집에 들고 가는 일이 줄어들었고, 집안일을 하고 아내와 함께할 시간이 늘어났다. 직장에서 업무 성과도 향상됐다.

마음 열고 다가가기 실험: 다른 사람에게 자신을 더 많이 내보이고 그 사람들의 말을 귀담아들으려 노력하는 것이다. 마음을 열어 자신을 내보이고 상대의 말에 귀를 열어서 사람들이 당신의 가치관을 더 잘 이해할 수 있게 한다. 이렇게 하면 리더십 비전을 실현할 때 더 많은 응원과 지지를 얻을 수 있다. 유능한 리더는 사람들과 끊임없이 관계를 맺고 또 개선하려 노력한다. 최고 경영자 과정을 밟는 한 학생은 부모님이 은퇴 후 인도에서 살고 계시는데, 그동안 자신이 하는 일이나 일을 하며 겪는 곤란한 문제에 대해 좀처럼 부모님과 의논하려 들지 않았다. 하지만 이 과정을 진행하면서 그는 아버지가 26년이나 미국의 유명 통신 회사 AT&T에서 근무했던 만큼 자신에게 조언해줄 것이 많으리라 생각하게 됐다. 시간이 조금 흘렀어도 업무의 본질이 바뀐 것은 아니니 말이다. 서로 터놓고 이야기를 나누면서 부모님은 더욱 든든하게 그의 편이 되어주었고, 아버지의 경험을 통해 배운 것은 일을 할 때 큰 힘이 됐다.

시간과 공간 변화 실험: 원격 근무를 하거나 다른 시간대에 일해봄으로써 다른 영역의 업무 효율성과 유연성을 높이는 것이다. 이 실험을 하다 보면 전통적인 업무 수행 방식과 충돌할 때가 있다. 토털 리더십 프로그램의 한 참가자는 세계적인 시멘트 제조사의 판매 담당 이사인데, 통근 시간이 너무 길어서 일주일에 하루는 집 근처 도서관에서 온라인으로 업무를 처리해보기로 했다. 이 회사는 원래 직원들의 원격 근무를 지원하지 않는 회사였지만, 그는 노력 끝에 이 관행을 바꾸는 데 성공했고, 이 변화가 '모두에게 좋다'는 평가를 받았다고 말했다.

위임과 자기 발전 실험: 업무를 재할당해 신뢰를 높이고, 자신만의 시간을 만들어 기술을 연마하는 한편, 우선순위가 낮은 활동을 줄여 업무의 효율성을 높이는 것이다. 투자 은행가인 한 참가자는 자료 분석과 보고서 작성 업무의 상당 부분을 팀원들에게 위임했다. 이렇게 해서 자신은 다른 프로젝트에 집중할 시간이 생겼고, 업무를 위임받은 팀원들은 새로운 일을 배울 기회를 얻은 셈이었다. 그동안 다른 프로젝트를 할 시간이 없어서 심적으로 상당한 압박감을 느끼던 차였다. 이러한 변화를 통해 그 참가자는 가족이나 친구와 보낼 시간이 많아졌고 퇴근 후 운동할 시간도 생겼다.

탐구와 모험 실험: 자신의 가치관과 리더십 비전에 더 부합하게끔 행동이나 경력 및 직업을 바꿔나가는 작업이다. 금융 서비스 회사의 임원인 한 참가자는 리더십 비전에 자신의 회사를 운영하고 지역 공동체 활동에 더 적극적으로 참여하고 싶다고 적었다. 그래서 그는 시의 한 운영위원회에 들어갔고 거기서 리더십 기술을 연마했다. 그는 운영위원회에 들어가기 전에 먼저 사내 공익 재단 이사장과 의논했고, 위원회 위원이 되는 데 필요한 훈련 계획을 함께 짰다. 이 실험은 그가 'CEO가 되는 길'에 한 걸음 더 다가서게 해주었다.

한 마디로, 모든 가능성은 열려 있다! 그러니 자신에게 맞는 실험 아이디어를 생각해보고, 그 생각을 실현하기 위한 계획을 구체적으로 세운 다음, 행동에 나서자.

아이디어를 생각해내는 법

실험의 목적은 삶의 모든 영역에서 고루 성과를 내는 것이다. 그러나 실제로 4면 성취를 이룰 수 있는지 여부와는 별개로 장기적 측면에서 얻을 수 있는 더 중요한 성과는 따로 있다. 이러한 실험을 통해 알게 된 다양한 정보를 통해 미래에 활용할 지식을 얻을 수 있다는 점이다. 삶의 다양한 영역들의 공통 가치를 창출하고, 가치 있는 목적을 실현하는 데 필요한 지지와 응원을 얻으며, 실제로 발생한 일의 결과를 분석함으로써 한층 풍요로운 삶을 주도적으로 영위할 수 있게 된다. 이제 그 가능성을 타진하는 차원에서 실험 아이디어를 떠올리는 데 도움이 될 만한 몇 가지 방법을 소개하겠다.

장소, 시간, 방법의 변화를 꾀하라

아주 간단한 실험이라도 모든 일을 전체적인 삶을 염두에 두고 수행해보는 기회로 삼자. 지금까지 일을 해오던 방식을 재검토해서 일을 더 쉽게 완수하는 데 목적을 둔다.

조직을 활용하라

현재 속해 있는 조직을 최대한 활용하자. (구직 중이거나 학생이거나 프리랜서여서 직장이라는 조직이 없다면 각자의 상황에 맞춰 생각해보자.) 실험이 가까운 이해관계자 이외의 사람들에게까지 영향을 미칠지도 모르겠지만, 당신의 영향력이 미치고 통제가 가능한 범위에만 집중하도록 한다.

이해관계자에게 도움을 청하라

각각의 실험 자체가 리더십과 관련한 사항이다 보니 자연히 저항이 따르게 마련이다(중요한 변화 치고 저항에 부딪히지 않은 적이 있던가!). 그래서 이해관계자에게 도움을 청할 필요가 있다. 자신의 핵심 가치와 리더십 비전을 토대로 공동 이익에 보탬이 되는 변화를 추구하라.

제대로 집중하고 관심을 기울이려면 경계를 관리하라

주변 사람들이 당신에게 기대하는 바가 무엇인지 파악하는 데 시간을 들이는 것과 관심을 기울이는 것이 같지 않다는 사실을 이제는 알 것이다. 다시 말해 관심과 시간은 비례하지 않을 수 있다. 따라서 효율적으로 관심을 기울이려면 수시로 바뀌고 겹쳤다가 분리되는 영역 간의 경계를 제대로 관리해야 한다. 새로운 매체가 등장하면서 경계가 더욱 모호해진 측면이 있으나 이것이 한편으로는 삶을 편리하게 해주는 도구가 되기도 한다. 그러니 주어진 상황에서 자신에게 가장 적합한 것이 무엇인지 찾아보자.

경계를 허물어 영역을 통합하는 편이 가치 있는 것에 집중할 수 있는 방법일 때도 있다. 삶의 각 영역에서 이루어지는 활동을 한데 모으는 방법으로서 삶의 전 영역을 '결합하는' 실험을 해볼 수도 있다. 예를 들어 배우자와 함께 운동하는 것은 자신 영역과 가정 영역을 결합하는 것이다. 또 저녁 식사에 직장 동료를 초대해 직접 요리한 음식을 대접하는 것은 일, 가정, 자신이라는 세 영역을 결합하는 것이 된다. 가족과 일 이야기를 하면서 그들의 이해를 바라거나 조언을 구하는 등 특정 영역의 문제를 다른 영역에 속한 이해관계자와 의논하는 것 역시 영역 결합에 해당한다. 한 영역의 기술을 다른 영역에 적용하거나 한 영역의 활동이 다른 영역에 어떻게 영향을 미치는지 분석하는 일 또한 영역 결합에 해당한다. 따라서 회사에서 하는 일이 더 나은 세상을 만드는 데 공헌하는 일이라는 점을 직원들에게 어떻게 이해시킬지, 그 방법에 관한 실험도 해볼 수 있다. 이렇게 영역을 결합하면 영역 간의 경계를 넘나드는 일이 훨씬 수월해진다.

반면에 영역 분리를 목적으로 하는 실험은 삶의 각 영역에 속한 사람들과 활동을 해당 영역 안에 묶어두는 것이다. 이렇게 하면 특정 영역이나 사람, 활동에 더 잘 집중할 수 있다. 예를 들어 집에 있을 때는 직장에서 전화가 와도 받지 않는다거나, 사무실에서는 개인적인 전화를 받지 않기로 정해놓는 것이다. 가족과 저녁 식사를 하는 자리에서는 직장에서 있었던 이야기는 피하는 식으로 일과 가정을 분리하기로 마음먹을 수도 있다. 이러한 경계 실험 중에는 행동 변화와 관련이 있는 것도 있다. 친한 사람과 있을 때는 직장에서 하는 행동을 의식적으로 하지 않기로 하는 실험이 여기에 해당한다. 경영 컨설턴트는 고객과 만날 때 공격적인 문제 해결책을 제시하는 일에 익숙해져 있다. 그러면 친한 친구와 만났을 때 자기도 모르게 이와 비슷한 태도를 보이기 쉽다. 하지만 친구는 고객과 다르다. 그 친구는 당신이 비즈니스 파트너처럼 의견을 강하게 제시해주길 원하는 것이 아니라 자신의 말에 공감하며 귀 기울여주고, 비판하기보다 다독이며 고통을 나눠 가지려 해주길 바랄 것이다.

토털 리더십 접근법의 중요한 특징은 목적을 가지고 가장 중요한 대상에게 집중하는 것이다. 큰 틀에서는 자신의 핵심 가치에 맞게 행동함으로써 무엇이 중요한지 명확히 하는 것이고, 현시점에서는 분주하게 돌아가는 일상

속에서 자신에게 정말 중요한 것이 무엇인지 파악하는 것이다. 그러나 중요한 것에 집중하는 능력을 갖추는 것은 날이 갈수록 어려워지는 듯하다. 오늘날 기업인이나 경영인 중에는 압박감에 짓눌려 사는 기분이라고 호소하는 사람이 많다. 그래서 "디지털 노예의 굴레에서 벗어나고 싶다"고 외치는 소리가 심심찮게 들려온다. 거의 모든 사람이 하루 24시간 온라인으로 연결된 세상에서 언제 날아들지 모르는 요구 사항에 늘 대기 상태로 있어야 한다. 이런 문제에 대응하고자 수많은 토털 리더십 프로그램 참가자들은 누군가 자신을 정말 필요로 하는 순간에 그 사람에게 집중할 수 있도록 실험을 설계한다.

이런 경우에는 특정한 사람이나 과업에 관심을 집중하다가, 상대가 기분 상하지 않게 그 관심을 다른 곳으로 돌리는 연습이 필요하다. 나는 이것을 '관심 돌리기 기술interruptability'이라고 한다. 또 특별히 심적으로나 육체적으로 현재에 집중하는 연습이 필요한 사람도 있다. 예를 들어 한 내과 의사는 자신이 훈련시키는 레지던트들과 대화할 때 그들에게 시선을 고정하는 실험을 하기도 했다.

그린하우스와 함께한 연구에서 알아냈듯이 관심을 집중하는 일은 삶의 각 영역을 통합할 능력이 있는지를 결정하는 중요한 변수다. 중요한 순간에 중요한 것에 집중하는 능력에 있어 시간은 중요한 변수가 아니다. 삶의 각 영역 간에 발생하는 '심리적 간섭'이 항상 문젯거리다. 예를 들어 일 때문에 걱정을 하기 시작하면 아이들과 있을 때도 그 걱정에서 벗어나기 힘들다. 그 반대도 마찬가지다. 아이들 문제로 고민이 생기면 일할 때도 계속 그 고민을 하게 된다.

다른 누군가에게 관심을 집중하는 것은 '호의'의 표현이라고 생각하는 사람이 있다. 그런가 하면 그것이 '지금 이 순간에' 충실한 거라고 하는 사람들도 있다. 사실 정신적인 성장을 꾀하는 사람들은 과거와 미래를 염두에 두고서 현재를 살아가는 것을 삶의 중요한 목표로 삼기도 한다. 신학자 에이브러햄 조슈아 헤셸이 '시간의 건축architecture of time'이라고 한 안식일은 사람들이 일상 속에서 가장 중요한 것에 관심을 집중하기 위해 일주일 중 하루를 떼어 만들어낸 시간(날)이다.[1] 이 안식일을 지키는 사람들은 하루하루 반복되는 일상을 살다가 순식간에 흘러가는 소중한 시간이자 삶이 우리에게 주는 선물로서 남겨진 하루에 크나큰 감사를 느낀다. 안식일을 지켜야 한다는 말이 아니다. 다만 여러 종교에서 행하는 이러한 의식을 통해 사람들은 에너지를 충전하고 사색도 하며 휴식을 취할 기회를 얻는다는 말을 하고 싶을 뿐이다. 이런 의식이 당신에게 도움이 될지 생각해볼 필요는 있다.

Exercise

4면 성취를 위한 아이디어를 생각해보자

브레인스토밍을 통해 자유롭게 아이디어를 떠올려보자. 지금까지 이 책에서 배운 내용을 바탕으로 삶의 각 영역에 득이 되도록 시도해볼 만한 일은 무엇일까? 한 달 정도를 시험 기간 삼아 실제로 해볼 만한 일이 있을까?

장애물은 신경 쓰지 마라. 이에 관해서는 앞으로 간략히 다룰 예정이다. 일단 너무 좁은 틀에서 생각하지 말고, 가능하다 싶은 방법이 있으면 무엇이든 다 적어보자. 생각해낸 실험을 할 때 구체적으로 무엇을 할지 한두 문장으로 정리해서 적어본다. 그리고 실험 결과도 예상해보자.

제나와 록산의 실험 계획

제나는 상사와 대화하면서 그가 자신을 '여동생'처럼 여기고 자신의 개인적 행복에도 진심으로 관심을 보인다는 사실을 알고는 깜짝 놀랐다. 사실 거의 '충격'에 가까운 놀라움이었다. 제나는 부하 직원들과도 이야기를 나눴는데 이때 직원들은 일을 더 맡겨달라고 말했다. 당시는 아버지가 암 진단을 받았다는 사실을 알게 된 지 얼마 안 된 시점이었다. 제나는 어떻게든 시간을 내서 아버지를 돌봐야 했다. 그러려면 근무 시간을 줄이고 가능하면 무급 휴가를 내서라도 시간을 만드는 수밖에 없다는 결론을 내렸다. 이렇게 해서라도 시간을 쪼개는 실험을 해보는 것이 삶의 모든 영역에 이로우리라 생각했다.

> 이 실험이 성공하려면 상사의 도움을 받아야 하고, 부하 직원들에게도 왜 이렇게 해야 하는지 이유를 설명해야 한다는 사실을 깨달았다. 일단은 이 일이 이 사람들에게도 득이 된다는 사실을 설명해야 한다고 생각한다. 무엇보다 이 실험을 통해 나는 사람들에게 업무를 위임할 기회가 생기는데, 직원들 입장에서는 책임이 늘어나는 측면이 있겠지만 동시에 새로운 업무에서 능력을 발휘하며 경력을 쌓을 절호의 기회이기도 하다.
>
> 처음에는 이러한 변화 때문에 회사 내에서 내 입지가 흔들리지 않을까 걱정됐다. 하지만 실제로는 내 리더십 기술을 향상시킬 기회였다. 원격 근무를 하면서도 동료와 밀접한 관계를 유지할 수 있는 새로운 방법을 찾아야 할 것이다. 부하 직원에게 업무를 위

임하면서 그들이 늘어난 업무와 책임을 통해 경력을 쌓을 수 있게 해야 한다. 그리고 상사와의 관계도 소홀히 하면 안 될 것이다. 모든 사람이 내가 하는 일의 수준과 그 영향력을 알아야 한다.

제나는 자신이 계획한 실험으로 업무 성과를 개선하고 삶의 각 영역에서 만족할 만한 결과를 얻어낼 수 있는 방법을 고민한 후에 이를 곧바로 실행에 옮겼다. 위임을 통해 업무를 줄인 덕분에 출근하지 않아도 마음에 큰 부담 없이 아버지와 더 많은 시간을 함께 보내고 같이 산책까지 즐길 수 있었다. 잘한 선택이었다는 생각에 기분이 좋았다. 직장에서는 근무 시간에 개인적인 용무를 보는 것에 미안함을 느끼지 않아도 됐고, 회사 내 입지도 굳건하다고 느꼈다.

사전에 양해를 구했기 때문에 상사나 부하 직원들이 어떻게 생각할지 신경 쓰지 않아도 됐다. 이해관계자와 목표를 공유하는 것이 이래서 좋다. 자신이 달성하고 싶고 달성해야 하는 개인적 목표였는데, 그동안 불필요하게 비밀의 영역에 갇혀 있다가, 이해관계자와의 솔직한 대화를 통해 드디어 공동 목표의 영역으로 나오면서 모두의 도움을 받을 수 있게 됐다.

록산은 열세 살, 여덟 살 난 두 아이와 대화를 나누며 알게 된 사실을 바탕으로 실험을 설계했다.

그동안 허비하기만 했던 주말 밤이 중요한 기회라 되리라고 생각한다. 전에는 딸아이가 책을 읽는 모습이나 아들이 게임기를 가지고 노는 모습을 그저 바라보기만 했는데, 이제 아이들과 이야기도 많이 하고 함께 있는 시간을 최대한 효율적으로 활용할 방법을 찾아볼 생각이다. 이 실험이 제대로만 되면 바쁜 주중에 아이들과 잘 놀아주지 못해 미안했던 마음이 조금 편해지고, 바빠도 놀아줘야 한다는 부담감 또한 줄어들 것 같다. 직장에서도 압박감이 줄어들 것이다. 여유 시간(자신 영역)에 하던 일을 줄이고 그 시간을 가족과 함께 보낼 생각이다. 집에서 스트레스를 덜 받으면 직장에서 일할 때 더 집중할 수 있다. 그러면 더 나은 성과를 위해 몇 가지 목표를 세울 수도 있을 것이다. 나와 내 아이들 그리고 업무상 이해관계자들까지 모두에게 좋은 일이다.

하지만 록산은 이 실험 계획을 세우던 시점에 이미 실행이 수월하지만은 않을 것이라고 어느 정도 예상했다.

금요일 밤에 가족끼리 놀러 가기 위해서는 무조건 때맞춰 집에 와야 한다. 그런데 금요일에는 정시에 퇴근하기가 쉽지 않다. 금요일에 정시에 퇴근하려면 리더의 역할에 더 집중해 주도적으로 업무를 처리해야 하고, 직원들에게도 최대한 협조를 구해야 한다. 그리고 내가 금요일마다 정해진 시간에 퇴근하는 것이 다른 사람에게도 좋다는 것을 보여줘야 할 것이다.

물론 가족과 함께 놀러 나가려면 남편의 적극적인 협조도 필요하다. 또한 직장에서도 이렇게 하면 더 나은 성과를 낼 수 있다는 것을 보여주어야 할 것이다. 팀원들에게 나의 변화가 우리 팀의 성과에 미치는 영향을 평가해달라고 말해볼 생각이다.

Exercise

가장 잘될 것 같은 방법을 선택하라

앞서 수행한 연습 과제의 답변을 토대로 아래 질문을 검토하면서 이 중 가장 잘될 것 같은 방법 세 가지를 추려보자.

- 같은 시간과 에너지를 투자했을 때 가장 좋은 성과를 내리라 예상되는 것
- 하지 않았을 때 손해가 가장 큰 것
- 가장 향상시키고 싶은 기술을 연마할 수 있는 것
- 해보고 싶은 일을 하면서 가장 큰 즐거움을 느낄 수 있는 것
- 리더십 비전을 추구하는 데 직접적으로 연관된 것

세 가지가 가장 적당하다. 일반적으로 세 가지 실험 가운데 두 가지는 계획과 비슷하게 흘러가고 나머지 하나는 엉뚱한 결과를 내는 경향이 있다. 실험이 계획대로 완벽하게 진행되지만은 않겠지만, 잘 설계된 실험에 투자하는 것은 결코 헛된 일이 아니다. 설사 '실패'하더라도 기억에 생생히 남을 만한 학습 기회를 가질 수 있다는 이유만으로도 실행해볼 가치가 충분하다. 그리고 실험 계획은 새로운 정보와 기회가 생기면 얼마든지 변경할 수 있다는 점도 기억하자.

최상의 실험

내가 최근에 했던 실험은 고등학교에 얼티미트 프리스비Ultimate Frisbee: 플라스틱 원반을 주고받으며 즐기는 레저 스포츠- 역주 클럽 창설을 돕는 일이었다. 학생 한 명이

생각해낸 명칭인 '바바가누즈'를 팀명으로 했고 '사랑을 나누자!'를 구호로 내걸었다. 17살짜리 아들 가브리엘이 지역 하계 리그에 참가해 경기하는 모습을 지켜보다가 이 실험을 생각해냈다. 가브리엘의 동생 해리와 함께 경기를 관람하고 있었는데, 해리는 아직 1학년이라 경기에 참가하지는 못했다. 심판도 없이 자율적으로 규칙을 지키고 서로 존중하는 정신을 가장 중요하게 여기는 이 멋진 경기에 우리 둘 다 완전히 매료되었다. (이 경기는 토너먼트 방식으로 치러지는데, 이긴 팀뿐만 아니라 상호 존중의 정신을 가장 잘 보여준 팀에게도 상을 준다.)

나는 이를 삶의 각 영역을 결합할 수 있는 동시에 세 가지 실험 유형이 결합한 혼합형 실험이라고 보았다. 여기서 세 가지 유형은 활력 충전 및 회복(경기하기), 탐구와 모험(새로운 클럽 창설), 인정과 배려(즐거운 일을 하면서 아이들과 더 친해지기)였다. 바바가누즈 창설을 돕는 일은 내 삶의 네 가지 영역 모두와 관련이 있었고, 이 가운데 세 영역은 직접적으로 연결돼 있었다. 가정 영역과의 연결점은 아이들이 좋아하는 일을 함께하고 있다는 것이었다. 수많은 아이들이 참여하는 조직의 창설을 도왔다는 부분은 공동체 영역과 연관되었다. 또 아이들과 함께 운동을 하면서 건강이 좋아졌다는 점은 자신 영역과 직접적인 연관이 있었다. 내 일 영역과는 간접적인 연결 고리가 있었다. 조직을 새로 만드는 일과 관련한 여러 가지 문제를 알게 됐고 이번 실험을 강의 자료로 활용할 수 있다는 점이었다.

이 실험이 어떤 결과를 낳았는지 살펴보자면 이렇다. 우선 몸이 건강해진 것은 물론이고 아이들과 소중한 시간을 함께 보내며 그들이 성장하는 모습을 지켜볼 수 있었다. 또한 자원봉사로 운영되는 조직에 대해 많이 알게 되었고, 오래도록 계속 활동하기 바라는 스포츠 클럽의 창설을 도왔다는 사실에 큰 만족감을 느꼈다. 현재 바바가누즈는 남학생 팀과 여학생 팀, 2군 팀을 포함해 정규 회원이 50명(축구팀보다 많다!)이 넘는 큰 조직으로 성장했다. 바라던 대로 이제 우리 바바가누즈는 이 고등학교의 공식 클럽으로 인정받았다. 바바가누즈는 주 챔피언십 토너먼트 진출을 목표로 열심히 훈련했고, 결국 참가 첫해에 본선 진출에 성공해 당당히 5위에 올랐다. 그리고 영예로운 '상호 존중 정신상'을 여러 번 받았다. 학생들이 정말 좋아했음은 물론이고 수많은 학부모가 이 팀이야말로 자녀들의 고교 시절 경험 중 단연 최고일 것이라고 입을 모았다.

연말에 있었던 팀 파티에서 코치 겸 후원자였던 선생님이 이 책의 목적에 완전히 부합하는 말을 했다. 바바가누즈와 함께한 경험이 일에 대한 생각까지 바꿔놓았다는 것이었다. 너무도 행복한 시간이었다고 말하며 학년 말이 무탈하게 잘 끝나서 마음이 놓이고 홀가분하다는 느낌보다 아쉬운 마음이 더 크다고 했다. 이런 기분이 들기는 정말 오랜만이라고 했다. 그 선생님은 이제 학생들이 얼티미트 이야기를 하러 내 방에 들를 일은 없겠구나, 생각하니 너무 슬프다고 했다.

잘될 것이다 싶었던 이 계획을 조금씩 추진하기 시작했을 때만 해도, 여기에 이렇게 온 마음을 빼앗기게 되리라고는 생각지도 못했다. 그저 내 가족이 중요하게 생각하고 가족과 공동체 모두에 도움이 되는 이 일이 성사되도록 내가 도울 수 있겠다 싶어 시작한 일이었다. 이 실험은 정말로 소중한 사람들을 위해 뭔가를 하려고 노력하면, 자기 일에도 도움이 되는 절호의 기회가 생긴다는 사실을 다시 한번 깨닫게 해주었다. 그런 노력 덕분에 정신의 '근육'

을 열심히 단련해 더 강한 사람이 되기 때문이다.

Exercise

실험 전략을 수립하라

각 실험을 위한 전략을 생각해보자. 우선 아래 제시한 각 항목에 대한 생각을 기록해보자.

각 실험에 대한 전략을 하나씩 따로 세우는 것이 좋다.

- 이 실험은 앞에서 기술한 안내 지침을 따른 것인가?
- 이전 장들에서 수행한 작업 결과를 떠올렸을 때 실험을 통해 무엇을 배우고 싶은가?
- 한 영역에서 실현한 가치를 다른 영역으로 어떻게 전파할 생각인가?
- 이 실험을 실행하는 데 어떤 조언이나 도움이 필요한가?
- 이 실험을 실행하기 위해 극복해야 할 장애물은 무엇인가?
- 이 실험은 어떠한 측면에서 창의적인가? 당신에게는 어떤 부분이 새로운가?

코치와 함께 자신의 실험 전략에 관해 논의하라. www.totalleadership.org를 방문해 다른 사람의 의견을 구하는 것도 좋다.

작은 성공의 법칙

당신이 하는 실험이 삶의 방식을 완전히 바꾸는 대규모의 실험일 필요는 없다. 처음부터 그렇게 거창하게 설계하는 실험은 실패하기 쉽다. 너무 거대한 변화는 감당하기 버겁기 때문이다. 최적의 실험은 변화에 따른 불가피한 위험을 최소화하는 수준에서 새로운 방법을 시도해보는 것이다. 록산은 한 가지가 걱정이었다.

> 대면 소통에 치중하던 커뮤니케이션 방식을 이메일이나 다른 방식으로 바꾸고 싶다. 사실 그동안 거의 직접 만나서 이야기하는 쪽을 택했기 때문에 이메일로 소통 방식을 바꾸기가 여간 어려운 게 아니다. 특히 상사와 커뮤니케이션해야 할 때는 더 그렇다. 이메일로 연락을 주고받으면 오해가 생길 것 같아 불안하다. 이런 심리적 장벽을 극복하기가 어렵다.

록산은 일단 처음에는 믿을 만한 사람 한두 명과 이메일을 주고받으면서 새로운 방식을 시도하는 데 따른 위험을 상대적으로 줄여 이러한 어려움을 극복했다. 새로 정한 방향으로 '아장아장' 조금씩 걸어가면서, 큰 변화를 이루기 위한 현실적인 수단으로서 거듭되는 작은 성공의 위력을 활용하려 했다.

작은 성공은 그리 어렵지 않다. 어느 정도 통제가 가능한 범위에서 새로운 무언가를 시도할 때는 실패에 대한 두려움을 극복하기 쉽다. 좀 극단적인 비유이기는 하지만 전쟁 포로가 온전한 정신 상태로 무사히 살아남으려면 어떻게 해야 할까? 자신의 통제 범위를 벗어나는 행동이나 생각은 아예 하지 않는 것이 최선이다. 물리적 환경에 대한 통제권이 없고 오로지 마음속에 있는 것밖에 통제하지 못한다면, 그냥 자신의 마음과 생각에만 집중하는 것이 좋다. 지금 당신은 이 전쟁 포로보다는 선택지가 많다. 그리고 새로운 것을 시도해볼지 말지를 결정하는 통제권과 재량권의 범위가 생각보다 넓다. 이해관계자와 기대하는 부분에 대한 대화를 나누면서 사람들이 생각보다 당신에게 그렇게 많은 것을 기대하지 않는다는 사실을 알았을 때 이것을 깨달았으리라 본다.

거듭되는 작은 성공을 통해 변화에 이르는 접근법을 선택하면 측정 가능한 행동에 기반을 두게 된다. 그러면 현재 벌어지는 일에 대한 통제감이 증가하기 때문에 더 안전하게 실험할 수 있게 된다. 뒤에서 다룰 내용이지만, 실험을 평가할 수 있는 지표는 무엇이 효과가 있는지 측정하는 데 필요한 자료를 제공해준다. 이 지표는 행동을 조정하는 방법을 제시해 성과를 개선할 수 있게 해준다. 사람들은 행동을 조정해 리더십을 배운다. 변화에 필요한 행동을 해보고 효과가 있는 행동과 효과가 없는 행동을 분석하여 평가하는 과정에서 리더의 자질을 키우는 것이다. 자신이 한 행동이 어떤 결과를 낳는지 모르면 행동을 조정하는 것은 불가능하다.

변화를 시도한 결과 상황이 개선됐다는 사실을 입증하는 자료가 있으면 그 효과가 눈에 들어오기 시작한다. 그러면 다른 사람들도 그 변화를 지지하게 되고, 당신은 초반에 품었던 불안감을 이기고 그 방향으로 계속해서 나아갈 수 있게 된다. 작은 성공이 거듭되면 추진력이 생기고 앞으로 나아갈 의지와 힘이 충전된다. 성공이 또 다른 성공을 부르는 셈이다. 더 나아지려고 애쓰는 모습을 다른 사람이 보면 덩달아 기분이 좋아진다. 성공하는 장면을 많이 보일수록 변화에 대한 저항은 줄어든다.

작은 성공 접근법의 또 다른 이점은 이렇게 하지 않았으면 닫혀 있었을 기회의 문을 열어준다는 것이다. 새로운 일을 시도하려 할 때는 도움이나 협조를 받고 싶은 사람들에게 이렇게 말한다. "일단 한번 해보죠. 만약 해보고

안 되면 다시 예전 방식으로 돌아가거나 다른 방법을 또 시도해보면 되니까요." 이런 실험을 '한번 해보는 것' 정도로 해두면 사람들의 저항이나 반발이 줄어든다. 한번 해본다고 다시는 돌이키지 못하는 상황도 아니고, 각자의 기대치에 따라 이 실험이 성공했는지 아닌지 평가할 수 있는 통제력이 주어졌을 때 사람들이 새로운 시도를 해볼 가능성이 더 커지기 때문이다.

하지만 '작은'이라는 단어에 너무 집착하지는 말아야 한다. 작은 성공을 하라는 말은 '규모가 작은' 변화나 '덜 중요한' 변화에만 집중하라는 의미가 아니다. 엄청난 결과를 몰고 올 획기적인 변화를 시도할 때도 원대한 목표와 계획에 바탕을 두되, 작게 시작해서 차근차근 단계를 밟아나가라는 뜻이다. 예를 들어 이스마일의 첫 번째 실험 의도는 '자신의 회사와 그곳에서의 자기 역할을 구조적으로 바꾸는 것'이었다. 결코 '작은' 목표가 아니다. 그러나 이 실험을 실행하는 첫 단계는 '작고', '실행 가능한' 수준이었다. 그는 우선 보고 체계 몇 가지를 손보는 일부터 시작했다. 그리고 신기술을 도입해 의사소통과 의사결정 방식의 변화를 꾀했다. 이스마일은 이 실험을 '작은 전투에서 이겨 큰 전쟁을 승리로 이끄는 전략의 가치를 입증하는 확실한 증거'라고 말했다.

목표 설정과 평가는 구체적으로

실험 실행을 위한 전략 구상을 마쳤다면 이제 각 실험의 구체적인 목표를 적고, 목표를 구체화하고 추진 과정을 평가하는 데 도움이 되는 정보를 제공해줄 평가표를 만들어볼 차례다.

영역별로 구체적인 목표 정하기

개인적으로 정말 중요한 의미와 가치가 있는 목표는 구체적이고 실현하기 어렵지 않아야 한다. 여기서 생각해봐야 할 핵심적인 문제는 변화나 혁신을 통해 얻으려는 이점이, 자신이 바라던 유형의 리더가 되고, 살고 싶은 세상을 만드는 일에 매진하게 할 만큼 충분한 동기가 되는가다. 더 구체적으로 말하자면 그 실험으로 인해 삶의 모든 영역이 어떻게, 또 얼마나 개선될지 평가표에 기록하게 된다는 말이다.

Exercise

평가표 작성- 실험 목표

아래에 각 실험의 평가표 양식이 제시되어 있다. 이번과 다음 연습 과제에서 이 평가표를 완성하는 방법을 설명할 것이다. 아래 양식을 몇 부 복사해놓고 실험할 때마다 사용해도 좋고, 다른 곳에서 적당한 양식을 찾아 자신이 구상한 실험에 맞게 조정해서 사용해도 괜찮다. (www.totalleadership.org를 방문해 관련 정보를 참고하라.)

실험 목표를 살펴보면 여러 개가 일관성 있게 하나로 결합하는 형태도 있고 그렇지 않은 것도 많다. 말하자면 매일 운동하기, 가족과 함께 저녁 식사 하기, 근무 시간 변경하기는 하나의 실험으로 묶어 생각하기 어렵고, 각각을 별개의 실험으로 보는 것이 낫다. 각기 다른 실험을 억지로 하나로 묶어 이질적인 요소가 이것저것 섞인 실험을 진행하고픈 유혹에 빠져서는 안 된다. 행동을 구분해 각각을 별개의 실험으로 분리해서 설계하라. 이렇게 하면 더 많은 것을 배울 수 있다. 처음에 실험을 구상할 때 목표를 너무 모호하고 광범위하게 잡았다는 생각이 들지도 모른다. 너무 광범위하고 모호한 실험이라는 생각이 들면 실험 계획을 여러 개로 나눠서 당장 실행 가능한 구체적인 실험 2~4개로 분리하자.

평가표를 작성할 때는 맨 위에 해당 실험에 대해 간략히 기술한다. 그런 다음 표 첫째 열에 각 영역별 실험 목표를 적는다. 각 칸에 목표를 적을 때는 각 영역에 속한 이해관계자에게도 득이 되는지를 고려해야 한다. 이러한 이득이 간접적이거나 미래 어느 시점까지 명확히 드러나지 않는 경우도 있으므로 이 부분은 변경의 여지가 있다. 각 영역에 해당하는 칸에 목표를 최소한 한 가지 이상 적도록 해보자.

실험 평가표- 목표와 평가 지표

실험:

	목표: 의도한 효과	결과 평가 지표	행동 평가 지표
일			
가정			
공동체			
자신			

평가 지표 고안

이제 과학자처럼 실험에 들어갈 차례다. 실험을 통해 배운 게 하나라도 있다면 그 실험은 절대 실패한 것이 아니다. 평가 지표는 본인이 구체적으로 정한 목표를 달성했는지 확인하는 도구이자 성과를 측정하는 과정에서 뭔가를 배우게 해준다는 점에서 상당히 유용하다. 성과를 측정하는 과정에서 배우는 것이 있기 때문에 실험 과정에서 변화를 만들기 위해 취한 행동이 효과가 있는지 아닌지를 평가할 자료가 필요하다. 물론 목표를 달성하는 것이 실패하는 것보다 낫다. 하지만 목표를 달성했다고 해서 자신이 바라던 리더의 길로 바로 들어서는 것은 아니라는 점을 명심하라. 진정한 리더가 되려면 '학습'이 필요하다. 그리고 성패를 떠나 자신의 경험에서 통찰력을 얻는 과정을 통해 학습이 이루어지는 법이다.

신뢰할 만한 평가 지표는 행동과 결과를 측정하는 유용한 도구이므로 적절한 지표를 마련하는 것이 중요하다. '행동 지표'는 진행 과정을 점검하게 해주므로 이 지표를 활용하면 실제로 목표를 달성할 가능성이 커진다. '결과 지표'는 실험에 투자해서 자신뿐 아니라 자신의 이해관계자에게 얼마나 가치 있는 성과를 만들어내는지 보여주기 때문에 이를 활용하면 그들의 지지와 응원을 얻어내기가 쉽다. 이 실험으로 나아진 부분이 있다는 증거가 무엇인가? 결과 지표가 바로 이 질문에 대한 답을 내놓는다.

자신의 실험에 적합한 평가 지표를 설계하려면 창의성이 필요하다. 결과 지표든 행동 지표든 다양한 차원에서 다양한 설계가 가능하다.

평가 지표는 '객관적 지표'와 '주관적 지표'로 나눌 수 있다. 객관적 지표는 공정한 평가가 가능한 유형으로, 평가자가 누구든 행동과 결과를 주어진 지표에 따라 동일한 방식으로 평가한다. 반대로 주관적 지표는 평가자의 개인적 인식이나 의견에 바탕을 둔다. 어느 지표가 유용하느냐를 따질 문제는 아니다. 두 지표 모두 유용하다. 여기서 중요한 것은 각 상황을 고려해 자신의 실험에 유용하다 싶은 지표를 찾아 적용하는 일이다. 그러므로 주관적 지표와 객관적 지표 가운데 하나를 선택할 때는 각 지표 유형의 장단점을 고려한 후 관리하기 수월하고 자신에게 동기 부여를 확실하게 해주는 지표를 선택하라. 다른 사람으로부터 피드백을 받기로 했다면, 즉 주관적 평가 지표를 활용하기로 했다면 피드백을 제공하는 사람의 수를 늘려보자. 그러면 주관적 평가에 내재한 편향을 줄일 수 있다.

평가는 '자주' 이루어질 수도 있고 '간헐적으로' 이루어질 수도 있다. 결과 평가는 처음에 정한 실험 기간이 끝나는 시점에 이루어진다. 그와는 다르게 행동 평가는 자신이 보기에 적합하다면 더 자주 해도 상관없다. 그러면 얼마나 자주 해야 할까? 너무 자주 하면 번거롭고 부담스럽다. 하지만 너무 뜸하게 하면 집중력이 흐트러질 수 있다. 자신의 행동을 얼마나 자주 점검할지 생각해보고, 점검 빈도를 평가표에 확실히 표기해두자. 자신의 행동을 얼마나 오래 기억할 수 있을지 생각해보라. 예를 들어 다이어트를 계획한다고 해보자. 이때 주요 행동 지표로서 음식물 섭취량을 확인하기로 했다면, 이틀 전에 먹은 음식물을 다 기억할 수 있을까? 단계별 측정이 가능한 지표를 활용하면 진행 과정을 수시로 점검하면서 실험 목표를 상기하는 데 도움이 된다. 그리고 실험이 진행되는 동안 꼭 필요한 변화가 어느 정도 이루어지고 있는지 확인할 수 있다.

평가 지표는 '본인'이 직접 측정할 수도 있고 '다른 사람'이 측정할 수도 있다. 자신의 행동을 평가하기에 가장 적합한 사람은 본인인 경우가 대부분이다. 특히나 내면에 초점을 맞춘 행동(예: 명상)을 평가할 때는 더 그렇다. 하지만 예외도 물론 있다. 예를 들어 자신이 짜증을 얼마나 자주 내는지 평가할 때는 본인보다 주변 사람이 평가하는 편이 더 낫다. 자신의 행동 중에 바꾸고 싶은 부분이 있다고 해도 자기 눈에는 그 행동이 잘 들어오지 않는다. 그리고 자신의 행동이 다른 사람에게 어떤 영향을 미치는지는 애써 외면하거나 아예 보지 않으려고 하기 쉽다. 따라서 다른 사람에게 자신의 행동이나 태도에 대해 말해달라고 부탁하는 편이 나을 때가 많다.

평가 지표는 '양적 지표', '질적 지표'로도 나눌 수도 있다. 성과를 평가할 때 수치로 표시할 것인가 아니면 글로 정리할 것인가? 일기를 쓰듯 자기 생각과 감정을 글로 적는 편이 나을 때가 있고 수치로 표기하는 편이 더 효과적일 때도 있다. 수치로는 일주일 동안 통화한 횟수, 체중 감소량, 절약한 금액 등 구체적인 행동이나 결과를 정확하게 표시할 수 있다. 또 수치는 구체성이 약간 떨어지는 생각이나 감정을 수량화하는 데도 활용된다. 예를 들어 얼마나 만족하는지를 글로 설명하지 않고 수치로 나타낼 수 있다.

마지막으로, '구체적 지표'와 '일반적 지표'가 있다. 업무 위임에 초점을 맞춘 지표는 다른 사람에게 업무를 위임하는지, 매주 다른 사람에게 업무를 위임하는지와 같이 만들 수도 있고, 일주일에 몇 번이나 보고서 작성 업무를 위임하는지와 같이 좀 더 구체적으로 만들 수도 있다. 어느 정도 구체적이어야 하는지를 생각해보고 가능한 한 구체적인 지표를 활용하자.

결과 지표 사례

결과 지표는 실제로 4면 성취를 이루었는지에 대한 데이터를 보기 위해 각자의 실험에 맞게 설계한 측정 도구다. 아래는 토털 리더십 프로그램 참가자들이 사용했던 결과 지표 몇 가지를 영역별로 적어둔 것이다.

| 일 |

- 서비스 품질에 대한 고객의 평가가 나아졌는가?
- 출장을 줄여서 경비를 절감했는가? 그랬다면 구체적으로 절감한 액수는 얼마인가?

| 가정 |

- 예전보다 아이들과 언쟁하는 횟수가 줄었는가?
- 매주 어머니와 대화를 하는가? 어머니가 나와 더 가까워진 것 같다고 말하는가?

| 공동체 |

- 매주 청소년 센터에 가서 세 시간 동안 자원봉사 활동을 했는가?
- 다락에 있는 아동 도서를 최소한 한 상자 살펴보고 상태가 좋은 책을 골라 여성 쉼터에 기증했는가?

| 자신 |

- 팔굽혀펴기를 한 번에 50개 할 수 있을 때까지 매주 다섯 개씩 늘려가면서 근력을 키웠는가?
- 어떤 토론회든 상관없이 한 달에 최소 두 번 사람들 앞에서 이야기를 했는가?

행동 지표 사례

아래는 실험 유형별 행동 지표 사례 몇 가지를 제시한 것이다. 규모가 큰 것도 있고 작은 것도 있다. 여기 제시한 것은 예로 든 것에 불과하며 성패는 자신에게 맞고 실험 목표와 관련도가 높은 평가 지표를 고안하느냐에 달렸다는 점을 명심하자.

| 진행 과정의 기록 및 성찰 |

- 다른 일 때문에 계획했던 일을 포기한 적이 몇 번이나 있는가?
- '할 일' 목록을 작성하고 일주일 내에 실제로 수행하는가?

| 계획과 체계화 |

- 일주일 동안 약속을 지키지 못하거나 중복으로 약속을 잡은 일이 몇 번이나 있는가?
- 실험 계획을 세우는 데 한 번에 15분씩 몇 차례나 시간을 썼는가? (목표=근무일당 한번)

| 활력 충전 및 회복 |

- 이번 주에 운동을 몇 번이나 했는가?
- 매일 잠을 몇 시간이나 자는가?

| 인정과 배려 |

- 점심시간에 밖에 나가서 다른 사람과 같이 식사하는 날이 일주일에 며

칠이나 되는가?

- 지난주에 아이들과 함께 보낸 시간이 몇 시간인가?

| 집중 |

- 퇴근 후나 주말에 일을 집까지 가져왔던 적이 몇 번이나 있는가?
- 다른 일은 하지 않고 대화에만 집중한 적이 있었는가?

| 마음 열고 다가가기 |

- 몇 달 동안 연락하지 않았던 사람으로부터 메시지를 몇 번이나 받았나?
- 가족과 얼굴을 맞대고 이야기하는 시간을 일주일에 다섯 시간 정도로 늘렸는가?

| 시간과 공간 변화 |

- 원격 근무를 한 시간이 얼마나 되는가?
- 화요일과 목요일 중 제시간에 집에 와서 저녁 식사를 한 비율이 얼마나 되는가?

| 위임과 자기 발전 |

- 상대하는 고객 수를 일주일에 최소한 한 명은 줄였는가?
- 매달 집안일 두 가지를 다른 사람에게 맡겼는가?

| 탐구와 모험 |

- 새로 준비하는 책을 매일 일정 분량만큼 쓰고 있는가?
- 나중에 차릴 식당의 메뉴를 준비하기 위해 새로운 요리법을 몇 가지나 시도해보았는가?

Exercise

평가표 작성- 각 평가 지표

평가표의 두 번째 열과 세 번째 열에 각각 결과 지표와 행동 지표를 기록하라. 첫 번째 열에 표시한 의도한 효과란에 해당 목표 달성 여부를 어떻게 평가할지 그 방법을 적어보자. 마지막(세 번째) 열에는 실험을 진행하면서 한 행동을 어떻게 평가할지 적어둔다.

새로운 일을 시도할 의지가 있는가

실험 전략 수립과 평가표 준비는 다 됐다. 앞으로 나아갈 의지가 있는가? 목표한 변화를 이루지 못하는 이유는 좋은 생각이 없어서가 아니라 행동하지 않기 때문이다. 여기에는 크게 세 가지 이유가 있다. 일단 사람들은 두려움 때문에 실험을 꺼릴 때가 있다. 예를 들어 다른 사람 눈에 일을 열심히 하지 않는 것처럼 보일까 봐 근무 시간을 탄력적으로 조정하는 탄력 근무제 시행에 찬성하지 않을 수도 있다. 사람들이 자신의 제안을 거절하는 상황이 두려울지도 모른다. 또 죄책감 때문에 새로운 방식을 시도하길 꺼리면서 현상을 유지하는 것일지도 모른다. 혼자 자기 잇속만 차리는 사람으로 비치기 싫은 것이다. 상상력 부족이나 무지가 원인일 때도 있다. 실제로는 다른 방법이 분명히 있는데도 그 사실을 몰라서 시도를 못 할 수도 있다.

뭔가 새로운 것을 시도할 때는 어느 정도의 불안감과 불확실성이 따르게 마련이다. 어떻게 하면 이런 심리적, 현실적 장애물을 극복하고 변화를 위해 적극적으로 실험에 나설 수 있을까? 무엇보다 마음가짐이 중요하다. 스스로 믿을 만한 좋은 생각이 있어야 하고, 다른 사람들도 그 생각에 동조하게끔 그렇게 하는 것이 모두에게 득이라는 사실을 충분히 납득시켜야 한다. 뭔가 의미 있는 변화를 시도하려 할 때면 언제나 장애물이 앞을 가로막는다. 일 영역은 기본 생계와 경력이 걸린 부분이라 더 극심한 저항에 부딪힐 수도 있다. 그래서 잘 적응하는 능력이 더욱 필요하다.

새로운 길을 개척하다 보면 예상치 못했던 장애물에 부딪히게 된다. 저항에도 굴하지 않고 묵묵히 변화를 주도하는 용기는 확고한 목적의식, 합리적 수준의 위험 감수, 빠르게 적응하는 방법의 습득에서 나온다. 또 자신이 다른 사람의 성공에 도움을 주고 사람들과 강한 유대감을 형성하고 있으며, 중요한 일에 참여하고 있다는 자부심과 소속감을 모두에게 심어주고 있다는 자각에서 그런 용기와 끈기가 솟아난다. 안드레는 자신의 실험 계획을 실행에 옮기면서 이렇게 말했다. "다른 사람의 참여와 지지 없이는 실험에 성공할 수 없습니다." 안드레는 핵심을 정확히 파악했다.

이제 새로운 시도를 끝까지 밀고 나가려면 어떻게 해야 하는지를 생각해 보자.

7장

사람을 얻는 법

Total Leadership

● ● ● ●

6장에서는 변화를 이끌 때 작은 성공 접근법을 활용하면 사람들의 저항을 줄이고 상호 신뢰를 구축할 수 있으며, 흔히 변화를 가로막곤 하는 '사람들이 따라주지 않을 거야'라는 불안을 이겨낼 수 있다는 것을 확인했다. 이번 장에서는 진정성과 완전성을 추구하는 과정에서 터득한 통찰력을 바탕으로 변화의 의지를 다지고 결심한 바를 실천하는 방법을 몇 가지 더 소개하려고 한다. 그리고 주변 사람들의 협조와 동참을 얻어내는 데서 한 걸음 더 나아가 더 많은 사람을 계획에 참여시키는 일이 얼마나 유용한지에 대해서도 설명할 것이다.

안드레는 이해관계자와의 대화를 통해 자신의 리더십 비전에 조금 더 가까워지는 데 도움이 될 만한 실험 아이디어를 얻었다. 안드레는 흑인 여성을 주 고객으로 하는 전국 단위의 최고급 미용실 체인점을 만들고 싶다는 꿈이 있다. 그 첫 단계가 독자적으로 활동하는 흑인 스타일리스트와 미용실 주인을 대상으로 기술 개발, 금융 지원, 사업 소유권 및 이익 분배 등을 논의하는 온라인 커뮤니티를 구축하는 것이었다. 이 첫 단계를 실행하면 현재의 일 영역에 자기 사업이라는 새로운 분야가 만들어질 것이었다.

안드레는 아내와 이 문제를 의논하다가 자신이 돈을 얼마나 벌든 아내가 크게 신경 쓰지 않는다는 사실을 알았다. 아내는 오히려 금전적인 부분에 대한 남편의 기대 수준이 '너무 높다'고 생각했다. 아내는 그저 편안하게 살 정도면 족하다고 생각했고, 남편과 더 많은 시간을 함께 보낼 수 있기를 바랄 따름이었다.

> 온라인 커뮤니티를 만드는 실험을 하면 아내와 함께하는 시간이 더 많아지는 데다 그 시간을 우리 둘 다 좋아하는 일에 몰두하며 보낼 수 있다. 게다가 평소에 아내는 컴퓨터를 더 잘 다루고 싶어 했다.

안드레는 자신의 이해관계자를 확실히 파악하고 이들과 대화를 나누며 분석하는 과정에서, 자기 일을 통해 가족같이 아주 가까운 사람뿐만 아니라 좀 더 넓은 세상에 공헌하는 것이 얼마나 가치 있는 일인지도 알게 됐다.

> 나는 흑인 공동체의 구성원을 내 핵심 이해관계자로 보았다. 이 공동체가 집단 역량을 발휘해 자립 체계를 갖춰서 부를 창출하기를 바란다. 이 실험을 통해 이들 이해관계자와 더 긴밀한 관계를 맺게 되리라 본다. 아내는 내가 공동체 구축 활동에 너무 매달리면 가

족과 보내는 시간이 줄어들지 않을까 걱정했다. 이 걱정을 어떻게든 덜어내야 했다. 그래서 아내를 내 활동 계획에 참여시켰다.

안드레는 실험을 통해 삶의 다양한 영역이 어떻게 하나로 묶이는지 더 확실히 알게 됐다. 처음 실험을 시작했을 때는 자신이 만들어낼 변화를 생각하며 몹시 들떠 있었다. 그러나 생각지 못했던 현실적인 문제에 봉착하며 다소 의기소침해졌다. 아내와 관련한 부분이 특히 신경 쓰였다. 아내와 업무 관계를 맺는다는 것이 좀 불안했다. '실패하면 어쩌지? 아내가 내 기대에 못 미치면 어떻게 하나? 아내가 나와 내 비전을 못 믿으면 어떻게 하지?'

뭔가를 새로 시작하다 보면 온갖 불안이 엄습하고 별의별 저항에 다 부딪히게 마련이다. 이 부분을 제대로 처리하지 못하면 처음의 패기는 사라지고 계획은 실패로 끝나고 만다. 이번 장에서는 실험을 진행하는 과정에서 이러한 장애물을 극복하는 데 필요한 용기를 어떻게 얻어야 하는지 그 방법을 좀 더 상세히 다뤄볼 생각이다. 이는 당신이 리더가 되어 세상이 더 나아질 수 있도록 지속 가능한 변화를 만들어내려고 노력할 때 내적, 외적으로 직면하는 장애물이기도 하다.

일단 해보고 수정하라

작은 성공 접근법은 매우 효과적이다. 심사숙고해서 행동하고, 결과에 대한 피드백을 바로 받을 수 있으며, 그 정보를 활용하여 주변 사람의 요구에 맞게 행동을 조정하고, 그렇게 해서 모든 사람이 승리자가 될 가능성을 높여 주기 때문이다. 아직 시작하지 않았다면 지금이 적기다. 이제 막 시작한 단계라도 자신의 행동에 영향을 받는 사람들에 맞춰 생각이나 행동을 조율할 필요가 있다. 그 사람들에게 어떤 영향을 미치는지 살펴보고 자신의 행동이 효과가 있는지 없는지를 따져서 수정이 필요한지 판단해야 하기 때문이다.

실험을 실행할 때는 예기치 못한 상황이 발생할 것을 미리 전제하고, 실제 실험 과정에서 터득한 사실을 바탕으로 필요한 부분을 수정할 준비를 해야 한다. 자신과 주변 사람들의 이해관계가 어떤 식으로 얽힐지 전부 예측할 수는 없다. 전혀 생각지 못한 일이 벌어질지도 모른다. 예를 들어 주말마다 아이들과 함께 자전거를 타려고 했는데 알고 보니 아이들에게 그럴 시간이 없을 수도 있다. 아이들도 각자 자기만의 생활이 있고 주말에도 당신이 모르는 약속이 있을 수 있기 때문이다. 이러면 상황에 맞춰 계획을 수정해야 한다. 애초에 당신은 딸아이와 함께 자전거를 타려고 했는데 상황이 이러면, 딸아이가 트럼펫 레슨을 받으러 갈 때 자전거에 태워 데려다주는 쪽으로 계획을 바꿀 수 있다.

또 하나 예를 들어보자. 당신이 꼭 하지 않아도 되는 일상 업무에서 벗어나 장기적인 프로젝트에 집중하고 가족, 특히 아이들과 더 많은 시간을 보내기 위해 새로운 보고 체계를 실행해보기로 했다고 가정하자. 그런데 조직의 위계 구조 때문에 애초의 계획과는 달리 업무 조정이 어려울 수도 있다. 이럴 때는 원계획 자체를 포기하기보다는 그 업무를 맡을 대체 인물을 찾는 방향으로 계획을 조정하는 것이 좋다.

빅터의 실험 계획 중에는 아침에 조금 더 일찍 일어나서 20분 동안 아침

운동을 하는 일도 포함되어 있다. 자신이 한 말에 대한 책임감 때문에라도 약속을 지키려 아내에게 그 계획을 이야기했다. 하지만 얼마 지나지 않아 결국 이 계획을 지키기 어렵다는 사실을 깨닫게 되었다. 도무지 아침에 일찍 일어날 수가 없었던 것이다. 그래서 그는 계획을 수정하기로 했다. 그는 일주일에 네 번 정도 하루 중 아무 때나 30분씩 자전거를 타거나 러닝머신을 이용하는 쪽으로 계획을 변경했다. 그리고 이 계획은 성공했다.

록산은 딸 세실과 보내는 시간을 좀 더 늘려보겠다는 계획을 세웠다. 그런데 이번에는 너무 성공적이라서 계획을 조금 수정해야 하는 상황이 됐다. 세실이 더 같이 있어 달라고 계속 조르는 통에 계속해서 시간을 내기가 어려웠기 때문이다.

다들 이미 알고 있겠지만 우리는 친구와 점심 식사하기, 아내와 운동하기, 새로운 사업 가능성 모색하기, 회사의 팀 내 의사결정 과정 변경하기 등의 실험을 설계할 때 어떻게 하면 자신이 주도한 변화가 삶의 전 영역에 존재하는 이해관계자에게 영향을 미쳐 이들이 4면 성취를 이루게 할 수 있을지 고민하게 된다. 지금까지 연습 과제를 충실히 해왔다면 이해관계자와의 대화를 통해 실험에 대한 지지와 의견을 구했을 것이다. 그리고 평가표에 삶의 네 영역에서 기대하는 효과도 적어넣었으리라 본다. 개중에 당분간은 드러나지 않을 효과가 있더라도 말이다. 이렇게 하면 심지어 실험을 시작하기 전에라도 다른 사람이 중요하게 여기는 것에 부합하도록 자신의 계획을 수정하겠다는 마음이 생긴다. 그렇게 수정한 계획을 실행하면 새로운 관점에서 상황을 바라보게 된다. 그러므로 사람들과 함께 전체적인 계획을 들여다보며 수정하는 작업을 반복해야 한다.

한 가지 확실한 사실은 실험을 진행하다 보면 계획을 수정해야만 하는 일이 생긴다는 점이다. 사실대로 말하자면 계속해서 그런 상황에 직면하게 될 것이다. 나쁠 것 없다. 자신의 삶을 주도하는 혁신적인 리더가 되려면 새로운 방식을 계속해서 시도하는 창의적인 자세가 필요하다. 새로운 정보가 있거나 새로운 기회가 생겼을 때 이에 맞춰 변화를 꾀하는 능력도 일종의 기술이다. 기술은 연습을 통해 습득할 수 있다. 따라서 계속 연습하다 보면 좀 더 자신 있게 변화를 주도하는 리더가 될 수 있을 것이다.

림이 계획한 실험 중에는 첫아이가 태어난 직후에 시카고 마라톤 대회에 참가하기 위해 상사와 함께 훈련하는 것도 있었다.

> 내가 계획하는 실험이 어떻게 이해관계자에게도 긍정적인 영향을 미치는지를 잘 설명한 것이 이 실험의 성공에 결정적인 역할을 했다. 막상 훈련을 시작했는데 아내 조애너의 걱정이 더 심해졌다. 처음에 아내는 첫아이가 태어난다고 해서 시카고 마라톤 대회 출전을 포기하지 말고 오히려 이 가족 전통을 이어가야 한다고 말했다. 하지만 출산을 몇 주 앞둔 시점이 되자 부담감이 점점 커졌다. 사실 그때가 매우 소중한 시간이기도 했다. 일단 아이가 태어나면, 이 아이가 대학에 가면서 우리 곁을 떠날 때까지 최소한 20년 동안은 아내와 나, 둘만의 시간은 없는 셈이었다. 그러니 우리 부부가 단둘이 오붓하게 보낼 수 있는 시간은 출산까지 남은 몇 주뿐이었다.
>
> 막상 출산이 임박하자 아내는 '지금 꼭 마라톤 훈련을 해야 하

나'라는 생각이 들었던 모양이다. 또 아이가 태어나면 한밤중에도 수시로 일어나 아이를 돌봐야 하는데 어떻게 25~30km를 뛰는 훈련이 가능하겠냐는 걱정도 했다. 아내는 내게 꾸준히 훈련하기가 쉽지 않을뿐더러 그러다 다리 부상이라도 당할까 봐 걱정이라고 말했다. 나는 아내와 대화하면서 나의 첫 번째 이해관계자인 아내가 정말로 걱정하는 것이 무엇인지 알게 됐다. 나는 토털 리더십 코치에게 조언을 구했다. 그랬더니 코치는 아내가 진짜로 걱정하는 부분은 아이의 인생에서 매우 소중한 생후 몇 달 동안 내가 마라톤 훈련에 너무 빠져 있으면 아내가 바라는 아버지, 남편으로서의 역할을 다하지 못할까 봐 그러는 것이 아니겠냐고 했다. 솔직히 말해 그런 생각은 못 해봤다. 그리고 내가 다칠까 봐 걱정이라는 아내의 말도 진심이기는 했지만, 어쨌거나 아내의 마음속에 지금은 마라톤이 중요하지 않다는 생각이 더 크게 자리하고 있었던 것이 사실이었다.

그래서 나는 아내에게 작은 성공의 중요성을 입증해 보여야겠다고 생각했다. 일단은 전체 계획을 쉽게 실천할 수 있도록 소단위로 쪼갰고, 각 실험 과제의 전략, 평가 지표, 일정 등을 제대로 준비해놨다는 사실을 알려줘야 했다. 아내가 진행 과정을 보고 이 계획이 아내 자신에게도 득이 된다는 사실을 아는 것이 중요했다.

실험이 진행되는 동안 림은 아내와 이야기하면서 아내의 지속적인 지지와 협조를 얻으려면 무엇을 해야 하는지 알게 됐다. 게다가 직장에서도 일이 잘 될 때가 있고 잘 안 될 때가 있어 계획에 영향을 미치고 있었기 때문에 적절한 계획 수정이 필요했다.

> 훈련을 하면 할수록 더 활력이 생겼다. 훈련 6주일 만에 체중이 3kg 가까이나 빠졌고, 업무에도 놀라울 정도로 집중이 잘됐다. 반면 내 상사는 정강이 통증이 생겨서 한동안 훈련을 하지 못했다. 상사와 이야기를 나누면서 내가 어떻게 해주면 좋겠느냐고 물었다. 그리고 마라톤 대회 출전을 포기하면 싶으면 그렇게 해도 된다고 말해주었다. 상사는 부하 직원이 그런 말을 해준 것은 처음이라며 걱정해줘서 고맙다고 했다. 다행히도 상사의 정강이 통증은 얼마 지나지 않아 괜찮아졌다.

2년 후에 당시 일을 회고한 글에서 알 수 있듯이 림은 자신이 하는 실험 내용을 사람들에게 알리고 그들에게 득이 되는 방법을 열심히 고민해본 결과 뜻하지 않은 성과를 맛봤다.

> 부하 직원과 와튼스쿨 동문이 함께 모여 내 실험에 관한 이야기를 나누던 그 자리는 생기와 활력으로 가득했다. 학교에도 소문이 쫙 퍼졌고 내가 가는 곳마다 마라톤에 관한 질문이 쏟아졌다. 마라톤 실험 덕분에 이 사람들과 지금까지도 돈독한 관계를 유지하고 있다.

마라톤 덕분에 직장에서 사람들과 신뢰를 쌓을 수 있었고, 그들이 각자의 경력과 관련해 가장 좋아하는 부분과 가장 걱정하는 부분에 대한 이야기도 들을 수 있었다. 젊은 팀원 한 명은 대학에서 채용 홍보 행사를 했으면 하는데 추진해봐도 될지 모르겠다며 내 의견을 물었다. 나는 좋은 생각이라며 칭찬을 아끼지 않았다. 모두가 사무실 밖에서도 친분을 다져왔기 때문에 다들 거리낌 없이 자신의 아이디어를 내놓고 자발적으로 행동에 나서는 분위기가 생성됐다. 상사와 다른 팀 사람들도 우리 팀이 사기가 높고 수익성을 비롯해 전반적인 성과가 다른 팀보다 높다는 사실을 알게 됐고, 이는 팀원과 함께 마라톤 훈련을 하는 획기적인 시도에서 나온 결과라는 사실도 알려졌다.

훈련 기간 내내 아내가 열심히 지지해준 덕분에 마라톤 출전 준비를 잘 마칠 수 있었다. 아내는 원래 옆에서 구경만 할 생각이었다. 그래서 20km 지점에 먼저 가 있었는데, 내가 좀 지친 모습을 보이자 그때까지 전혀 준비를 해두지 않은 상태에서 뛰어들어 같이 달리기 시작했다(아내는 원래 운동을 잘하는 사람이다). 결국 아내는 출산을 4개월밖에 남겨 놓지 않은 상태에서 나와 함께 남은 마라톤 코스를 완주했다!

같이 훈련했던 상사와 나는 현재 각자 다른 직장에서 일하고 있지만 이 경험을 통해 쌓은 우정은 앞으로도 평생 지속될 것이다.

림은 마치 과학자처럼 이 실험을 진행하는 내내 자료를 꼼꼼히 수집했다.

수집한 자료에서 새로운 정보를 얻고 이것을 사람들의 지지를 얻는 기회로 활용했다.

> 단순히 직감만으로 실험 내용을 수정하기는 어렵다. 달리는 속도가 느려진 시기, 훈련 기간에 월별 매출이 감소한 시기, 상사와 마라톤에 관한 이메일을 주고받은 건수가 줄어든 시기는 평가 지표로 확인할 수 있었다. 아내와 내가 일주일에 몇 번이나 체육관에 가는지 기록해놓은 표도 도움이 많이 됐다. 그 표를 보면 우리가 얼마나 더 운동해야 하는지 알 수 있었다.

림의 실험은 자기 주변의 세상을 바꾸려면 처음에 계획했던 방향으로 한 단계씩 나아갈 때마다 주변에서 벌어지는 일을 꼼꼼히 살피면서 그 상황에 맞게 계획을 수정하는 융통성이 필요하다는 점을 보여주는 좋은 예다. 자신이 중요하게 생각하는 모든 사람이 승자가 될 수 있도록 노력해야 한다.

Exercise

이제 시작해보자! 해보고 수정하고 또 해보고 또 수정하고….

실험 전략을 세우고 평가표 준비도 마쳤다면 이제 실전으로 들어가 머리로 생각했던 바를 현실에서 구현해볼 차례다. 우선은 계획에 따라 행동하라. 그러다 보면 계획을 수정해야 할 때가 온다. 그렇게 계속 행동하고 필요하면 수정하는 과정을 반복하면서 당신이 정한 방향으로 나아간다.

필요하다면 그 실험의 영향을 받는 사람들에게 지금 상황을 어떻게 보는지 각자의 의견을 말해달라고 하자. 이런 대화는 사람들의 지지를 얻을 기회가 된다. 아직 그렇게 해보지 않았다면 당신이 이 계획을 통해 그들의 기대를 더 잘 충족시키고 싶다고 말해 보자. 사람들의 말을 잘 들어라. 그래야 당신의 행동이 어떻게 사람들의 이익을(당신 자신의 이익뿐 아니라) 충족시키는지 좀 더 명확히 알 수 있다. 그리고 필요하다면 그 사람들과 함께 어떻게 하면 이러한 기대를 충족시킬 수 있을지 다른 방법을 생각해보자. 지금보다 변화 강도를 더 높인다거나 아예 계획을 수정하는 등 여러 가지 방법이 있다. 이 대화를 통해 새로 알게 된 사실이나 생각난 부분이 있다면 다 기록해두자.

행동에 들어가면 평가표 작성도 함께 시작해야 한다. 새로운 정보나 아이디어가 있어서 실험 전략이나 평가표를 수정한다면 이에 맞춰 계획도 수정해야 한다.

리더십의 도약

사람들의 마음까지 헤아리는 단계에 도달했을 때 비로소 리더십이 급격히 향상되는 '리더십의 도약leadership leap' 상태에 이르게 된다. 리미티드 브랜즈Limited Brands의 부회장 겸 COO최고운영책임자였던 렌 슐레진저Len Schlesinger는 내 와튼스쿨 수업 시간에 이 부분을 직설적이면서도 간결하게 정리했다. "중요한 건 내가 아니죠. 이 사실을 빨리 깨달을수록 더 크게 성공할 수 있습니다."

세상은 이렇게 돌아간다며 자기 생각에 갇힌 나머지 다른 사람이 자신에게 원하는 것에 관심을 둘 기회를 놓치는 일이 허다하다. 그러나 현실에서는 사람들이 서로 의지하며 살아가야 하고, 중요한 일을 성사시키기 위해 다른 사람의 도움이 필요하다면 자기 생각만을 고집할 것이 아니라 그 사람들의 생각이나 요구 사항에도 귀 기울여야 한다. 자신과 다른 사람의 이해관계를 파악하고 조율할 방법을 찾아 적절히 맞춰간다면, 자신의 목표를 실현할 가능성이 훨씬 커진다.

당신이 이해관계자와 대화할 때 그랬듯이, 리더는 다른 사람의 눈을 통해 세상을 바라본다. 리더는 주변 사람들을 위해서 더 나은 세상을 만들려고 한다. 역설적으로 들릴지 몰라도 원대한 꿈을 실현하려 할 때 자신의 이익을 뒤로하고 다른 사람의 이익을 추구하려 애쓸수록 단기적으로나 장기적으로나 자신에게 더 큰 이익이 돌아온다.

다른 사람들이 오직 '나'만 생각할 때 리더는 '우리'를 본다. '우리'라는 개념은 아주 가까운 사람이나 사랑하는 사람을 뛰어넘는다. '우리'는 더 큰 목표를 향한 의지에 불을 지피는 측면이 있다. 유투U2의 리드 싱어이자 사회 운동가인 보노Bono는 유명한 록스타이다. 하지만 그는 음악과 작품 속에 가난한 사람들을 위해 더 나은 세상을 만들자는 메시지를 담았다. 펩시코PepsiCo의 전前 CEO 인드라 누이는 '목적이 있는 성과performance with purpose'를 추구했다.[1] 누리도 물론 돈을 벌고자 했다. 그러나 건강한 식품을 세상에 내놓는 방식으로 이익을 추구하려 했다. 본인이 바라듯 이러한 자세가 결국은 모두에게 득이 되어 돌아갈 것이다.

토털 리더십 참가자 대다수는 자신의 이해관계자를 명확히 파악하고 이들과 대화를 나누면서, 리더가 다른 사람을 위해 행동할 때 성공을 거둔다는 사실을 더 확실하게 깨닫는다. 실험을 설계하고, 설계한 실험을 실행하면서 그 사실은 더욱 분명해진다. 모든 이해관계자의 동의를 얻은 것만으로 좋은 실험이 되지는 않는다. 그들을 둘러싼 세상을 더 좋아지게 만들고 그 변화를 통해 그 사람들의 삶이 정말로 더 나아져야 좋은 실험이라 할 수 있다. 다른 사람의 이익을 우선시하는 정도까지는 아니더라도 자신에게 중요한 일과 다른 사람이 중요하게 생각하는 일을 최소한 동등하게 바라보는 사람만이 진정한 리더십을 발휘할 수 있다. 이러한 자세로 임해야 성공 가능성도 커진다.

일주일에 하루는 집에서 일하는 실험을 한다고 가정해보자. 이때 상사가 자신에게 재택근무에 대한 실질적 책임과 재량권을 부여하며 적극 지지해준다면 이 실험이 성공할 확률이 얼마나 높아지겠는가? 제대로 설계된 실험이라면 자신에게 득이 되는 만큼 상사에게도 득이 되거나 상사가 오히려 더 큰 이득을 본다. 이런 결과가 현실이 되려면 이 실험이 자신에게는 물론이고 이해관계자들에게도 이득이 된다는 점을 스스로 믿어야 한다. 본인도 확신하지 못하면서 다른 사람을 설득하기는 어렵다.

빅터는 또 하나의 실험을 하면서, 새로운 일을 시도해보려 할 때마다 그의 발목을 잡았던 장애물에서 상당 부분 벗어날 수 있었다.

> 일반 프로젝트 관리 업무에서 타 부서와 공동으로 시스템 구축 작업을 진행하는 업무로 내 역할 범위를 확대하는 것이 목표였다. 우선 누구라도 이 시스템의 사업 방향부터 정해야 했다. 그 당시 나는 그동안 익숙한 일만 하던 '안전지대'에서 나와 새로운 도전을 통해 더 큰 성취감을 맛보고 싶었다. 그리고 이것이 내 삶의 다른 영역에도 긍정적인 영향을 미치리라 기대했다.
>
> 사람들이 납득하도록 그 이유를 설명해야 했고 상사와 동료, 기타 관계자와 수차례에 걸쳐 논의한 결과 결국 그들의 동의를 얻어내는 데 성공했다. 일단은 새로운 일을 맡게 됐다는 점을 공

식화했다. 그리고 결코 나 혼자 좋자고 이렇게 하는 것이 아니라는 점을 다시 한번 나에게 상기시켰다. 현재 하던 업무 중 일부를 팀원에게 위임하는 일부터 시작했다. 그리고 팀원들에게 우리 팀의 고객 서비스 목표를 달성하는 데 공헌할 기회를 더 많이 줄 수 있는 방법을 찾아냈다. 업무를 적절히 위임하니 팀원들의 사기가 전반적으로 올라갔고 참여 의식도 높아졌다.

나의 상사는 새로운 시스템에 대한 사업 방향을 누군가에게 정하게 하니 자신과 부하 직원에게 이득이 되고, 내가 이 업무에 전력을 다하니 모두가 만족스러운 상황이 됐다는 사실을 알게 되었다. 모두가 만족하는 결과가 나왔다. 내 실험은 결국 상사의 실험이자 동료 모두의 실험이 됐다.

언뜻 자기 혼자만을 위한 일처럼 보이더라도 다른 사람을 위한 일이라고 스스로 믿는다면 죄책감이 생기지 않는다. 내가 그린하우스와 함께 쓴 《일과 가족》에서 설명했듯이 엄마가 자기 자신에게 시간을 많이 쓸수록 아이는 정서적으로 더 건강해진다.[2] 그러니 죄책감을 느끼지 말고 온천에 다녀와도 된다. 그편이 아이에게 더 긍정적인 영향을 미치니 말이다. 다른 사람을 위한 일을 하려면 먼저 자신부터 돌볼 줄 알아야 한다. 실험을 할 때는 이러한 점과 앞서 적어봤던 진정한 자신의 모습이 계획에 반영되어 있어야 한다.

실험을 통해 자신의 리더십 비전에 더 가까워지기 위한 새로운 시도를 해 볼 기회를 얻을 수 있고, 삶의 모든 영역에서 수행 능력과 성과에 대한 만족도를 높일 수 있다. 실험에 성공하느냐 마느냐는 이 일이 모든 이해관계자에게 도움이 된다는 믿음을 바탕으로 사람들의 지지를 얻어낼 수 있는가에 달렸다. 당신은 지금 자신보다 더 고차원적인 목표를 실현하려 하고 있다.

때로는 정치도 필요하다

정치적 관점에서 일을 도모하는 것은 당신의 계획에 도움이 된다. 집단의 이익을 위해 행동하고 이 계획이 사람들에게 얼마나 이득이 되는지 보여주는 것이 좋다. 미국의 드와이트 아이젠하워Dwight Eisenhower 대통령이 남긴 유명한 말이 있다. "리더십이란 어떤 일을 해야 할 때 다른 사람에게 그 일을 하고 싶다는 마음이 들게 해서 결국 하게 만드는 능력이다." 공동(가족이나 공동체 혹은 사교 단체 등)의 이익을 고려해 행동하면 해당 집단이나 조직에 대한 영향력이 커진다. 그런데도 정치를 일종의 '조종'이라고 보는 사람이 많다. 그러나 조엘 델루카Joel DeLuca가 자신의 저서 《정치적 수완Political Savvy》에서 지적했듯이 정치적 수완이 좋은 사람들은 절대로 자신의 이익을 위해 남을 조종하는 기술을 쓰지 않는다. 이들은 다른 사람과 그들의 조직에 득이 될 일에 신경을 쓴다. 이 사람들은 정치적 장벽 앞에서 움츠러드는 법이 없으며 주변 사람들의 이익을 고려해 그 이익을 실현하는 방향으로 새로운 방법을 찾아 장벽을 넘어서려고 한다. 델루카가 말하는 이른바 '계몽된 이기심enlightened self-interest'은 4면 성취의 정신과 일맥상통하는 부분이 있다.[3)]

델루카는 정치에 대한 고루한 편견이 긍정적 변화를 일으키는 행동을 어떻게 가로막는지 설명한다. 다른 사람 눈에 자신의 이익만을 추구하는 사람으로 비칠까 봐 굳이 자기 생각을 관철하려 하지 않는 사람이 너무 많다. 이를 '도덕적 장벽moral block'이라고 한다. 다른 사람을 '조종'하는 것은 옳지 않다고 느끼는 것이다. 사람들을 자기편으로 끌어들이는 일이 얼마나 중요한지 깨닫지 못하는 바람에 리더가 될 기회를 놓치는 사람도 있다. 이것을 '이성적 장벽'이라고 한다. 정말 좋은 생각이 떠올랐을 때도 다른 사람들이 그렇게 생각하지 않으면 그냥 묻어버리고 마는 것이다. 리더가 되려면 이 두 가지 장벽을 극복해야 한다.

'조종'은 집단의 이익이 아니라 자신의 이익을 도모할 때나 어울리는 말이다. 그리고 자신의 이익과 다른 사람의 이익이 적절한 조화를 이루지 못하면, 자신의 이익을 추구하는 데 필요한 사람들의 지지를 결국 충분히 모으지 못한다.

빅터가 이 깨달음을 얻는 과정을 보여주었다.

> 실험을 실행하면서 수차례 저항을 경험했고 더 심하게는 사람들의 무관심에 당황하기도 했다. 그러다가 내가 하는 일이 나만이 아니라 다른 사람들(이해관계자)에게도 이로운 일이라는 점을 마음에 새기고 있으면, 사람들에게 내 계획을 자세히 설명해서 이해와 지지를 얻을 수 있다는 사실을 배웠다. 프로젝트를 공동으로 이끄는 동료와 내가 구축하고 있는 시스템에 관해 사람들에게 시간을 들여 설명하고, 이것이 그들에게 어떤 도움이 될지에 관

해 그들의 의견을 귀담아듣는 것만으로도 업무에 긍정적인 효과가 나타난다는 점이 매우 놀라웠다.

빅터는 자신의 목표에 대한 믿음을 가지고 누구를 위한 이익을 추구하는지 이야기하면서 자신의 계획을 숨김없이 밝혔다. 이러한 태도 덕분에 사람들의 신뢰를 얻을 수 있었고, 그의 생각에 동조하는 호의적인 반응도 나타났다. 빅터는 자신이 달성하려는 목표에 대해 이야기했을 뿐인데 이것이 진정한 변화를 끌어내는 도화선이 됐다. 자신이 리더라는 인식이 점점 강해졌기 때문이다. 델루카의 연구에서도 알 수 있듯이 정치적 감각이 있는 사람은 실수는 결코 실패가 아니라는 사실을 잘 안다. 진정한 실패는 영향을 주려는 노력 자체를 하지 않는 것이라고 생각한다. 실험이 실패하더라도 변화를 위해 시도했다는 것 자체만으로 가치 있는 일이다. 당신의 세상을 바꾸기 위해 행동할 때 다른 사람 눈에 당신이 달라 보이듯이, 당신도 스스로를 달리 보게 된다.

2장에서 적어봤던 당신이 꿈꾸는 리더의 모습을 생각해보라. 그러한 리더상을 추구하는 이유는 아마도 그 리더상에 가까운 사람이, 비록 아주 작은 시도일지라도 더 나은 세상을 만들기 위해 노력했고, 개인적으로도 정신적 이상 실현을 목표로 충실한 삶을 살려 했기 때문이 아닐까 한다. 진정한 리더라면 더 나은 방향으로 변화를 시도하고 다른 사람을 위해 일하는 데 관심을 기울여야 한다. 리더는 자신이 꿈꾸는 리더가 가질 만한 비전과 살고 싶어 할 세상의 모습에 맞춰 세상을 발전시켜야 한다. 자신이 존경한다는 리더가 조종을 일삼는 사람인가 아니면 집단의 이익을 위한 행동으로 사람들의 지지를 얻으며 영향력을 발휘하는 사람인가?

정치적 감각이 있는 사람에 대해 또 한 가지 생각해볼 점은 그들이 다른 사람의 공을 가로채지 않고 오히려 타인에게 공을 돌리려 한다는 것이다. 이들은 주변 사람들에게 그들의 능력을 마음껏 발휘할 기회를 주고 자신감을 갖도록 도와줌으로써 사람들과 성공을 공유한다. 같이 일한 모든 사람을 승리자로 만들어주는 것이다. 그렇게 다른 사람을 돕는 일에 팔을 걷어붙이는 사람이라는 평판을 얻으면 사람들은 그를 신뢰하고 기꺼이 돕고자 할 것이다. 지금 시도 중인 변화에 누군가 기여한 부분이 있다면 그 사실을 공개적으로 알려 공을 인정해주도록 하자.

Exercise

다른 사람의 이익을 위해 행동하라

이번 연습 과제는 실험을 진행하는 도중에 언제라도 해도 된다. 실험 결과에 대한 자신의 반응에 집중하는 것이 핵심이다.

지금 시도 중인 변화에 영향을 받을 사람들을 생각해보고, 이들에게 득이 되는 점에 대해 살펴봄으로써 당신의 성공 가능성을 높여보자. 그들에게 도움이 된다는 것이 당신에게 어떻게 다가오는가?

다음 사항을 생각해보고 코치 혹은 믿을 만한 조언자와 의논해보자.

- 먼저, 지금 시도하는 변화의 영향을 받는 개인이나 집단에게도 이익이 돌아가게 할 구체적인 방법을 찾아보자. 당신이 도움이 됐을 때 어떤 기분일지 한두 문장으로 적어보자.
- 자신이 하는 일에 자부심이 느껴진다면 그 이유를 조목조목 적어 목록을 만들고,

이런 감정을 더 많이 느끼려면 어떻게 해야 하는지 그 방법을 가능한 한 많이 생각해보자. 아무것도 떠오르지 않는다면 생각이 떠오르게 하기 위해 어떤 정보가 필요한지, 또 그런 정보를 어디에서 누구에게 얻어야 할지 생각해보자.

- 지금 하는 일에 대해 죄책감이나 두려움이 느껴진다면 그 이유가 무엇인지 적어보고, 그런 기분을 덜 느끼려면 어떻게 해야 하는지 생각해보자. 아무리 생각해도 별 소득이 없다면 생각이 떠오르게 하기 위해 어떤 정보가 필요한지, 또 그런 정보를 어디에서 누구에게 얻어야 할지 생각해보자.

지금 알고 있는 것을 바탕으로 당신이 의미 있는 변화를 끌어내는 리더라는 자부심을 가지려면 무엇을 해야 한다고 생각하는가?

호혜의 법칙을 활용하라

변화를 주도할 때는 작은 성공 접근법을 사용하고, 이 실험이 본인들의 실험이라고 생각하게 해 사람들을 동참시키는 것이 중요하다고 이야기했다. 하지만 앞으로 사는 동안 계속해서 4면 성취를 이뤄내려면 삶의 전 영역에서 당신을 지지해주는 대인 관계망(인맥)을 구축해야 한다.

그러려면 자신이 시도하는 실험을 통해 관계를 강화해야 한다. 이런 관계는 기본적으로 선순환 구조를 형성한다. 지금 다른 사람의 이익에 기여하면 나중에 그 사람의 지지를 받게 되고, 이러한 관계성이 계속 순환하면 새로운 시도를 촉진하는 상황이 될 수 있다.

다른 사람이 성공하도록 돕는 방법 중 한 가지는 대인 관계망을 구축하는 것이다. 호혜互惠의 법칙으로 설명할 수 있는 이런 관계의 특성을 호혜성이라고도 하는데, 이는 사회적 자본의 핵심 동력이자 그동안 살아오면서 구축한 자신의 대인 관계망에서 얻어낼 귀한 자산의 보고이기도 하다. 웨인 베이커는 《사회적 자본으로 성공하기》에서 사회적 자본을 이렇게 설명한다. "이 자산에는 정보, 새로운 생각, 본보기, 기회, 금융 자본, 권력, 정서적 지지, 호의, 신뢰, 협력 등이 포함된다."[4)]

성공하는 유능한 리더는 처음부터 목적을 가지고 이 관계망을 구축한다. 그리고 이를 통해 자신의 목표를 달성하고, 사명을 완수하며, 자신의 비전을 실현하고, 세상에 공헌한다. 거의 모든 토털 리더십 프로그램 참가자들이 이해관계자와 대화를 시도하고 다른 사람들을 자신의 실험에 참여시켰으며, 이를 통해 유대감이 더욱 강해져 대인 관계망이 공고해졌다고 말한다. 다른 사람의 이익까지 배려하는 자세였기에 가능한 일이었다. 이를 목표로 행동한다면 호혜의 법칙이 분명히 효과를 나타낼 것이다.

호혜성은 보편적인 개념이고 인간관계의 본질이며, 이 안에는 '받은 만큼 돌려주는' 성질이 내포해 있다. 즉각적인 보상을 기대하지 않으면서 다른 사람을 도와줄 때 바로 호혜성의 위력이 나타난다. 이 세상에 존재하는 거의 모든 종교가 받는 것보다 주는 것이 더 좋다고 말한다. 실제로도 줄 때보다 받을 때 더 불편하다는 사람이 많다. 강의 중에 사회적 자본에 관한 연습 과제를 풀어보았다. 이때 사람들에게 무언가 부탁하면 다들 직접적으로("이렇게 도와주면 될까?") 혹은 간접적으로("도와줄 만한 사람을 소개해줄게") 그 부탁을 들어준다.[5)] 거의 모든 사람이 부탁을 들어주는 상황에서는 괜찮은데 부탁하는 상황에서는 불편해한다. 이는 상대에게 뭔가를 주면 호혜의 법칙에 따라 상대방에게 자신도 뭔가를 기대할 수 있으니 주는 쪽이 좋다고 느껴서이기도 하지만, 주는 행동 그 자체로 기분이 좋아져서이기도 하다. 이런 행동을 통해 사람들과의 유대감이 생기고 소속감도 커진다.

돈독한 대인 관계망을 구축하는 가장 효과적인 방법은 다른 사람의 성공을 가로채기 위해서가 아니라 그들의 성공을 돕기 위해서 이런 행동을 하는 것임을 분명히 밝히는 것이다. 당대의 명연설로 꼽히는 존 에프 케네디John F. Kennedy의 연설에도 이와 같은 맥락으로 볼 수 있는 대목이 나온다. "국가가 나를 위해 무엇을 해주기를 바라지 말고, 내가 국가를 위해 무엇을 할 수 있는가를 생각하라." 실험을 통해 다른 사람을 도우면, 장기적으로 호혜의 법칙을 활용할 기회가 생긴다.

좁은 세상을 만들어라

우리 인간은 서로 잘 아는 사람, 비슷한 사람들로 구성된 이른바 폐쇄적 관계망을 형성하려는 경향이 있다. 사람들은 대체로 행동이나 외양이 비슷한 사람끼리 어울려야 편하게 느끼고, 그래서 다른 무리에 속한 사람들에게 배타성을 보이며 끼리끼리 모인다. 그러나 인적 관계망을 구축할 때는 개방적 접근법을 취해 서로 잘 모르는 사람이나 집단끼리 연결해주는 것이 가장 도움이 된다. 평소의 사교 범위를 넘어서야 하지만 이쪽이 훨씬 바람직하다. 연구 결과를 보면 교제의 범위를 넓혀야 인적 관계망을 활용해 사회적 자산에 접근할 기회도 많아진다. 몇 사람과 알고 지내야 하는지를 걱정하지 말고, 얼마나 다양한 유형의 사람들을 알고 있느냐에 초점을 맞추자. 그리고 자신을 속이지 마라. 당신에게 정말로 의미 있는 목표를 추구하는 사람들과 교제하라.

사회적 자본은 시간이 갈수록 쌓여가는 평생의 자산이다. 그러니 이러한 자산을 잘 불려가기 위한 '투자' 전략을 제대로 세워두는 것이 좋다. 우선은 사람들을 서로 연결할 방법을 찾아서 '더 좁은 세상("세상 참 좁다"고 할 때처럼 몇 다리 건너면 다 아는 사이라는 의미에서 좁은 세상이라고 번역함- 역주)'으로 만들어라. 사람들을 서로 연결해주면 여러모로 이점이 많다. 개방적 관계망이 폐쇄적 관계망보다 나은 이유가 바로 여기에 있다.

자신이 개방적 관계망의 중심부에 있을 때는 연구자들이 말하는 '구조적 구멍structural hole'을 메우는 역할을 할 수 있다. 예를 들어 당신은 존과 메리를 둘 다 아는데 존과 메리는 서로 모르는 사이라고 해보자. 두 사람을 연결해주면 서로 도움이 되겠다는 생각이 든다. 그래서 두 사람을 소개해주면 관계망의 구조적 구멍을 메우는 셈이 된다.

소개받은 존과 메리는 공동 작업을 하거나 새롭게 우정을 쌓기 시작할 것이다. 이러한 결과를 보면 기분이 어떨까? 아마도 관계망에 연결 고리를 추가했다는 뿌듯함에 기분이 아주 좋을 것이다. 그러나 이보다 더 중요한 부분은 두 사람이 어떻게 느끼느냐다. 이 사람들도 기분이 좋을 것이다. 서로 알게 해줘서 고맙다는 생각이 들 테고, 그것이 다 당신 덕분이라고 생각할 것이다. 당신은 서로 몰랐던 두 사람이 앞으로 잘 지내면 좋겠다 싶은 마음에 두 사람을 잇는 다리가 되어 구조적 구멍을 메운 것이다. 당신의 관계망 속에 숨어 있던 기회를 찾아내 활용한 셈이고 다른 사람에게 도움이 되려고 이렇게 애를 썼으니, 이제 호혜의 법칙에 따라 당신에게도 같은 기회가 찾아

올 것이다.

물론 특정 영역에 있는 사람끼리만 연결해야 할 이유는 없다. 각기 다른 영역에 속한 사람들끼리도 얼마든지 연결이 가능하며 그럴 기회도 차고 넘칠 정도로 많다. 사실 토털 리더십 프로그램의 여러 장점 가운데 하나는 참가자 모두가 삶의 각 영역이 조화를 이루며 긍정적인 영향을 주고받는 부분에 특히 초점을 맞추고 있기 때문에, 서로 다른 영역에 속하는 사람들을 연결해줄 기회가 아주 많다는 사실이다.

Exercise

인적 관계망에서 빠진 조각 찾기

튼튼한 관계망을 구축해 더 나은 리더가 되고 더 풍요로운 삶을 영위하는 데 필요한 전폭적인 지지나 도움을 얻고 싶다면, 먼저 자신이 누구에게 그리고 어떤 집단에게 의지하는지 확인해보자.

가장 가깝고 친밀한 사람들인 핵심 이해관계자들이 누구인지는 이미 확인했을 것이다. 인적 관계망의 현재 상태를 점검하고 더 개선해야 할 부분이 어디인지 알고 싶다면 아래 질문에 답해보고 그 내용을 기록하자.

- 어떤 관계를 더 강화해야 하고, 어떤 관계에 시간과 에너지를 덜 투자해야 하는가?
- 특별히 도움이 되는 관계가 있는가?
- 성장에 도움이 되는 능력 및 기술을 개발하는 데 도움이 될 사람은 누구인가?
- 정치적인 문제나 개인적인 일에 대해 가치 있는 조언을 해줄 사람은 누구인가?
- 나에게 의미 있는 문제와 관련해 사람들에게 영향력을 발휘하는 사람은 누구인가?

신뢰 시장

당신을 믿어주는 사람이 없으면 다른 사람들과 함께 혹은 다른 사람들을 이끌고 성공적으로 일을 완수해내는 리더가 되기 어렵다. 다른 사람들을 위해 일하는 사람이라는 인상을 줄수록 사람들의 신뢰를 더 많이 받을 수 있다. 또한 당신이 직접 아는 사람의 아는 사람, 즉 당신을 간접적으로 아는 사람에게도 당신이 믿을 만한 사람이라는 소문이 퍼질 것이다. 이런 과정을 통해 당신에 대한 좋은 평판이 널리 퍼져나간다.

사회적 자본을 축적한다는 것은 신뢰를 주고받는 '시장'에서 자신의 가치를 높이는 것과 같다. 다시 말해 사람들 사이에서 당신이 다른 사람의 이익을 위해 노력하는 사람이기 때문에 신뢰할 만하다는 믿음이 커질수록 당신에 대한 평판이 점점 좋아진다. 성공에 대한 공을 가로채지 않고 다른 사람에게 먼저 공을 돌리며 성공의 성과를 공유하는 모습에 사람들은 기분이 좋아지고, 앞으로 당신을 더 지지하겠다는 마음이 생긴다. 다른 사람들을 위한 가치를 창출하고 서로 연결해주려 애쓴다면 그만큼 신뢰할 만한 사람이라는 평판을 얻게 된다.

다른 사람을 도와 신뢰를 쌓는 방법 가운데 하나가 부하 직원에게 업무를 맡겨 그 사람의 성장을 돕는 것이다. 같이 일하는 사람들이 제나에게 반드시 본인이 해야 하는 일도 아닌데 다른 사람에게 위임하지 않고 굳이 직접 그 일을 하면서 시간을 낭비하는 이유가 뭐냐고 노골적으로 불만을 토로했던 상황을 상기해보라. 이러한 불만을 접한 제나는 팀원들에게 자율권을 더 많이 부여해보는 실험이 필요하다는 생각이 들었다. 그렇게 하면 자신은 전략적인 업무에 더 집중할 수 있고, 자신에 대한 팀원들의 신뢰가 높아질 것이었다. 이와 비슷한 맥락에서 이스마일은 주변 사람들을 더 신뢰하려 노력하는 것 또한 추구할 가치가 있는 목표라는 생각이 들었다. 그래서 사내 의사결정 구조를 바꿔서 예전에는 자신의 결정을 따르는 입장이었던 사람들에게 결정 권한을 일임했다. 그 결과 이스마일의 회사는 더 강한 신뢰와 결속력을 보이는 조직이 됐고, 자신은 다른 중요한 일에 집중할 시간을 얻을 수 있었다.

더 많은 사람을 위한 변화

훌륭한 리더들의 공통점 가운데 하나가 자신의 신념에 따라 일하고 그 일에 대한 열정을 보여줌으로써 다른 사람도 그처럼 열정적으로 일하고픈 마음이 들게 한다는 것이다. 이들은 자신이 하는 일을 좋아하고 또 자신이 좋아하는 일을 한다. 사람들은 그들의 성공뿐 아니라 열정까지 공유하고 싶어 한다. 이러한 열정은 어디에서 오고, 어떻게 그것을 자신의 것으로 만들 수 있을까? 이 열정은 완전성에서 나온다. 개인의 이익을 넘어 공공의 이익에 기여하고, 인적 관계망을 공고히 하며, 더 가치 있는 일을 함께한다는 자긍심과 결속감을 높이려는 욕구가 바로 그것이다.

사실 목적의식이 없는 사람이 진정한 리더가 되기는 어렵다. 공공의 이익을 위한 리더의 열정과 노력은 다른 사람에게 긍정적인 자극으로 작용한다. 또한 이것은 리더 본인에게는 과감히 시도해보고 장애물에 부딪혔을 때도 계속 밀고 나갈 수 있는 용기를 준다. 진정성을 추구하고, 자신의 가치관에 따라 행동하고, 다른 사람을 존중하며 이들을 위해 일하고, 주변 사람에게 득이 되는 변화를 창의적으로 끌어내는 모습을 보일 때 이해관계자와 의미 있는 관계를 맺을 가능성이 커지며 이것이 바로 훌륭한 리더의 본질적 특성이기도 하다.

자신이 일상적으로 하는 행동이 가장 가까운 사람들을 넘어 다른 이해관계자에게 미치는 영향을 더 진지하게 생각하는 것만으로도 더 나은 세상을 만들 수 있다. 그렇게 할 수 있는 간단한 방법이 셀 수 없이 많다. 실험 계획을 짤 때 공동체 영역에 좀 더 신경을 써야 한다. 당신이 행하는 실험이 공동체에 아주 간접적으로 긍정적인 영향을 미치더라도, 그 간접적인 영향이 공동체로 하여금 당신을 리더로 인식하게 하는 데 아주 중요한 역할을 할지도 모른다.

공동체 영역을 예로 들어 자세히 살펴보자. 당신은 자신이 하는 일이 더 나은 세상을 만드는 데 얼마나 도움이 될지 혹은 어떻게 하면 도움이 될지 한번 생각해보는 것 외에 별다른 행동을 하지 않을지도 모른다. 하지만 이는 단순히 생각 이상의 의미가 있을 수 있다. 당신은 당신 회사의 사회적 책임에 대해 더 진지하게 고려해볼 수도 있다. 조금 더 작은 규모로 생각해보자면 부모로서 해야 할 역할에 대해 고민해볼 수도 있다. 어떻게 하면 공공의 이익에 기여함으로써 경제적 이익을 창출하는 동시에 아이 양육에 더 신경 쓸 수 있을까?

실험을 진행해나가면서 가족, 직장, 공동체 수준을 넘어 더 넓은 세상에서 당신이 어떤 역할을 하는지도 생각해보자. 물론 공동체나 삶의 다른 영역을 어떤 특정한 방식으로 이해하거나 그 속에서 특정한 가치관을 선택할 필요는 없다. 공동체에 투자한다는 것은 지역 위원회 참가, 이웃과 친구 돌보기, 환경 운동, 종교 및 정치 단체 참여, 자선 단체에 기부하기 등 다양한 형태가 될 수 있다. 돈벌이를 위한 일이라 해도 그 일이 사회에 미치는 영향을 따져보는 것도 공동체를 위한 것일 수 있다. 실험을 진행하면서 공동체에 관심을 더 많이 기울일수록 목적의식이 높아지고, 실험을 끝까지 해내겠다는 의지가 강해질 것이다.

Exercise

인적 관계망 넓히기

실험을 통해 인적 관계망을 확충하고 필요한 지지를 얻을 수 있다. 이것은 실험을 계속해나가겠다는 의지를 강화해줄 것이다. 아래 질문을 잘 살펴보고 답변을 간략하게 적어보자.

- 실험에 성공했을 때 그 공을 다른 사람과 어떻게 공유할 것인가?
- 실험을 통해 교제 범위가 확대될 기회가 있는가?
- 어떻게 하면 각기 다른 삶의 영역에 속한 사람들을 연결해 상호 이익을 도모하게 할 수 있을까?
- 어떻게 하면 실험으로 구조적 구멍을 메워 세상을 더 좁힐 수 있을까?
- 어떻게 하면 실험을 통해 직장, 가족, 친구라는 가까운 관계망을 넘어 좀 더 넓은 범위에서 의미 있는 일에 참여하며 더 확고한 연대감을 느낄 기회를 얻을 수 있을까?

변화의 동력

토털 리더십 실험을 하다 보면 사람들이 공통으로 마주치는 변화의 걸림돌이 존재한다. 두려움, 죄책감, 무지가 그것이다. 이런 장애물에 부딪힐 때는 어떻게 해야 할까? 실험에 참여하거나 실험 결과의 영향을 받을 모든 사람이 스스로 승리자라는 기분을 느끼도록, 필요할 때마다 적절한 수정과 조정을 통해 사람들의 지지를 얻고, 이를 계속해서 혁신을 추구할 추진력으로 삼아야 한다. 이해관계자를 자신의 실험에 참여시키고 삶의 전 영역에서 성과와 만족도를 높이는 일을 계속 추진해나간다. 먼저 자신의 가치관에 가장 부합하게 행동하는 방법을 생각해보고(안에서 밖을 내다보기) 다음으로는 다른 사람의 성공을 도와 신뢰와 지지를 얻는 방법을 생각했기(밖에서 안을 들여다보기) 때문에 성공했다는 점을 깨달아야 한다.

사람들은 각자 자신에게 맞는 방식으로 삶의 각 영역이 조화를 이룬다고 느끼고 싶어 한다. 그리고 가장 가까운 관계망을 넘어 좀 더 넓은 세상에서 공공의 이익에 기여하며, 공익적 관점에서 세상 사람들과의 연대감을 느끼고 싶어 한다. 당신은 이해관계자에 대한 분석을 통해 삶의 각 영역에 속한 사람들과 그 사람들의 이익이 마치 거대한 사회의 축소판처럼 서로 얽혀 있다는 사실을 알게 되었을 것이다. 공동체 전체를 하나의 이해관계자로 보고 모든 이해관계자 간의 관계를 분석하다 보면, 세상의 일부만 보던 시야가 더 넓은 세계로 향하며 자연스럽게 세상을 바라보는 인식에 대전환이 일어난다. 당신과 가까운 사람들이 간접적으로 다른 사람들과 연결되어 인적 관계망이 계속 넓어지는 것도 얼마든지 가능하다. 이러한 사실들을 머릿속에 담아두고 곱씹을수록 실험을 진행하며 맞닥뜨릴 온갖 장애물에 굴하지 않고 더 강하게 결의를 다져나갈 힘이 생긴다.

새로운 일을 시도할 때는 다른 사람들이 무엇을 중요시하는지 알아야 한다. 그래야 거기에 맞춰 자신의 행동을 조정할 수 있다. 또 그 사람들이 누구를 신뢰하는지도 알아야 한다. 그래야 자신이 영향력을 행사하려 할 때 누가 누구의 말에 귀 기울이는지 알 수 있다. 이런 정보가 있으면 서로 신뢰하는 사람들을 통해 변화에 대한 생각을 전파하면서 저항을 줄여 변화를 더 빠르게 만들어낼 수 있다.

다른 사람의 성공을 도우려는 사람이라는 평판을 얻고, 믿을 만한 사람이라는 인상을 주면 사회적 자본에서 얻을 수 있는 가장 중요한 이점을 최대한 활용할 수 있다. 누가 누구를 신뢰하는지 알게 되는 것이다. 이렇게 되면 성공할 가능성이 더 커지고, 당신이 꿈꾸는 변화에 대해 사람들의 지지를 얻을 수 있는 가장 확실하고 효과적인 방법을 찾는 데도 도움이 된다.

8장

뒤돌아볼 줄 알아야 나아갈 수 있다

Total Leadership

● ● ● ●

실험의 실행은 토털 리더십의 종착역이 아니다. 이는 그야말로 시작에 불과하다. 더 나은 리더가 되고 더 풍요로운 삶을 살아가려는 노력은 평생을 두고 끊임없이 정진해야 하는 과업이다. 진정성, 완전성, 창의성을 갖추려는 노력을 계속하는 한 삶의 다양한 영역에서 더 나은 성과를 올리고 만족감을 느끼면서 마침내 4면 성취를 이뤄낼 가능성이 커진다.

더 나은 리더가 되려면 끊임없는 자기 성찰도 필요하다. 성찰을 통해 자신의 경험을 제대로 이해하고, 여기서 얻은 통찰력을 자신의 영향력을 키우는 데 활용할 방법을 찾아야 한다. 그리고 이런 상태를 유지하려면 자신이 배운 사실을 다른 사람에게 알려주는 (그런 다음 자신이 여전히 배우고 싶은 것도 가르치려 시도해보는) 것도 좋은 방법이다. 행동을 통해 리더십을 배우는 것을 '행동 학습action learning'이라고 하는데 지금까지 당신이 이 책의 지시에 따라 해왔던 작업도 여기에 해당한다. 이 행동 학습은 무엇이 효과가 있었고 무엇이 없었는지 따져보고, 앞으로는 달리 어떻게 해볼 수 있을지 꼼꼼히 점검해 보아야 효과가 있다. 지난 일을 되짚어 보는 것은 당신이 지금까지 많은 시간을 투자한 학습과 성과 개선 과정의 필수 단계다. 지난 일을 돌이켜보는 작업을 소홀히 하면 배운 사실을 확실하게 내 것으로 만들기 어렵다. 과거 경험에서 무언가를 배웠다 해도 이를 곱씹어 체화하지 않으면 바로 잊히고 만다.

낙천적인 성격의 림은 과거를 돌이켜보며 자신이 모험처럼 실행했던 각 실험을 살펴봤다. 그리고 자신이 행하는 일에 강한 신념을 갖는 것이 얼마나 중요한지 깨달았다.

> 이제는 자신의 실험을 신뢰해야 한다는 것을 잘 알겠다. 나는 내 실험을 신뢰한다. 내 삶과 가치관이 담겨 있기 때문이다. 성공하려면 최선을 다하는 수밖에 없다. 다른 사람과 이야기할 때 이러한 결의와 열정을 전달하려고 하는데, 사람들은 나의 그런 행동에서 함께 열정을 느낀다. 혁신을 추구하는 행동에서 진정한 열정이 드러나면 어려운 시기에도 추진력을 잃지 않는 데 도움이 된다.

자신이 하는 일에 열정을 가지면 다른 사람도 그것을 느끼고 동화되는 경향이 있다. 새로운 일을 추진할 때는 늘 난관이 있게 마련이다. 그렇더라도 자신이 하는 일에 열정적으로 임하면 이러한 난관을 어떻게든 헤쳐나가겠다는 의지와 힘이 생긴다. 림은 자신이 했던 실험을 돌이켜보고 거기서 알게 된 리더십의 진정한 의미를 통해 이 사실을 더 분명하게 깨달았다.

이번 마지막 장에서는 이 책을 읽으며 알게 된 사실이 무엇인지 그리고 그것이 앞으로의 삶에 어떠한 의미가 있을지 살펴본다. 구체적으로는 평가표를 중심으로 실험 결과를 검토해보고 처음에 목표로 했던 4면 성취를 어느 정도 이루었는지 확인한다. 그리고 이 부분이 더 중요한데, 실험을 통해 자기 자신과 이해관계자에 대해, 그리고 더 풍요롭게 살아가는 리더가 되는 방법에 대해 무엇을 배웠는지 명확히 한다. 이번 마지막 장에서 당신은 자신의 리더십 비전에 대해 더 많은 지지를 얻기 위해 준비하고, 그동안 배운 것을 다른 사람에게 알려주는 한 방법으로서 당신의 리더십 이야기를 들려줄 준비를 할 것이다.

실험을 점검하고 돌아보기에 가장 적합한 시점은 실험을 시작하고 나서 6주에서 8주 정도 지났을 때다. 지금까지 당신은 실험을 설계해 실행했다. 변화를 향한 새로운 길로 이미 들어선 상태라고 봐도 좋다. 동료나 친구를 코치로 삼거나 토털 리더십 사이트www.totalleadership.org를 통해 다른 사람과 함께 이 여정을 시작한 사람도 있을지 모르겠다. 어쨌거나 이제 지금까지 한 일을 새로운 관점에서 들여다보자.

진행 과정을 평가하는 것 자체가 또다시 나아갈 추진력이 된다. 이 단계에서 제시하는 질문에 답하기가 좀 괴로울지도 모르겠다. 그러나 무엇을 얼마나 성취했는지, 자신은 진짜 어떤 사람인지, 삶의 모든 영역에서 어떤 리더가 되고 싶은지에 관해 새로운 사실을 알게 되고 앞으로 더 나아갈 새로운 힘을 얻는다는 점에서 충분히 가치 있는 작업이라고 확신한다.

이제 순서를 반대로 해서 실험 결과부터 살펴보자. 그런 다음 이해관계자의 기대 충족 수준에 얼마나 변화가 생겼는지 분석하고, 삶의 영역별 만족도와 영역 간의 조화 수준이 어느 정도인지 살펴본다. 마지막으로 이 책을 시작할 때 정했던 목표(기준치)에 어느 정도 근접했는지 평가한다. 지금까지 알게 된 중요한 사실을 정리해본 다음 4면 성취를 체계적으로 추구하는 과정을 통해 당신이 더 진정성 있게, 더 온전하게, 더 창의적으로 행동하는 리더로 어떻게 성장해왔는지 살펴보고, 앞으로 리더로서 계속 성장하기 위한 계획을 세워보자.

돌아보기 1: 목표와 평가 지표

처음에 실험을 설계할 때 삶의 영역별로 추구하는 목표를 정했고, 각자의 상황에 맞게 결과 지표와 행동 지표도 마련했다. 알다시피 행동 지표로는 행동의 변화 추이를 확인할 수 있고(예: 특정한 행동을 한 횟수), 결과 지표는 목표를 달성했는지 확인하는 증거가 된다.

이스마일은 세 가지 실험을 실행했다. 첫 번째는 회사와 회사 내에서의 자신의 역할에 변화를 주는 실험이었다. 이스마일은 이렇게 말했다. "내 삶의 다른 부분에도 더 신경을 쓰고 내가 중요하게 생각하는 사람들과 더욱 돈독한 관계를 맺을 필요가 있다는 사실을 깨달았어요. 이 실험을 통해 이 부분을 충족시킬 수 있으리라 생각했죠. 이것을 가능하게 하려면 정신적 에너지와 시간이 필요했습니다." 이 첫 번째 실험으로 삶의 각 영역 간에 더 명확한 경계가 생겼고 덕분에 이스마일은 각 영역에 더욱 집중할 수 있었다.

두 번째 실험은 금요일마다 정해진 시간에 아이들과 함께 시간을 보내는 것이었다. 그래서 금요일이 되면 학교에서 아이들을 데려오고 오후와 저녁 시간을 아이들과 함께하기로 했다. 이 계획을 실행하려면 동료 세 명과 부하 직원 모두의 동의가 필요했다. 그래서 이들에게 사정 이야기를 하고 동의를 얻었다. 덕분에 지금은 아이들과의 관계가 많이 좋아졌다는 느낌이 들었고 이것이 삶의 다른 영역에도 긍정적인 영향을 미쳤다. 이러한 사실은 네 개의 원 그림에 그대로 반영돼 가족 영역과 다른 영역이 전보다 많이 겹치는 것을 확인할 수 있었다.

세 번째는 스마트폰을 활용해 회사 임원들이 사무실에 나오지 않고도 고객 불만 사항을 해결하고 의사결정을 할 수 있게 하는 실험이었다. 덕분에 시간을 더 효율적으로 활용하게 되면서 생산성이 증가했고 대면 소통의 필요성도 줄어들었다. 또 전략적인 사안을 논의하고 의사결정을 해야 할 때 꼭 노트북을 사용하지 않아도 됐다. 이스마일은 이렇게 말했다. "꼭 가야 할 곳에만 가도 됐고, 시간과 장소의 구애를 받지 않으며 필요할 때 언제든 일 처리를 할 수 있었습니다."

이스마일은 실험 결과를 수치화하기 위해 체계적으로 자료를 수집했다. 구글 캘린더를 사용해 일정에 따른 각 활동에 점수를 부여했다. 이스마일은 이렇게 말했다. "금요일 저녁이 중요해졌습니다. 자료 대부분을 금요일에 모아 기록해야 했기 때문이죠." 또 점수 기록 도구로 사용하기 위해 스프레드시트도 만들어서 주요 영역으로 정한 부분의 활동 상황을 꾸준히 기록했다.

자료를 수집하고 추이를 확인하는 방법은 여러 가지가 있다. 정해진 것은 없으므로 자신에게 가장 적합한 방법을 쓰면 된다. 이스마일은 결과 지표를 기록할 평가표를 만들었다. 각 영역을 둘로 나눠 두 가지 평가 항목을 두었으며 세로로 1열을 두어 평가 점수를 기록하기로 했다. 이 평가 열을 여섯 개 더 만들어 매주(총 6주) 점수(1~10점)를 써넣는 식이었다. 그리고 마지막 열에는 각 평가 항목별로 처음 평가 수치와 비교해 얼마나 변화했는지 백분율로 표시했다. 이를 통해 실험을 시작할 때를 기준선으로 해서 6주가 지난 후에는 어느 정도 진전이 있었는지 알 수 있었다. 이스마일은 비슷한 방법으로 실험이 진행되는 동안 행동 평가 지표도 기록했다.

록산은 이스마일과는 다른 방법을 사용했다.

> 첫 번째 실험에서는 스트레스 수준을 낮춰 즉각 처리해야 하는 일에 집중하기, 주의가 분산되지 않게 해 일에 대한 몰입도 높이기, 아이들과 가까워지고 아이들의 삶에 더 관심을 기울이기 등 몇 가지 목표에 따라 평가 지표를 배치했다. 처음 두 가지 목표에 대해 평가할 때는 객관적이고 독립적인 평가 지표 대신에 '주관적 느낌' 위주로 자료를 수집했다. 스트레스 수준은 1~10점으로 평가했고, 스트레스가 가장 많은 때는 대개 주중이므로 매일 일과가 끝날 때 평가해서 점수를 기록했다. 그리고 주중에 특히 주의가 산만했던 횟수를 기록했고, 아이들에게 나와 함께 놀았을 때 얼마나 즐거웠는지 물어본 후 대답을 기록했다. 또 아이들과 함께 시간을 보내면서 아이들에 대해 새로 알게 된 사실이 몇 개나 되는지도 적었다.

또 다른 사례를 살펴보자. 대규모 제조사에서 설비 운영을 담당하는 샐리 가르시아는 신기술을 일상 업무에 적용해 직원들의 설비 관리 역량을 높이고자 실험을 설계했다. 이 실험으로 하위 부서의 업무 상태를 파악하는 시간이 주당 12시간에서 1시간으로 감소했다. 그리고 전에는 자료 처리 시스템과 관련해 고된 노동을 해야 했는데, 실험 덕분에 이 부분이 상당히 줄어들었다. 또 공장 내·외부 컴퓨터를 통해 실시간으로 자료 확인이 가능해서 관리자가 더 정확하고 효율적으로 결정을 할 수 있었다.

또 샐리는 독특한 금융 지표도 마련해 성과를 측정했는데, 결국 실험 기간에 목표치를 달성하는 성과를 냈다. 비용 절감액 약 12만 5,000달러, 비용 회피 최대 2만 5,000달러, 그리고 금액으로 환산한 생산성 향상 목표치 2만 5,000달러가 그 목표였다. 부서원들이 품질 및 유지보수 문제에 더 빨리 대응할 수 있었기 때문에 고객 불만도 상당히 줄어들었다. 더불어 관리자는 모든 업무에 일일이 신경 쓰지 않아도 됐기 때문에 새로운 업무 개선 작업에 집중할 수 있었다. 이러한 성과는 공장 근로자에게도 긍정적인 영향을 미쳐 이들의 삶에 변화를 일으켰다. 샐리는 이렇게 말했다. "우리는 소프트볼팀 감독, 보이스카우트 활동, 지적 장애인 올림픽 자원봉사, 청소년 당뇨병협회 기금 모금 활동 등 각자 중요하게 생각하는 일에 시간과 정신적 에너지를 집중할 여력이 생겼습니다. 부서 사람들은 업무 외에 각자 좋아하는 활동을 통해 의미 있는 일을 하며 충만함과 성취감을 느끼는 듯했고, 이 긍정적인 기운이 일상 업무에도 그대로 반영되는 모습을 볼 수 있었어요. 그러니 당연히 우리 모두 일을 더 효율적으로 잘 해내겠다는 결의와 의욕이 강해질 수밖에 없었습니다."

나름대로 성공적이었던 위 세 가지 사례에서는 각기 다른 방식으로 실험 과정을 기록했다. 이처럼 기록이나 평가 방식은 매우 다양하다. 위 사례와 달리 처음의 목표를 달성하는 데 실패했음을 나타내는 평가 지표도 물론 있다. 혁신에는 위험이 따른다. 당연히 변화를 추구하는 과정에는 위험 요소가 잠재해 있다. 그러나 토털 리더십 프로그램의 장점은 특정한 목표를 달성하는 데 있지 않고 실험을 한다는 사실 그 자체에 있다는 것을 명심하자. 우리가 실패라고 말할 수 있는 상황은 무언가를 시도하지 않았을 때뿐이다. 변화를 시도하고 비록 실패하더라도 그 경험에서 교훈을 얻어 다시 앞으로 나아갈 힘을 얻는다면 절대 실패한 것이 아니다. 아래 안드레의 예가 이 사실을 잘 보여주고 있다. 안드레는 연락처 관리 시스템을 체계적으로 확장·개선하는 실험을 했는데 결과가 한결같지는 않았다. 그는 성공한 부분과 실패한 부분이 섞인 성적표를 받아들고 이러한 실험 결과에서 교훈을 얻었다고 말했다.

> 우선 내가 이 실험에 충분히 몰입하지 않았다는 점을 깨달았다. 한 마디로 동기 부여가 제대로 돼 있지 않았다. 내 연락처 목록을 늘리는 것과 다른 사람에게 도움이 되는 일을 하는 것이 무슨 상관이 있나 싶었다. 개선을 위한 변화와 혁신은 항상 내가 아닌 주변 사람들의 이익과 결부돼 있어야 한다는 생각이 강했던 모양이다. 다른 실험에서는 성공한 부분이었으니까 말이다. 이번 실험에는 특별히 다른 사람이 관련되지 않았기 때문에 이 일이 내 우선순위에서 밀려났다고 볼 수 있다. 내 실험의 성패를 가르는 본

질적 차이는 바로 동기 부여 수준이었다. 동기 부여가 충분히 돼 있을 때 실험이 성공했다. 그리고 다른 사람을 행복하게 해주는 일이나 다른 사람을 위한 일을 할 때 동기가 확실히 부여됐다.

자신이 정한 평가 지표는 실험의 성공을 가리킬 수도 있고 실패를 가리킬 수도 있다. 안드레의 지표는 두 가지 모두를 가리켰다. 대다수의 실험처럼, 안드레의 실험 중에는 처음에 목표로 했던 4면 성취를 달성하지 못한 것도 있었으나 그는 이러한 결과를 중요한 리더십 교훈을 얻는 기회로 삼았다.

Exercise

평가표 점검

6장에서 작성한 평가표를 다시 살펴보자. 자신에게 가장 편한 방식으로 결과 지표와 행동 지표에서 얻은 모든 자료에 대해 설명해보자.

각 영역의 관계에 변화가 있거나 어떤 영역에서든 성과에 변화가 생겼다면, 그 부분에 주목하자. 새로운 사실이나 예상치 못한 상황 때문에 처음에 정한 목표, 평가 지표, 실험 기간에 어떠한 변화가 생겼는지, 그 변화의 원인은 무엇인지 설명해보자.

돌아보기 2: 이해관계자의 기대

이제 이해관계자와의 현재 관계로 눈을 돌려보자. 앞서 우리는 이해관계자가 당신에게 무엇을 기대하는지, 또 당신은 이해관계자에게 무엇을 기대하는지 생각해보고 이에 관해 분석했다. 이제 이 부분을 재평가해볼 차례다. 4장에서 서로에 대한 기대를 정리한 표를 만들었고, 1~10점으로 자신과 이해관계자가 각 기대 사항을 얼마나 충족시키는지 평가했다. 이제 다시 점수를 매긴다면 몇 점을 주겠는가?

토털 리더십 과정 참가자 대부분이 자신의 가치관 및 비전을 이해관계자와 공유하고, 실험에 대한 지지를 얻는다. 참가자들은 창의적으로 사람들의 이익을 대변하면서 진정성과 완전성, 창의성을 추구하는 삶을 살아간다면 서로의 기대를 충족시킬 수 있고, 더 나아가 기대를 훨씬 넘어서는 수준의 이득을 본다는 사실을 알게 된다. 참가자가 리더십 과정을 시작할 때 일 영역에서 핵심 이해관계자의 기대를 얼마나 충족시켰는지를 점수로 나타내면 평균적으로 10점 만점에 7.2점이었다. 그러다 약 3개월 후 과정이 끝날 때는 10점 만점에 7.8점으로, 점수가 약 9% 상승했다. 가장 큰 상승 폭을 보인 자신 영역과 가족 영역에서는 점수가 각각 25%, 15% 상승했다. 공동체 영역에서도 12%나 상승했다. 삶의 모든 영역에서 성과가 개선됐다. 즉, 4면 성취가 이뤄진 셈이다.

록산은 과거와 현재의 이해관계자의 성과 점수를 비교한 표를 만들었다. 그 결과 거의 모든 이해관계자와의 관계에 변화가 있는 것으로 나타났다.

> 처음 이 부분의 점수를 매길 때 특히 가정 영역에 속한 사람들이 내게 기대하는 것에 대해 잘못 생각한 부분이 있었다. 나는 너무 일에만 몰두하는 바람에 나 자신과 가정에 소홀했다는 느낌을 계속 안고 살았다. 하지만 이해관계자와 이야기를 나눠보고 그동

안 몰랐던 여러 가지 사실을 알게 되었다. 우선 내 기대 수준이 너무 비현실적이었다. 그리고 일 영역에서 나 자신을 너무 혹독하게 채찍질하고 있었다. 게다가 아이들이 내게 무엇을 얼마나 바라는지에 대해 잘못 생각하고 있었다. 그런데 실험을 통해 이해관계자의 기대를 명확하게 알았고 그 결과 마음이 한결 가벼워졌다. 이 실험은 사람들의 기대를 충족시킬 수 있는 방법을 선택하는 데 큰 도움이 됐다.

리더가 삶의 네 영역 모두에서 성과를 개선하고 더 풍요로운 삶이 되도록 변화를 추구하는 일이야말로 토털 리더십 프로그램이 추구하는 목표와 일치한다. 한 영역의 성과를 개선하는 것이 다른 영역의 성과 향상에 직간접적으로 어떤 영향을 미치는지 분석하는 것이 중요하다. 샌프란시스코에 소재한 제약 회사의 마케팅 담당 이사 케리의 사례는 이런 현상에 초점을 맞추면 삶의 모든 영역이 긍정적 상호 작용을 하면서 예상치 못한 시너지 효과가 나타날 수 있다는 사실을 보여준다.

내가 시도한 여러 실험 중에는 자원봉사 활동을 통해 직접적으로는 나 자신과 공동체 영역에서 성과와 만족도를 높이는 동시에, 간접적으로는 다른 영역에서도 개선 효과를 보려 한 실험이 있었다. 사실 이 실험이 나의 일 영역에 어떠한 영향을 미칠지에 대해서 어느 정도 생각해둔 것은 있었지만, 구체적으로 어떤 효과가 얼마나 나타날지까지는 정확히 예상할 수 없었다. 나는 유방암에 대한 경각심 고취와 연구 기금 모금을 위해 만들어진 '유방암 기금 마련 달리기 대회Race for the Cure'의 지부를 세우는 일을 돕기로 했다. 이 일을 하면서 평소 관심이 있었던 공익 활동에 참여한다는 사실에 뿌듯했고 공동체 의식도 충만해졌다.

그런데 여기에 더해 생각지도 못한 보너스까지 따라왔다. 이 실험이 일 영역에 직접적인 도움이 된 것이다. 상사의 부인에게 이 모임에 한번 와보라고 권했는데 얼마 안 가 우리 두 사람이 이 모임에서 가장 열성적인 활동가가 되었다. 그러자 상사가 아주 좋아했다. 아내가 외부 활동을 하는 동안 상사는 아들과 함께할 시간이 생겼고, 아내는 아내대로 의미 있는 사회 활동을 하며 훨씬 행복해졌다. 상사는 내게 고마워했고 그래서인지 전보다 한결 친해진 느낌이었다. 나는 그저 내 삶의 다른 영역에서 추구했던 목표를 달성한 것뿐이었는데 이런 긍정적인 효과가 나타났다. 여러 사람의 삶이 다양한 영역에서 함께 풍요로워진 셈이었다.

이해관계자의 기대에 대한 분석을 창의적으로 활용해 다양한 측면에서 긍정적인 효과를 낸 사례는 이것 외에도 아주 많다. 삶의 각 영역들 간의 관계를 현실적이고 새로운 관점에서 바라보기를 바란다. 이제 당신도 일 영역과 나머지 영역은 한쪽이 이득을 보면 다른 쪽은 손해를 보는 이른바 제로섬 관계가 아니라 상호 이익이 될 기회로 가득한 관계라는 사실을 알고 있으리라 믿는다.

Exercise

이해관계자의 기대 재점검

4장에서 작성한 이해관계자의 기대표를 다시 살펴보자. 당신의 성과가 기대를 충족시켰는지 재평가한다. 그리고 편한 장소로 가서 원래 표나 새롭게 만든 표에 현재 점수를 기록한다.

두 점수에 변화가 있는가? 변화가 생긴 이유는 무엇인가? 하나의(혹은 그 이상의) 영역에서 나타난 변화가 다른 영역에 얼마나 영향을 미쳤는가?

돌아보기 3: 삶의 네 영역에 대한 관점

이제 더 앞으로 돌아가서 당신에게 정말 중요한 것은 무엇이고 삶의 각 영역에 얼마나 만족하고 있는지 적어놓았던 내용을 다시 읽어보고 변한 부분이 있는지 살펴보자.

케리는 자신이 중시하는 핵심 가치에 변화가 있었는지 생각해보았다.

> 성취, 자기 계발, 소속감, 균형, 협력, 가족과 우정, 충성심, 성실, 지혜 등 내가 핵심 가치로 꼽았던 것 전부가 지금도 여전히 매우 중요하다. 한 가지 차이가 있다면 지금은 이러한 가치를 전보다 훨씬 더 중요하게 생각한다는 점이다. 내가 예전보다 진짜 내 모습에 더 가까워졌기 때문이다. 이것이 바로 진정성이 아닐까 생각한다. 처음에 이 핵심 가치를 적을 때만 해도 이러한 가치에 충실한 삶을 살았다고 보기 어렵다. 하지만 지금은 내 가치관에 따라

살아가려 최선을 다하는 중이라고 생각한다.

캐리처럼 록산 역시 토털 리더십 프로그램을 거친 후에도 처음의 가치관과 비전이 바뀌지는 않았다. 그러나 자신이 정말로 중요하게 생각하는 것을 다시 검토하고 이에 따라 자신의 삶을 변화시킬 실험을 설계하면서 배운 부분이 있었다.

> 리더십 비전을 쓰면서 일과 관련된 두 가지 사실을 깨닫고 좀 놀랐다. 오래전부터 MBA를 따고 나면 곧바로 회사를 옮기고 싶었고, 아마도 컨설턴트가 되지 않을까 생각했다. 하지만 컨설턴트는 내 비전에 맞지 않았다. 내가 정말로 원하는 것은 뭔가 도전적인 일을 하면서도 가정에 소홀히 하지 않는 것이었다. 나는 일을 열심히 하더라도 내 아이들과 남편과의 시간을 포기하고 싶지 않다.

가치관과 비전이 전혀 바뀌지 않았다고 해서 발전하지 않았다는 뜻은 아니다. 중요하게 생각하던 것이 바뀐 사람도 있고 전혀 그렇지 않은 사람도 있다. 이 시점이면 참가자 대다수가 자신에게 무엇이 중요한지 더 잘 알게 됐다고 말한다. 그래서 만들고 싶은 세상에 대한 포부와 평소 품은 핵심 가치에 걸맞은 행동을 하는 데 더 신경 쓰게 된다.

참가자들이 작성한 삶의 네 가지 영역에 대한 관심도 차트에 어떤 변화가 얼마나 생겼는지 조사해본 결과 처음에 생각했던 각 영역에 대한 중요도에는 거의 변화가 없었다. 그보다는 각 영역에 쏟는 시간과 에너지의 양에 변화가 있었다. 대체로 일 영역에 쏟던 시간과 에너지는 좀 줄어들었고, 다른 영역에 들이는 시간과 에너지의 양이 늘어났다. 좋은 소식은 이러한 변화 패턴과 함께 각 영역에 대한 만족도가 일 영역에서 21%, 가정 영역에서 28%, 공동체 영역에서 31%, 자신 영역에서 39% 향상됐다는 사실이다. 모든 영역에서 만족도가 상승한 것이다. 이보다 더 고무적인 사실은 앞에서 확인했듯이 각 영역 전반에 걸쳐 성과 또한 개선됐다는 점이다.

빅터가 이전에 작성했던 삶의 네 영역에 대한 관심도 차트와 만족도 평점을 현재와 비교해보니, 네 가지 영역 가운데 공동체 영역을 제외한 나머지 세 영역에서 전반적인 만족도가 높아졌다. 영역 간 충돌 없이 이뤄낸 결과였다. 빅터는 이러한 긍정적 성과를 바탕으로 추가 실험을 진행해 삶의 만족도와 성과 수준을 더욱 향상시킬 수 있는 위치에 서게 됐다.

이번에는 가치관에 따라 행동했는지를 살펴보았더니 나중에 작성한 관심도 차트에서 언뜻 모순되는 것처럼 보이는 부분이 있었다. 일 영역의 중요도는 높아졌는데 이 영역에 할애한 시간과 에너지는 줄어든 것으로 나타난 것이다.

> 내 삶의 현 단계에서는 일이 중요하다는 사실을 인정하고 이에 따라 일과 가족 영역에 대한 중요도 평점을 조정했다. 이 부분은 앞으로 변화의 여지가 있으며, 가족의 중요도에 변화가 생기는 상황도 얼마든지 있을 수 있다. 동시에 나는 일에 할애하는 시간과 에너지의 양을 줄이는 데 성공했다. 내 역할을 새로운 분야까지 확대하기 위해 준비하는 차원에서 업무를 다른 사람에게 더 많이 위임했기에 가능한 일이었다. 다시 말해 내 새로운 리더십 행보에

이해관계자를 참여시키지 않았다면 이렇게 하지 못했을 것이다.

계속해서 이번에는 네 개의 원 그림의 전후를 비교해보자. 이 원 그림은 삶의 각 영역에서 자신이 중요하게 생각하는 것과 실제로 한 행동이 얼마나 일치하는지 보여주는 또 다른 도구다. 호수에 돌을 마구잡이로 던졌을 때 점점이 생기는 잔물결 형태가 아니라 원 그림의 이상적 형태인 동심원(나이테 모양)에 가까워지는 데 대화와 실험이 도움이 됐는가? 3장에서 그린 네 개의 원 그림을 지금 그린 원 그림과 비교해보자. 달라진 부분이 있는가? 달라진 부분이 있다면 그것은 어떤 의미일까?

빅터가 나중에 그린 원 그림은 비록 완벽한 동심원까지는 아니더라도 서로 겹치는 부분이 많아졌다. 그림 8-1에서 전(왼쪽)과 후(오른쪽)의 원 그림을 비교해보자.

림은 처음 원 그림을 그린 지 몇 개월 만에 다시 그려 비교해보았다. 전보다 원이 더 많이 겹치기는 했으나 충분하지는 않았다. 그래서 다음과 같은 생각을 하게 됐다.

> 내 삶에서 가족과 친구의 비중을 더 높여야겠다는 생각이 들었다. 그래서 나는 내가 자란 곳에 있는 직장으로 이직했다. 그곳은 부모님과 형제 그리고 친한 친구들이 사는 곳이다. 실험을 통해 배운 교훈을 이 공동체에 적용하고 싶다. 내가 배운 사실을 새로 옮긴 직장의 기업 철학에 접목하고 싶은 마음도 있다. 일을 성사시키는 능력도 내가 채용된 이유 중 하나였다.

그림 8-1

빅터의 네 개의 원- 전후 모양

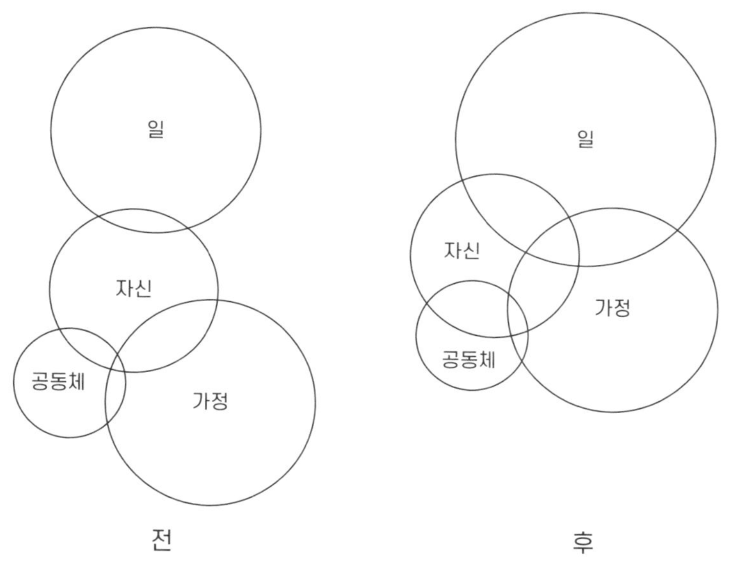

실행 계획을 완수하고 내 리더십 비전에 충실하게 살다 보면 시간이 갈수록 네 개의 원이 점점 더 겹쳐질 것이다. 내 생각만 고집하거나 사고가 경직되는 것을 경계하면서 열린 마음으로 실험을 계속하는 데 집중할 생각이다.

자신이 어떤 행동을 했을 때 원이 겹쳐졌는지를 곰곰이 생각해보자. 지금까지 무엇을 배웠는지 확인하는 데 도움이 될 것이고, 앞으로 원이 더 많이 겹쳐지게 하려면 어떻게 해야 할지에 관해서도 좋은 생각이 떠오를 것이다.

Exercise

자신에게 중요한 것을 재점검하라

2장으로 돌아가서 리더십 비전과 핵심 가치를 적은 것을 다시 읽어보자. 처음에 자신의 미래 이야기인 리더십 비전을 쓴 이후로 프로그램을 거치면서 수정이 필요한 부분이 생겼는가? 가치관에 변화가 있었나?

이제 다시 3장으로 돌아가 보자. 질문에는 답을 달지 말고 네 가지 영역에 대한 관심도 차트를 다시 작성한 후 네 영역을 나타내는 원도 다시 그려보자(원할 때마다 언제든 다시 그려도 된다. 그런 다음에는 이전의 것과 비교해보자). 그리고 각 영역별 만족도도 다시 평가해보자. 이번에도 마찬가지로 변한 것과 그대로인 것을 적어보자.

기준점으로 돌아가기

이제 처음으로 돌아가 보자. 이 책의 첫 번째 연습 과제에서 기준점을 세웠던 기억이 있을 것이다. 당신이 이 책을 읽게 된 이유이자 달성하고픈 목표이기도 하다. 이제 이 목표를 향해 걸어온 과정을 돌이켜보고, 그때 이후로 얼마나 진전이 있었는지 살펴보자.

그러면 지금까지 당신이 무엇을 성취했는지 더 확실히 알 수 있을 뿐 아니라 당신이 정말로 되고 싶은 리더가 되려면 이제 또 무엇을 해야 하는지 윤곽이 잡히리라 생각한다. 이 책을 읽고 무엇을 배우는지는 사람마다 다르다.

배운 것을 잘 기록해두자. 가장 잘 기억할 수 있는 방식으로 적어 기억하고 있다가 필요할 때 활용하면 된다.

Exercise

기준점으로 돌아가 보라

첫 번째 연습 과제로 돌아가 보자(토털 리더십 프로그램에서 달성하고 싶은 목표 정하기). 이때 적었던 목표를 다시 읽어보라. 그때 이후로 목표에 변화가 있었는가? 목표를 달성했는지 적고, 목표 달성에 성공 혹은 실패한 원인도 적어보자.

리더십에 대한 교훈

당신이 처음 이 책을 읽기 시작했을 때부터 지금까지 했던 일을 돌아보았다. 이제 이 과정에서 얻은 교훈을 핵심만 뽑아 정리해보자.

록산은 이렇게 말했다. "이상하게 들리겠지만, 나는 내 삶에서 개인적인 만족을 추구하는 일은 사치라고 느꼈어요. 하지만 지금은 그렇게 생각하지 않아요." 록산은 삶의 모든 영역에서 자신을 리더로 인식했다. 자신과 일을 포함한 삶의 모든 영역에서 성과를 개선하는 데 효과적이었던 새로운 방법을 어떻게 하면 더 현명하고 창의적으로 실험해볼 수 있을지 고민하는 과정에서 포부에 변화가 생겼다. 안드레는 조금 다른 깨달음을 얻었다.

리더십 역량을 키우려고 노력하면서 나와 내 이해관계자 사이에 존재한다고 느꼈던 어긋남이 상당 부분 내 오해와 근거 없는 추정 혹은 소통의 부재에서 비롯됐다는 사실을 알게 됐다. 특히 여동생과 나 사이에 이러한 오해의 골이 깊었던 것 같다. 나는 특정 영역에서 성과를 제대로 내지 못한다고 생각했는데, 오히려 여동생은 내가 지나치게 많은 성과를 내고 있다고 보았다. 내가 너무 많은 책임을 지고 있다는 것이었다. 대화를 나누는 내내 이런 말을 계속 들었기 때문에 나는 나를 향한 기대에 대해 더 잘 알고 납득할 수 있었다. 생각했던 만큼 내가 일을 잘 못하지는 않는다는 사실을 깨달았을 뿐인데 이 단순한 인식 자체에 매우 중요한 의미가 있었다.

지금은 이해관계자와의 관계를 제대로 이해하지 못하면 나에 대한 평가가 어떤지, 내 삶을 변화시키려면 무엇을 해야 하는지 정확히 알아내지 못한다고 생각한다. 이해관계자가 나에게 무엇을 기대하고 바라는가? 또 나는 이해관계자에게 무엇을 기대하고 바라는가? 이 기본적인 사실도 모른 채 삶의 목표를 설정하고 달성하겠다는 생각 자체가 어불성설이다. 그런데도 이 중요한 사실을 전에는 미처 몰랐다. 이 부분을 이해하지 못하면 어디를 향해 얼마나 가야 하는지 전혀 알 수가 없다.

림은 리더십과 관련해 무엇을 배웠는지에 관해 이렇게 말했다.

내가 알게 된 정말 중요한 교훈 가운데 하나가 위험을 감수할 때는 내가 위태로운 상황에 처하게 된다는 사실을 이해관계자에게 알려야 한다는 점이다. 혁신을 추구하는 과정에서, 필요하다면 이해관계자에게 도움을 청하라. 그러면 그들은 언제든 달려와 줄 것이고 내가 기대하던 이해관계자의 모습으로 나에게 도움의 손길을 내밀 것이다. 이해관계자에게 그 일이 나에게 왜 중요한지, 또 그 일이 어떻게 그에게도 긍정적인 영향을 미치게 되는지를 이야기해주는 것 자체가 일을 성공적으로 완수하는 데 있어 중요한 요소라는 사실을 지금은 분명히 안다. 그리고 이것이 내게 용기를 준다.

새로운 일을 시도할 때 어느 정도의 위험은 항상 따르게 마련이다. 유능한 리더는 어떤 자리에서 어떤 책임을 맡든, 또 삶의 어느 단계에 있든, 용기를 내서 안팎으로 어떠한 저항이 있는지 확인해 이를 최소화한다. 자신이 시도한 일이 자기 삶이나 현 조직의 범위를 넘어 더 큰 목적을 실현하는 데도 영향을 미친다는 사실을 인지하고, 이러한 노력과 인지를 바탕으로 추진하는 바를 계속 밀고 나가려 한다. 이들은 자신이 믿는 것에 역량과 에너지를 쏟아부을 방법을 끊임없이 탐구한다. 그러면서 다른 사람들이 공동 이익에 에너지를 집중할 수 있도록 독려하고, 이를 통해 그들이 변화를 위한 실험에 동참하게 한다.

유능한 리더는 배우는 자세를 평생 잃지 않는다. 그리고 사람들에게 경험과 시행착오를 통해 배우기를 독려한다. 이렇게 하면 새로운 도전을 하는 데 필요한 힘을 축적할 수 있고, 위기나 실패에도 굴하지 않을 용기가 생긴다는 사실을 잘 알기 때문이다. 지금까지 진행 과정을 체계적으로 검토하면서 그동안 배운 내용 가운데 핵심적인 교훈을 정리했다. 이제 더 나은 리더가 되는 방법과 보다 풍요로운 삶을 향한 다음 행보를 살펴보는 것으로 이 긴 여정의 끝을 맺도록 하자.

Exercise

리더십에 대한 교훈 정리하기

아래 세 가지 질문에 대한 답변을 한두 문단 정도로 적으면서 그동안 리더십에 대해 얻은 중요한 교훈을 정리해보자.

- 평소 꿈꾸던 리더가 되는 데 있어 그동안 배운 것 가운데 가장 중요한 요소는 무엇인가?
- 진정성(진실 추구), 완전성(온전함 추구), 창의성(혁신 추구)을 지향하는 행동이 4면 성취를 이루는 데 어떠한 영향을 미치는가?
- 핵심 이해관계자의 기대를 충족시키는 것에 대해 알게 된 사실은 무엇인가?

무엇이 달라졌는가

리더십은 연주회와 같다. 그리고 그 연주회에서 악기는 자기 자신이다. 위대한 음악가나 운동선수처럼 자신을 계속해서 발전하는 리더라고 생각하면서 다른 리더를 지켜보고, 끊임없이 연습하고, 늘 열린 마음으로 좋은 의견이나 조언에 귀 기울이는 태도를 유지한다면 앞으로도 점점 더 성장할 수 있다.

당신은 이제 4면 성취를 추구하는 자세로 더 나은 리더가 되는 동시에, 더 풍요롭고 통합된 삶을 살기 위한 여정을 막 시작한 셈이다. 지금까지 배운 것을 잊지 않고 계속 연습하고 실천하는 삶을 이어간다면 성공도 계속 이어질 것이다. 여기서 실행한 실험은 끝이 아닌 시작일 뿐이다. 토털 리더십 프로그램은 일회성 솔루션이 아니다. 리더십을 배우고 삶의 각 영역을 통합하는 일이 쉽지는 않다. 고비와 전환점마다 극복해야 할 한계와 장애물이 있다. 하루는 단 24시간이고 이 한정된 시간 동안 모든 일을 다 할 수는 없다.

그래도 당신은 이제 제나와 안드레, 케리, 빅터, 록산, 림, 이스마일 그리고 책에서 접한 또 다른 사람들처럼 리더로서의 자신을 바라보는 시각에 변화가 생겼으리라 생각한다. 당신은 무언가를 바꾸고 싶다는 생각에 이 책을 집어 들었다. 그래서 나는 당신이 행동의 힘을 통해 더 강해지고, 다른 사람과 연결되어 있다고 느끼며, 미래에 대한 기대감으로 넘치길 바란다.

당신은 지금까지와는 다른 유형의 리더가 되는 길을 선택했다. 진정성과 완전성 그리고 창의성을 갖춘 리더가 되어 모든 영역의 성과를 개선하면서 더 나은 세상을 만드는 일에 매진하고 싶어 한다. 1장의 그림 1-1에서 살면서 진정성, 완전성, 창의성이라는 자질을 연마하지 못한 탓에 스스로 불완전하다고 느끼는 사람들의 특징을 살펴보았다. 이 책을 처음 펼쳤을 때, 그 그림의 맨 왼쪽 열에 표기된 특징 가운데 자신에게 해당한다고 느낀 것이 몇 가지나 되는가? 그 개수는 아직 그대로인가? 오른쪽 열에 표기된 사항 가운데 지금의 자신에 해당하는 것이 몇 개나 되는가? 이 질문들을 염두에 두고 나머지 부분을 읽어나가도록 하자.

사람의 성격을 '근본적으로' 변화시키기는 매우 어려우며, 성격을 '순식간에' 바꾸기는 거의 불가능하다. 하지만 당신은 이제 자신을 새로운 시각으로 바라보기 시작했을 거라고 생각한다. 자신에 대해, 중요한 일을 완수하려면 어떻게 해야 하는지에 대해, 삶의 모든 영역이 조화를 이루게 하려면 어떻게 해야 하는지에 대해 더 많이 배울수록 리더로서의 잠재력이 눈을 뜨게 된다. 이러한 자각은 리더의 역량을 키우고자 계속 노력해서 예전보다 더 큰 영향을 발휘하고픈 의욕을 자극한다.

이제 마무리 단계에 접어드는 이 시점에서 지금까지 노력한 결과 자신에게 얼마나 변화가 생겼는지 알아보자. 우선 이 장의 앞부분에 적었던 내용을 좀 더 생각해보고, 그것이 자신의 진정성과 완전성, 창의성과 관련해 어떠한 의미가 있는지 고찰해보자. 토털 리더십 과정을 마친 참가자들이 내게 들려준 경험담을 한번 읽어보면 도움이 될 것이다. 이 작업이 끝나면 그다음으로 해야 할 일이 무엇인지 살펴본 다음, 마지막으로 당신도 계속 성장해나가면서 다른 사람에게도 긍정적인 자극이 될 수 있도록 성공담을 설득력 있게 이야기하는 법을 알아보자.

진정성: 더 강한 목적의식을 느끼고, 자신에게 더 솔직해지고, 강건해진 느낌이다

사람은 자신에게 중요한 게 무엇인지 분명해질 때 변화하고 진실해진다. 그러나 진정성은 자기 자신에게 국한한 개념이 아니다. 리더십은 다른 사람과의 관계에 기반을 둔다. 리더는 자기 자신은 물론이고 주변 사람들의 성과까지 끌어내는 사람이다. 그리고 헌신을 위한 동기도 부여해야 한다. 성취가 가능한 미래 비전을 열정적으로 그려 보여주는 것으로 사람들의 행동 의지와 헌신을 끌어낼 수 있다.

안드레가 흑인이 중심인 기업을 만들겠다는 꿈을 향해 나아갈 때 느꼈던 것처럼, 자신이 추구하는 바에 대해 확고한 신념이 있어야 리더십 비전을 중심으로 사람들을 결속시킬 수 있다. 그리고 당신이 선택한 길을 함께 가고자 하는 의지가 다른 사람에게 생기게 할 수 있다. 제나는 마지막 강의가 끝난 뒤 새로운 우선 사항에 관심과 에너지를 집중하는 실험에 전념했다. 제나의 설명에 따르면 그녀는 의식적으로 자신의 핵심 가치를 타당하다고 인식하고, 이 가치관에 따라 행동하고 있다. 내 강의를 듣기 시작했을 때만 해도 제나는 목표가 불분명한 느낌이었다고 한다. 하지만 이제는 자기 자신과 이해관계자에게 더 몰두하는 느낌이 든다고 한다. 그녀의 말에 따르면 목적의식이 더 분명해졌으며, 자신이 추구하는 바를 다른 사람들과 이야기하면서 더 자기다워졌다는 기분이 들어 아주 좋았다고 한다.

이스마일은 내게 자신이 좋아하는 일을 창의적으로 할 수 있는 방법을 계속 찾으려 한다고 말했다. 그는 사업적으로 큰 성공을 거뒀고 돈도 많이 벌었지만, 이상하게도 직장과 가정에서 열정을 자극할 만한 영감을 별로 얻지 못했다고 한다. 하지만 지금은 자신은 물론이고 다른 사람에게도 영감을 불어넣고 있다. 케리는 마케팅 담당 이사에서 경영 컨설턴트로 직업을 바꿨다. 그 결과 삶의 모든 영역에서 엄청난 개선 효과가 나타났다고 한다. "토털 리더십 훈련을 받기 전에는 삶의 각 영역이 서로 약간만 겹칠 뿐 마치 섬처럼 따로따로였어요. 그런데 직업을 바꾼 지금은 일과 나머지 영역이 전보다 훨씬 조화를 이루는 느낌입니다. 나 자신에게 시간을 더 많이 쓰고 친구들에게도 신경을 쓸 수 있어요."

이 책을 읽기 시작했을 때보다 진정성 있게 행동하는 능력이 향상됐다고 생각하는가? 또 목적의식이 강해지고 자신에게 더 솔직해졌으며 더 강건해졌다는 느낌이 드는가?

완전성: 사람들과 유대감이 강해지고, 지지를 많이 받으며, 회복력이 더 강해졌다

온전한 인간에 대한 지향이 삶의 일관성과 완전성에 대한 감각을 변화시킬 수 있다. 토털 리더십은 자신은 물론이고 다른 사람까지 포함해 삶의 각 부분을 하나로 결합하는 방법을 탐구하게 한다. 그러자면 모든 이해관계자와 논의해 영역 간 경계를 구분하는 작업이 필요하다. 그래야만 정말 중요한 일에 집중할 수 있기 때문이다. 록산과 이스마일이 아이들과 시간 약속을 하고 그 약속을 지키는 실험을 한 것이 여기에 해당한다.

이 책의 주된 목적은 다른 사람에게 이리저리 휘둘려 분노가 치밀어 오르는 일이 없게 하고, 삶의 각 영역이 제각각인 상태에서 오는 단절감이나 매일 넘치는 일에 압도당하는 기분을 느끼지 않아도 된다는 사실을 깨닫게 하는 데 있다. 최근에 빅터가 말했듯이 완전성을 갖춘다는 것은 한 영역의 성과를 위해 다른 영역을 희생하는 식으로 균형을 맞추는 것이 아니다.

> '일과 삶의 균형'을 추구하려고 하면 할 수 있는 게 별로 없다는 것을 알았다. '워라밸'이라고도 하는 일과 삶의 균형은 사실 좋은 접근법이라고 하기 어렵다. 너무 단순하다. 지금의 나는 뭔가 새

로운 일을 시도하겠다고 결정했을 때, 아무리 작은 일이라도 한 개 이상의 영역에 긍정적인 영향을 미친다면 이득이라는 사실을 염두에 두고 있다. 전에는 단순히 일과 관련된 측면에서만 모든 걸 바라보았지만 이제는 그러지 않는다.

삶의 각 영역이 서로 어떻게 영향을 미치는지 생각해보자. 삶의 완전성에 대해 생각해보자는 말이다. 이것이 이 책에서 얻을 수 있는 가장 중요한 교훈이다. 당신은 지금까지 삶의 모든 영역을 새로운 관점에서 바라보는 법을 배웠다. 삶의 각 영역을, 하나를 얻으면 하나를 잃는 관계로 보지 않고 적절히 통합하는 것이다. 이와 관련해 록산은 이렇게 말했다.

> 내게 가장 중요한 활동이 여러 가지 있을 때 그것을 서로 배타적이거나 충돌하는 관계로 보지 않으니 내가 내 삶의 리더가 되었다고 느낀다. 회사에서 시행하는 일과 삶에 관한 프로그램은 항상 시간에 초점을 맞춘다. 하지만 시간을 궁극적인 해결책으로 삼는 것은 잘못된 일이다. 리더십은 자신의 시간을 무엇에 쓰느냐에 관한 것이다. 각 영역을 상충적인 관계로 바라볼 필요는 없으며, 한 영역의 일이 다른 영역에도 영향을 미친다는 점을 인지할 때 삶의 만족도가 높아진다는 사실을 알아야 한다.

혼자 힘으로 이것을 성공시키기는 매우 어렵다. 누군가 이 점을 상기시켜주면 사람들은 서로를 지지해주는 관계를 만들기 위해 움직인다. 성공에 이르렀을 때도 단순히 혼자만 성취감을 느끼는 것이 아니다. 함께했던 동료는 물론이고 고객까지 같이 성공의 기쁨을 나누며 성취감을 느낀다. 림은 자신이 리더로서 새로운 정체성을 확립한 데는 사람들과의 '쌍방향' 소통 관계를 형성한 것이 큰 몫을 했다고 말한다.

> 다양한 공동체에서 가치 있는 활동으로 구성원에게 좋은 인상을 남긴다면 자신을 도와주고 지지해줄 든든한 아군을 확보할 수 있다. 지지 기반이 생기면 어려운 일이 닥쳤을 때 이와 비슷한 일을 겪은 경험이 있는 사람이나 그런 경험이 있는 누군가를 아는 사람을 만날 기회가 생긴다. 정말 풀리지 않을 것만 같던 문제를 만났을 때도 이 인적 관계망을 활용하면 놀라운 해결책이 나온다는 사실을 실감했다.

살면서 겪었던 이야기를 하며 자신을 드러내 보여주면 사람들과 친밀감을 높일 수 있다. 유대감을 강화하려는 의도로 자신의 이야기를 들려주는 것을 사람을 이용하려는 교묘한 술수로 보면 곤란하다. 이는 술수가 아니라 리더십이다. 비록 자신의 이야기더라도 진정성 있게 전달만 된다면 한 '개인'이 아닌 '관계'에 관한 이야기가 되기 때문이다. 토털 리더십 프로그램 참가자들은 자신의 삶 자체가 핵심 이해관계자를 중심으로 굴러간다는 사실을 깨달았다는 말을 종종 한다. 그러므로 이해관계자와 더 긴밀한 관계를 구축하는 일을 우선시해야 한다.

핵심 이해관계자와의 관계처럼 가장 친밀한 사이라도 소통 경로를 계속 열어봐야 하고 이들이 무엇을 기대하는지, 살면서 그 기대가 어떻게 바뀌는지에 항상 신경 써야 한다. 잘 안다고 생각하는 사람이라도 직접 물어보지 않으면 그 사람이 무엇을 기대하는지 확실히 알 방도가 없다. 록산은 새로운 관점에서 리더십을 바라보게 된 데에도 이해관계자로부터의 피드백이 큰 몫을 했다고 말한다. 그녀는 '고객의 소리 듣기'라고 하는 마케팅 개념을 자신이 중요하게 생각하는 주변의 모든 사람들에게 적용해 그들의 말에 귀 기울였다. 수많은 참가자가 주변 사람들이 자신에게 정말로 기대하는 바가 무엇인지 확인해보니 그동안 자신이 생각했던 것보다 변화를 위해 여러 가지 시도해볼 여지가 꽤 많다는 사실을 알았다고 한다. 어디에 집중해야 할지도 더 자유롭게 선택할 수 있어서 자기 삶에 대한 통제력도 높아졌다. 모든 영역의 이해관계자와 이런 식의 조정을 하게 된다. 거기서 얻게 된 깨달음을 통해 자신에게 정말 중요한 사람과 일에 집중할 수 있게 된다. 토털 리더십 프로그램 참가자가 더 효율적으로 업무를 수행하게 되고, 고객과 조직, 가족, 공동체 그리고 자신 영역에서도 성과를 개선할 수 있는 이유가 바로 여기에 있다.

이 책을 읽기 시작했을 때보다 완전성을 갖춰 행동하는 능력이 향상됐다고 생각하는가? 또 유대감과 회복력이 향상됐고, 주변 사람들의 지지가 늘어났다고 느끼는가?

창의성: 호기심이 강해지고, 더 적극적으로 참여하며, 더 낙관적이 되었다고 느낀다

최근에 빅터가 자신이 IT 담당 이사로 있는 은행에서 진행한 새로운 실험에 관해 이야기해주었다. 빅터는 그 실험을 토털 리더십 과정을 마친 후에 시작했지만, 이 새 실험은 리더십 과정에서 수행했던 실험 가운데 하나를 기반으로 했다고 한다. 빅터는 업무 개선 방법에 관한 실험을 계속해왔고 지금은 새로운 사실을 탐구하는 일에 더 개방적이 되었기 때문에 실험에 대한 스트레스를 덜 받는다는 사실을 이 새로운 실험을 통해 알 수 있었다.

빅터의 이야기에서 확인할 수 있듯이 실험이 거듭될수록 학습의 효과가 드러난다. 전에는 존재하지 않았던 무언가를 창조하고자 작은 발걸음을 내디디고, 이 과정에서 발견한 새로운 기회와 새로운 요구에 적극적으로 반응하는 리더로 거듭난다. 새로운 방향으로 한 걸음씩 나아갈 때마다 전과는 다른 위치에 서게 되고, 달라진 위치에서 새로운 시선으로 세상을 바라보게 된다. 혁신을 시도하고, 실험을 시작하고, 새로 알게 된 사실을 열린 마음으로 받아들이는 과정을 끊임없이 이어가야 한다.

록산은 실험을 계속하면서 자신과 다른 사람의 리더십 역량을 키우기 위해 시도했던 방법을 설명했다.

> 직장에서 점심시간을 어떻게 활용하느냐에 관한 실험이었다. 점심시간을 사람들과 고민을 나누며 서로 상담해주는 시간으로 활용하는 방법을 찾고 싶었다. 2년이 지난 지금, 나는 다른 팀으로 옮긴 상태다. 그런데 이 팀은 점심시간을 따로 정해놓지 않았다. 하지만 나는 점심시간을 그대로 유지했고, 타 부서 사람들과 같이 점심을 먹으면서 서로 의견을 교환해 새로운 정보를 얻는다.

다른 사람들과 함께하는 방법을 찾는 과정에서 상호 간에 유대감이 더 깊어지고 그로 인해 조직이 더 원활하게 굴러간다. 록산은 타 부서 사람들과 교류할 기회를 만들어내면서 대인 관계의 폭을 넓혀나갔다.

림이 내게 해준 이야기는 변화를 향한 행보에 장애물이 있을 때 이를 극복하는 것이 얼마나 중요한지 알려준다. 림은 그러기 위해 중요한 발걸음을 내디뎠다. "새로운 시도에 대해 개방적인 자세를 갖는 것이 중요하다는 사실을 깨달았습니다. 린 생산 방식을 의미하는 일본어 '가이젠改善: 개선'과 같은 맥락이죠. 지속적인 개선이 리더십의 핵심이라는 점도 알게 됐습니다." 계속 배우는 사람은 미래에 관심을 둔다.

안드레는 자신을 리더로 인식하게 되면서 세상을 낙관적으로 보게 되었다.

> 창의성을 기본 원칙으로 두고 자기 성찰을 통해 우선순위 재조정, 계획, 행동이라는 단계를 밟아나가는 것의 가치를 배웠다. 이러한 단계를 계속해서 밟아나가는 과정을 통해 생각과 지향점을 계속 명확하게 유지할 수 있었다. 이것을 계속하는 한 현 궤도를 이탈하지 않으면서 리더로서 내가 가고자 하는 방향으로 계속 나아갈 수 있을 것이다.

이 책을 읽기 시작했을 때보다 창의적으로 행동하는 능력이 향상됐다고 생각하는가? 또 호기심이 강해졌으며, 적극적으로 참여하고, 낙관적이 되었다고 느끼는가?

성장을 위한 다음 단계

지금까지 그동안 무엇을 배웠는지 또 어떠한 변화가 있었는지를 되짚어보았다. 이제 리더로서 더 성장해나가려면 앞으로 무엇을 해야 하는지 좀 더 구체적으로 생각해보자. 학생의 자세로 무언가를 배우는 일에 항상 열린 마음을 유지하려면 어떻게 해야 할까? 그동안 배운 여러 가지 교훈을 통합·정리해 다른 사람을 가르칠 수 있을까?

리더를 만드는 것은 지속적인 학습이다. 학습은 계속 이어져야 하는 평생의 과정이다. 목표도 시간이 지나면서 변할 수 있기 때문에 주기적으로 재점검할 필요가 있다. 림은 앞으로 몇 년간 실행할 리더십 계발 계획의 핵심 요소 두세 가지를 뽑아 앞으로 수행할 학습 과제로 삼았으며, 이것이 새로운 목표이자 기준점이 됐다. "첫째, 가능한 한 최고의 아빠, 최고의 남편이 되기 위해 노력한다. 둘째, 그동안 얻은 교훈을 바탕으로 계속 발전해나간다. 셋째, 내가 배운 내용을 새로운 일에 적용한다." 말로 하기는 쉽지만 실행하려면 상당한 노력과 헌신이 필요한 사항들이다.

안드레는 시간이 지나면서 무엇을 배워야 하는지가 달라지기 때문에 배우는 자세를 계속 유지해야 한다는 사실을 깨달았다.

> 끝이란 없고 끊임없는 변화와 조정 과정만이 존재한다는 사실을 깨닫는 것이 매우 중요하다. 그리고 이러한 사실 자체가 앞으로 내가 직면하게 될 주요 난관이다. 그래도 오랜 수련 끝에 드디어 쿵후 스승의 손에서 돌을 잡아채는 데 성공한 제자처럼 '아, 드디

어 해냈다!'라고 생각할 순간이 오리라 기대한다. 그때가 오면 나는 또 다른 변화를 시도하고, 다시 집중하며, 재조정하는 과정을 시작해야 한다고 나 자신에게 말해줄 것이다.

안드레는 자신이 배운 사실을 다른 사람에게 가르쳐주는 방식으로 계속해서 성장해나가겠다는 계획을 세웠다. '나는 실험의 개념을 다른 사람과 공유할 생각이고, 계속해서 이해관계자와 진솔한 대화를 통해 목표와 기대에 대해 논의해서 다른 사람에게 본보기 역할을 하는 이른바 롤모델이 되고자 한다.' 토털 리더십 참가자는 그동안 배운 교훈을 어떻게 활용할지 많은 시간을 들여 고민하고, 핵심 내용과 개념을 다른 사람들이 쉽게 받아들일 수 있게끔 전달하려고 노력한다. 케리는 이렇게 조언했다. "바로 핵심을 공략하는 것이 좋아요. 쉬운 길을 택하지 말고 마음속에 제일 먼저 떠오르는 일을 해야 합니다. 조화롭게 잘 짜인 시나리오대로 실행하거나 각 영역을 조화롭게 만드는 방향으로 나아갈 수 있는 혁신적인 방법을 찾아보세요. 새로운 것을 시도해보세요. 리더십 비전에 대해 생각해보고, 실험을 통해 이 비전을 향한 첫걸음을 내딛어봅시다."

좋은 조언이다. 당신은 친구와 직장 동료 혹은 가족에게 무슨 말을 해줄 생각인가?

록산은 이렇게 말해보기로 했다. "한 영역에만 너무 집중하는 것은 생산적이지 못한 것 같아. 생산적이기는커녕 오히려 파괴적일 수도 있어. 리더들의 이야기를 읽을 때마다 어떻게 저 많은 일을 다 해냈을까 싶어 놀라웠어. 하지만 이제는 내게도 그리 비현실적인 일이 아니야." 빅터는 이렇게 조언했다. “작은 성공을 하나씩 차근차근 챙겨봐. 처음부터 너무 큰 성공을 노리다 실패하느니 그편이 훨씬 나아. 작든 크든 성공이 또 다른 성공을 부르고, 그렇게 성장할 수 있어.” 다른 사람에게 전해주고픈 교훈을 생각해보는 것은 중요하다. 다양한 이유가 있지만 무엇보다 그 과정을 통해 자신이 더 배우게 되기 때문이다. 다른 사람을 가르치는 과정에서 새로운 사실을 배우고 그러면서 바람직한 리더로 성장해나간다. 더불어 다른 사람들이 삶에 의미 있는 변화를 만들어내려 애쓰는 모습을 보는 것 자체가 좋은 자극제가 된다.

Exercise

학생과 코치로 발전해나가기

앞으로 삶의 모든 영역에서 리더로 성장하기 위해 꼭 명심해야 할 점을 두세 가지 정도 생각해보자.

- 이 책을 통해 수행한 작업을 기반으로 앞으로도 변화를 추구하는 자세를 유지하려 할 때 직면하게 될 주요 장애물은 무엇이며 이를 어떻게 극복할 생각인가?
- 여기서 배운 내용을 다른 사람에게 어떻게 지도할 것인가? 토털 리더십 과정을 밟아나가려는 사람에게 어떤 조언을 해줄 생각인가?

위 질문에 대한 답을 적어보고 이에 관해 코치나 친구, 그 외 믿을 만한 조언자와 이야기해보자. 실험을 할 때와 마찬가지로 자신의 계획을 다른 사람들에게 많이 알릴수록 책임감이 생기고, 이야기를 나눈 사람들의 지지를 더 많이 받게 되므로 계획이 실현될 가능성이 커진다.

자신의 이야기를 하라

2장에서 살펴봤듯이 유능한 리더는 자신에 관해 진솔하게 이야기함으로써 다른 사람들의 필요, 기대와 개인적 경험을 연결 지어 주변 사람들과 정서적 유대감을 만들어낸다. 설득력 있는 리더십 이야기는 리더십을 계속 발전시킬 수 있는 일종의 추진제 역할을 한다.

자신이 했던 실험과 그 실험을 설계하고 실행하면서 배운 사실을 이야기하면 주변 사람들이 당신이 만들고자 하는 변화를 지지해줄 가능성이 커진다. 그리고 이는 당신이 아는 내용을 가르쳐주기에도 좋은 방법이다.

당신의 리더십 이야기를 친구와 가족, 동료에게 계속하라. 가치관 형성에 관한 이야기, 당신이 만들고 싶은 세상에 관한 이야기를 하면 당신의 삶에서 가장 중요한 사람들과의 관계가 더욱 돈독해질 수 있다. 나는 자식을 낳아 아버지가 된 이야기와 이 중요한 '사건'이 직업적 포부와 리더십 비전에 어떤 영향을 미쳤는지 이야기할 때마다 사람들과 더 가까워지는 느낌이 들곤 했다. 또 사람들에게 내가 친근하고 믿을 만한 사람이라는 인상을 줄 수 있었다. 아마도 내가 많은 사람들이 쉽게 공감할 만한 보편적인 경험을 이야기해서일 것이다. 또 당시 저항에 부딪혔는데도 업무에 변화를 주기로 결심하게 된 과정을 이야기한 것도 도움이 되었다. 무엇보다 그 이야기는 내가 직접 경험한 실제 이야기였고, 그 일에 강한 열정이 있었으며, 내게 상당한 의미가 있었기 때문에 다른 사람에게도 어느 정도 가치가 있었으리라 생각한다.

Exercise

자신의 이야기를 하라

좋은 리더십 이야기에는 듣는 사람의 마음을 움직이는 힘이 있다. 그런 이야기는 다음과 같은 요소를 가지고 있다.

- 자신의 과거 경험을 통해 배운 교훈에 바탕을 둔다.
- 상대와 관련 있는 주제로 정서적 유대감을 끌어낸다.
- 열정이 담긴 이야기로 사람들의 의욕을 자극한다.
- 목표를 추구하는 과정에서 맞닥뜨린 장애물을 넘어서기 위해 치렀던 고투에 대해 들려준다.
- 생생한 사례가 담겨 있다.
- 중요한 교훈을 가르쳐준다.

위의 여섯 가지 요소를 최대한 구체화하려 노력하면서 그동안 생각하고 작성했던 내용을 바탕으로 자신의 이야기를 써보자. 그런 다음 이 이야기와 관련이 있는 사람을 찾아보자. 그 사람에게 이야기를 들려주고 나서 이것이 그 사람에게 어떠한 영향을 미쳤는지 물어보자.

리더의 정원

세상이 아무리 변한다 해도 우리에게는 '살아남는 데 필요한 자원 구하기'와 '의미 있게 살아가기'라는 두 가지 과제가 남는다. 이 책이 제시하는 과제를 충실히 이행해온 독자라면 이 두 가지 과업을 더 잘 수행할 수 있을 것이다.

간단한 비유를 들어 이 책을 마무리하고자 한다. 당신이 농부처럼 땅을 일구며 산다고 생각해보자. 리더는 농부와 같은 존재다. 더 나은 삶을 살겠다는 생각 자체가 '삶'이라는 농작물을 키울 하나의 '씨앗'이다. 이 씨앗은 언젠가 밭에 뿌려질 그날을 기다리면서 내 몸 안에서 자라고 있다. 그러다가 의식적인 행동을 통해 씨앗은 드디어 세상 밖으로 나온다.

먼저 땅을 갈아 씨를 뿌리고 싹을 틔울 준비를 해야 한다. 이 책의 시작 부분에서 진행했던, 자신이 지금 어디에 있고 어떻게 여기에 있게 됐는지 돌이켜보는 과정이 여기에 해당한다. 씨앗이 자라려면 빛과 공기, 물이 필요하다. 혁신적인 아이디어를 실현하려면 주변의 지지와 자원이 필요한 것과 같다. 변화의 씨앗을 핵심 이해관계자의 마음에 심어놓으면 나 자신이 성장할 가능성이 커진다. 잡초를 솎아내는 것도 잊지 말아야 한다. 다른 사소한 것에는 눈길을 주지 않고 가장 중요한 활동에 우선순위를 둬야 하는 것과 같다.

필요한 자원이 모자라지 않을 만큼 있으면 '땅'의 지속 가능성이 생긴다. 또한 땅이 제공하는 것이 당신을 풍요롭게 해도 땅의 지속 가능성은 유지된다. 리더가 만들어낸 '지속 가능한' 변화는 고갈되지 않기 때문에 계속된다. 그런데 '지속적인' 변화는 이보다도 훨씬 더 좋다. 지속적인 변화 과정에서는 자원이 고갈되지 않을 뿐더러 이 변화는 주변 사람을 먹여 살리고 세상을 풍요롭게 한다. 가장 훌륭한 토털 리더십 실험이 이런 변화를 만든다.

경작지는 물론이고 아무리 작은 정원이라도 가꾸기가 쉽지는 않다. 온갖 환경상의 위협에도 식물이 무럭무럭 자라기를 간절히 바라야만 한다. 온갖 위험과 저항 그리고 예기치 못한 장애물이 있어도 꿋꿋이 버티며, 바람직한 방향으로 사람들을 이끌겠다는 마음이 간절해야 하듯이 말이다. 토털 리더십 과정 참가자 대부분이 자신의 핵심 가치관을 바꾸지 않았다. 하지만 다들 전과는 다르게 생각하고 행동한다고 입을 모은다. 전보다 더 강한 확신을 가지고 가장 중요하다고 생각하는 일을 추진한다고 말이다.

당신이 삶의 모든 영역에서 가치를 창조할 수 있도록 행동 역량을 키우는 데 도움을 주는 것이 나의 목적이다. 이 책에서 제공하는 '새로운 생각'이라는 씨앗을 잘 심어 싹을 틔우는 데 성공한다면 당신은 성장해서 성공을 거머쥘 수 있을 것이다. 리더로서 자신의 행동이 더 큰 목적, 즉 다른 모든 사람의 성장을 이끌고 사회적 선에 공헌할 수 있다는, 아니 공헌해야 한다는 생각을 하게 되면 그 사람은 앞으로 나아갈 수 있다. 앞서 농사에 비유했던 것을 생각해보면 리더십의 목적이 무엇인지 이해하기 어렵지 않을 것이다. 나는 당신이 자기 삶의 영역을 넘어 더 큰 세상의 일부라는 사실과 자기 삶의 영역에서 수행한 일에 더 큰 의미가 담겨 있다는 사실을 체감하는 데 이 책이 조금이나마 도움이 됐으면 한다.

자연에서 계절이 주기적으로 바뀌는 것을 반영하듯 학문의 세계에도 이런 주기를 표시하는 일종의 의식이 있다. 우선은 입학식으로 학문(대학)의 세계로 들어가는 문이 열린다. 입학식에 참석한 신입생에게 선배들은 지식 탐구에 열중하라고 조언한다. 그리고 이 생활은 졸업식으로 마무리된다. 아이러니하게도 졸업식commencement이라는 단어에는 '시작'이라는 의미가 있다. 제임스 조이스James Joice의 유명 소설 《피네간의 경야Finnegans Wake》에서 마지막 문장이 첫 문장으로 이어지듯이 끝은 언제나 새로운 여정의 시작이다. 여기까지 함께해준 당신에게 감사한다. 자, 이제 시작해보자.

더 나은 리더, 더 풍요로운 삶을 향해 나아갈 때다.

부록 A

토털 리더십 코칭 네트워크

본인이 자체 네트워크를 구축해도 좋고, www.totalleadership.org에 들어가서 찾아봐도 좋다. 코칭 네트워크를 활용하면 토털 리더십에서 경험한 것의 가치를 높이는 효과가 있다. 네트워크를 활용하면 4면 성취를 목표로 하는 학습 공동체에서 코치와 의뢰인(나는 코치의 지도를 받는 사람을 말할 때이 용어를 선호한다)이라는 두 가지 역할을 다 해볼 수 있다는 장점이 있다.

코칭은 다른 사람들의 성과 향상에 도움을 줄 뿐만 아니라 역량 자체를 높여준다. 코칭 네트워크를 활용하는 것의 장점을 몇 가지 소개하면 아래와 같다.

- 새로운 접근법을 시도하려 할 때 지지를 통해 자신감을 불어넣어 준다.
- 실험을 실행할 때 적정 수준의 위험을 감수하도록 격려해준다.
- 중요한 성과를 낼 수 있도록 구체적으로 행동을 제안한다.

- 더 강한 책임감을 부여해 내가 만들어내는 변화의 지속 가능성을 높인다.
- 코칭을 주고받는 능력을 길러준다.
- 동지애와 소속감을 제공한다.

변화의 과정은 쉽지 않고 이 과정에서 불안감이 생기기 때문에 대다수가 변화를 거부하게 된다. 타성에서 벗어나기는 너무나 어렵다. 그러나 훌륭한 코칭은 이를 극복할 수 있게 해준다. 무엇보다 코칭 자체가 사람을 기분 좋게 한다. 코칭은 본질적으로 배움에 관한 것이기 때문이다. 코칭은 받는 입장이 아니라 해주는 입장일 때 훨씬 더 즐겁고 기쁘다.

하지만 더 알아보기에 앞서, 당신에게 전문 코치가 되라는 말은 아니라는 것을 짚고 넘어가야 할 듯하다. 부록에서는 당신 자신과 친구, 동료, 가족이 코칭의 기본 개념과 방법을 활용해 토털 리더십을 더 많이 경험할 수 있도록 몇 가지 조언과 아이디어를 제공할 것이다. 하지만 토털 리더십 코칭 네트워크가 만병통치약은 아니다. 현재 가진 자원으로는 삶의 특정 영역에서 발생한 문제를 효과적으로 해결할 수 없다 싶을 때는 전문 코치나 상담가의 도움을 받아야 한다.

코칭의 장점

코치는 토털 리더십 과정의 연습 과제에서 수행한 작업 결과에 대해 글과 말(질문, 의견, 제안 등)로 지지해주고 책임감을 불어넣는다. 이 과정을 통해 코치는 새로운 사실을 알려주고 유용한 피드백을 제공하며, 의뢰인이 자신의 이상을 실현하는 데 매진할 수 있도록 격려한다. 당신이 코치 역할을 할 때는 의뢰인에게 이렇게 해주면 된다.

우리는 다른 사람의 성장을 돕고, 건설적인 피드백을 제공하며, 적정 수준의 위험을 감수해 실험을 실행하도록 독려하는 역할을 해야 할 때가 종종 있다. 다른 사람의 코치 역할을 할 때는 그 사람을 지지하고 격려하는 과정에서 일 영역과 그 외 영역에서의 리더십에 관한 새로운 통찰력을 얻게 된다. 토털 리더십 코칭은 능력을 확장시켜준다는 점에서 코치와 의뢰인 모두에게 도움이 된다.

코칭은 지시적으로 이루어질 때도 있고 비지시적으로 이뤄질 때도 있다. 지시적 코칭은 의뢰인의 말을 경청한 다음, 자신의 경험과 지식을 토대로 도움이 될 만한 조언을 해주는 방식이다. 비지시적 코칭은 의뢰인의 문제에 귀 기울인 다음, 직접 조언을 해주는 대신 적절한 질문을 던져 의뢰인 스스로 해결책을 찾게 하는 방식이다. 적절한 질문은 의뢰인이 자기 자신을 이해하는 데 큰 도움이 된다. 두 코칭 방식 모두 효과적일 수 있으며, 어느 쪽을 선택하느냐는 의뢰인의 요구 사항에 따라 달라진다. 토털 리더십을 경험함으로써 다양한 형태의 지지를 주고받을 수 있는 역량이 향상된다.

코치는 진정성을 갖추도록 도와준다

코치는 의뢰인이 어디를 향해 가는지, 어디에 있는지, 현재 어떤 상태인지 알게 된다. 다시 말해 의뢰인의 삶을 변화시킨 경험과 핵심 가치가 무엇인지, 정말로 중요하게 생각하는 일과 리더십 비전에 맞게 시간과 에너지를 쓰고 있는지 알게 되는 것이다. 코치는 의뢰인이 리더십 비전과 가치관에 조금 더 부합하는 행동을 할 수 있도록 조언해준다. 또 좀 더 창의적으로 생각하고, 기존 가설에 의문을 제기하며, 적정 수준의 위험을 감수하도록 독려한다. 코치는 의뢰인의 선택이 일, 가정, 공동체, 자신에게 어떤 영향을 미치는지 이해하는 데 도움을 준다. 코칭은 무엇이 중요한지에 대한 의뢰인의 생각에 지대한 영향을 미친다.

코치는 완전성을 갖추도록 도와준다

코치는 이해관계자에 대한 분석에 코멘트를 해주고, 이해관계자와의 대화 준비와 해석에 관해 질문하고 의견을 제시해 의뢰인이 사회생활을 이해하는 데 도움을 준다. 상호 코칭은 자신의 삶에서 가장 중요한 사람과 의미 있는 대화를 나누고 거기서 중대한 가치를 끌어내는 데 중요한 역할을 한다.

코치는 의뢰인이 이해관계자와 복잡한 인적 관계망을 이해하는 데도 도움을 준다. 또 서로에 대한 기대와 공동 이익에 대해 더 잘 이해하게 해주고, 공동의 기반을 활용해 성과를 개선할 기회를 찾아내며, 유대 관계를 더욱 공고히 한다. 코치는 의뢰인이 이해관계자와의 대화에서 얻은 정보를 바탕으로 실험 아이디어를 도출해내도록 독려한다. 전과는 다른 새롭고도 객관적인 관점을 제공해 이해관계자가 의뢰인의 일과 삶에 어떠한 영향을 미치는지 좀 더 깊이 탐구하게 한다.

코치는 창의성을 갖추도록 도와준다

코치는 설계에서부터 실행 및 결과 해석에 이르기까지 실험 전반에 대한 피드백을 제공한다. 삶의 전 영역을 통합하는 차원에서 일 영역에 접근하는 새로운 방법을 진지하게 생각해보게 한다. 또한 코치는 더 효과적으로 일하는 데 도움이 되는 실험을 설계할 수 있도록 도와준다. 삶의 각 영역을 언제 구분하고 또 언제 결합해야 할지 결정하는 데도 도움을 준다. 단기적, 장기적 결과를 측정하는 지표를 어떻게 만들어야 하는지, 그 방법에 관한 아이디어를 제공해주기도 한다. 저항에 부딪히면 행동하려는 의지가 흔들리기도 한다. 이럴 때 코치는 의뢰인과 함께 문제를 해결하고, 의뢰인이 선택한 방향으로 계속 나아갈 수 있도록 힘과 의욕을 북돋워 준다.

코칭 네트워크 구축하기

코칭 네트워크를 만들려면 우선 사적·업무적 관계를 맺고 있는 사람들 중에 특히 함께하고 싶은 사람들이 누구인지 생각해보자. 동료, 친구, 가족 등 토털 리더십에 대한 경험을 공유하고 싶은 사람이면 누구든 상관없다. 코칭 팀 구성원 수는 세 명이 가장 이상적이다.

코칭 팀을 만들면 코치와 의뢰인 역할을 다 해볼 기회가 생기는데 그것이 큰 도움이 된다. 의뢰인일 때는 코치의 피드백을 열린 자세로 받아들여야 한다. 코치일 때는 의뢰인의 장점을 찾아내고 성과 개선이 필요한 영역이 어디인지 분명히 밝히는 한편, 의뢰인이 되도록 방어적인 태도를 보이지 않도록 도와주어야 한다. 직장과 가정, 공동체, 자신 영역에서 의뢰인이 맺고 있는 인간관계를 파악하기 위한 노력도 필요하다. 이와 동시에 의뢰인의 사생활을 존중하고, 공개할 의사가 없는 것까지 캐내려고 해서는 안 된다.

이제 팀을 구성한 세 명이 각자의 목표를 이야기하는 것으로 이 과정을 시작한다. 각자 정한 목표를 서로에게 이야기하면 목표를 달성할 가능성이 커진다. 자신의 목표를 말하고 나면 그 목표에 더 집중하게 되기 때문에 말을 하면 할수록 실현 가능성도 더 커진다. 그리고 서로 지지해줄 때도 실현 가능성은 당연히 커진다. 세 사람이 처음 만나 대화를 시작할 때는 각자 무엇을 기대하는지 또 무엇이 두려운지에 대해서 털어놓고 1장에서 목표에 대해 썼던 내용을 주제로 이야기를 나눠보자.

팀의 작업 방식에 관해서도 논의한다. 일단 기대 수준을 정하고 만날(이메일, 전화, 대면 방식 등) 시간도 정해둔다. 그리고 각자의 작업 방식이 어떤지도 알아본다. 세 사람은 아래 단계를 밟아나가면 된다.

1. 2장과 3장에서 제시한 연습 과제를 각자 수행하고, 나머지 두 명에게 그 내용을 담은 문서를 파일로 만들어 보내주거나 그들만 볼 수 있는 메신저방 등에 올려 공유한다.
2. 다른 두 사람의 작업 내용을 읽고 각기 의견을 제시한다.
3. 다른 두 사람이 쓴 의견을 읽는다.
4. 팀원이 직접 만나거나 음성 혹은 영상 통화 등을 통해 실시간으로 질문을 하고, 각자의 생각이나 제안 사항, 기타 반응을 교환한다.

이 책의 나머지 부분에서 수행한 작업물에 대해서도 이상의 단계를 똑같이 거친다.

효과적인 피드백

코칭의 핵심은 피드백이다. 피드백은 솔직하고 친절할수록 의뢰인에게 가장 좋은 선물이 된다. 코치가 전달하는 피드백이 수준 높고 세심할수록 의뢰인은 크게 성장할 수 있다. 다음과 같은 피드백을 제공하면 의뢰인이 의미 있는 변화를 만들어낼 수 있도록 도우면서 코치로서의 가치를 발휘할 수 있다.

- 의뢰인이 정말로 중요하게 생각하며 최우선으로 하는 목표를 다룬다.
- 의뢰인의 능력을 극대화할 수 있는 피드백을 제공한다.
- 여러 질문을 통해 모호하거나 불분명한 부분을 없앤다.
- 너무 긍정적이거나 부정적이지 않도록 적절한 균형을 유지한다.
- 직접적이고 구체적으로 의견을 교환한다.
- 성과 개선에 도움이 되는 건설적인 제안과 아이디어를 제공한다.
- 모두가 이해할 수 있도록 명확하게 표현하고 있는지 스스로 확인한다.
- 다음에 코칭할 여지를 남겨두어 지속적으로 지원한다.

변화라는 도전을 받아들이도록 돕기

수많은 사람이 변화를 두려워한다. 예측할 수도 없고 익숙하지도 않은 미지의 영역으로 들어가야 하기 때문이다. 토털 리더십 프로그램 참가자는 자기 자신은 물론이고 다른 사람에 대해서도 배우면서 변화의 길로 나아가야 한다. 이 과정을 거치면서 겪은 변화가 편치 않을지도 모른다. 그렇기 때문에 변화를 시도할 때 거치게 될 단계에 대해 미리 알아두면 도움이 된다. 아래에 앞으로 전개될 예측 가능한 변화의 단계를 적어두었다. 그리고 의뢰인이 각 단계에서 도전 과제에 직면했을 때 해줄 수 있는 질문도 함께 정리했다.

변화의 필요성 인식

첫 번째 단계는 변화의 필요성을 인식하는 것이다. 대다수의 사람들이 지금 알고 있는 내용과 맞지 않거나 현 상태를 위협하는 정보는 애써 외면하기 때문에 이 작업이 쉽지는 않다. 토털 리더십 과정의 연습 과제는 자기 인식 수준을 높이는 데 도움을 준다. 의뢰인이 분명하게 파악하지 못하는 부분이 있을 때 코치는 의뢰인의 자기 성찰을 독려해 인식의 사각지대를 확인하도록 도와준다. 의뢰인의 인식 사각지대를 줄여나가는 데 필요한 핵심 질문은 다음과 같다.

- 효과가 있는 것과 없는 것은 각각 무엇인가?
- 성과를 개선하려면 어떻게 해야 하는가?
- 변화의 필요성은 어디에서 나오는가? 자기 자신인가 아니면 외부인가?

절박함

의뢰인이 정말 변해야 하는가? 변화의 필요성을 인식했다면, 그다음으로는 당장 행동을 취해야 할 만큼 변화가 절실하다는 믿음이 있어야 한다. 인간은 타성에 젖기 쉬운 존재라서 시급하다고 느끼지 않으면 새로운 일을 시도할 가능성이 거의 없다. 코치는 다음과 같은 질문으로 의뢰인에게 변화가 절박하다고 느끼게 할 수 있다.

- 당신에게 있어 변화의 필요성은 얼마나 큰가?
- 변화하지 않으면 어떻게 되는가?
- 변화가 이뤄지면 어떻게 되는가?

행동에 대한 결정

변화를 결심하는 순간은 매우 중요하다. 이때가 바로 마음이 바뀌는 순간이자 전과는 다른 미래가 눈에 들어오기 시작하는 시점이기 때문이다. 한편으로는 변화의 과정 중에 아주 약해지는 순간이기도 하다. 이때는 유혹과 방해로 인해 집중력이 흐트러지기 쉽다. 그러나 코치는 다음과 같은 질문으로 의뢰인이 변화를 결심할 수 있도록 도울 수 있다.

- 전과는 다르게 행동하기로 한 부분이 있는가? 그렇게 결정한 이유는 무엇인가?
- 이상적인 결과는 무엇인가?
- 새로운 목표는 무엇인가?

문제 해결

의뢰인이 일 영역을 비롯한 삶의 여러 영역에서 무언가를 결정하기 위해 취해야 할 행동으로는 무엇이 있을까? 코치는 의뢰인에게 무엇을 바꾸려고 하는지, 장애물을 어떻게 극복하려고 하는지, 지원이 필요한 기술이나 자원이 무엇인지 생각해보라고 말한다. 토털 리더십 과정에서 코치는 실험의 목표와 성과 지표 설계를 돕고, 작은 성공을 차근차근 이뤄나가는 데 필요한 핵심적인 사항을 말해준다. 그리고 다음과 같은 질문을 통해 의뢰인이 어떻게 하면 목표를 더 잘 달성할 수 있는지, 그 방법을 구체적으로 제안한다.

- 정확히 무엇을, 언제 할 생각인가?
- 성과 수준을 어떻게 측정·평가할 것인가?
- 장애물이 무엇인가?
- 방해나 저항을 어떻게 극복할 생각인가?
- 필요한 지지를 어떻게 얻어낼 것인가?
- 성공을 어떻게 측정할 것인가?

의지

어떠한 변화든 이를 추진하는 과정에서 가장 어려운 과제는 필요한 에너지와 의지를 끝까지 유지하는 일이다. 절박함이 없으면 행동의 의지나 의욕이 차츰 사그라들기 때문에 코치는 이 부분을 계속해서 점검해야 한다. 이와 관련해 코치는 다음과 같이 질문할 수 있다.

- 일을 끝까지 추진할 의지가 정말로 있는가?
- 시간이 지나면서 의지가 어떻게 변화할 것 같은가?
- 생각보다 더 어렵다는 생각이 들면 어떻게 할 것인가?
- 첫 번째 단계와 그다음 단계는 무엇인가?

- 그 의지를 어떻게 유지해나갈 생각인가?

강화

의뢰인이 모든 단계를 성공적으로 완수했다 해도 이 과정에서 얻어낸 긍정적인 성과를 강화해주는 일은 매우 중요하다. 작은 단계를 하나씩 밟아나가도록 독려해 추진력을 생성하고, 의뢰인이 거둔 작은 성공을 축하하며 꾸준히 힘을 북돋아 자신감을 줌으로써 중도에 포기하지 않고 계속 나아가게 해야 한다. 이때 필요한 질문은 다음과 같다.

- 새로운 행동이 자신과 다른 사람에게 어떠한 영향을 미쳤는가?
- 성취한 일 가운데 특히 어떤 것에 자부심을 느끼는가?
- 하겠다고 말한 일을 실제로 하고 있는가?
- 더 효과적으로 추진력을 얻을 수 있는 방안이 있는가?
- 행동에 대한 의지를 어떻게 강화해주면 좋겠는가?

해야 할 일과 하지 말아야 할 일

유능한 토털 리더십 코치가 되는 데 도움이 되는 몇 가지를 정리해보았다.

해야 할 일

- 의뢰인이 목표를 달성할 수 있도록 돕는 데 관심을 기울이고 있다는 점을 드러내 의뢰인에게 힘을 준다.

- 의논을 통해 코치와 의뢰인의 역할을 분명히 하고, 필요할 때마다 서로 기대치를 조정한다.
- 의뢰인이 이해받고 있다고 느낄 수 있을 만큼만 나의 경험을 공유하고 나에게 초점을 맞추는 것은 피한다.
- 코치로서 나의 편견이 개입할 여지가 있음을 충분히 고려한다.
- 의뢰인이 처한 현실을 이해하고 그의 말에 귀 기울인다.
- 내가 모르는 부분이 있다는 사실을 직시하고, 너무 바보 같다 싶은 질문이라도 궁금한 것은 일단 물어본다.
- 필요할 때는 언제든, 어느 곳에든 도움을 청하라고 말해준다.
- 의뢰인이 기대하는 시점에 필요한 피드백을 제공하지 못하는 상황이면 곧바로 상황을 설명한다. 그래야 상호 간에 신뢰가 쌓인다.

하지 말아야 할 일

- 코치 일에 태만해서는 안 된다. 좋은 관계를 맺고 그 관계를 유지한다는 것이 다 그렇듯이 코칭에는 양 참가자 모두의 시간과 에너지 그리고 배려가 필요하다.
- 의뢰인의 아이디어를 비판하지 않는다. 열심히 들어주고 대안을 제시한다.
- 할 수 있는 것 이상을 약속하지 않는다. 해주지도 못할 일을 약속해봐야 나에 대한 신뢰만 떨어질 뿐이다.

토털 리더십 프로그램 참가자 대부분은 코칭이 도움이 됐고 꽤 즐거운 과정이었다고 말한다. 프로그램을 마친 후에도 여전히 코치와 연락하면서 직장 일이나 개인사에 대한 이야기를 주고받는 사람이 많다. 어떤 식으로든 각자의 코칭 네트워크를 만들어보기 바란다. 토털 리더십 과정에서 경험한 코칭을 이후에도 계속해나간다면 분명히 큰 도움이 되리라 확신한다.

토털 리더십 코칭에 관해 더 상세한 정보를 얻고 싶다면 www.totalleadership.org를 방문해보기 바란다.

부록 B

조직의 토털 리더십

이 책은 개인의 삶을 중심으로 토털 리더십 프로그램의 이점을 설명했다. 그런데 토털 리더십 프로그램은 개인뿐 아니라 조직의 성과와 만족도를 올려주고, 조직원의 삶의 각 영역이 조화를 이루게 하는 데도 도움이 된다. 결국 조직의 경쟁력과 혁신 능력이 향상되는 효과를 낳는다.

조직은 곧 직원이다. 토털 리더십 프로그램은 어떤 조직에서든 긍정적인 변화를 만들어낼 수 있는 기본 틀과 언어 그리고 동기를 제공해준다. 그 결과 직원들이 사업 목표를 추구하는 데 에너지를 더 쏟아붓게 되고, 사기가 올라가고 효율성이 높아지며, 회복력이 증진된다. 또한 협력하는 분위기가 조성되며, 더욱 의욕적으로 업무에 임하게 된다.

이런 목표는 조직의 규모 및 상황과 상관없이 달성할 수 있다. 그러나 이 목표를 달성하는 수단은 변화의 필요성을 얼마나 강하게 느끼는지, 주요 의사결정자가 조직의 모든 부분에 변화를 위한 실험을 시도할 준비가 되어 있는지에 따라 달라진다.

토털 리더십 프로그램에 참가한 사람마다 각기 다른 과정을 거치듯이 조직도 각기 다른 과정을 거친다. 그 결과도 제각각이다. 프로그램에 투입하는 원재료(당신과 당신의 조직)가 똑같을 수는 없기 때문이다. 조직 차원에서 4면 성취를 이루는 비결은 이 책에서 말하는 기본 원칙을 조직 전체에 적용하는 것이다.

진정성

이 과정은 조직에서 중요한 것이 무엇인지 정확히 파악하고 무엇을 목표로 하는지 제대로 인식하는 데서 출발한다. 아이디어를 처음 내놓은 것이 이 책을 읽은 말단 직원이든, 칵테일 파티에 참석했다가 친구에게 이야기를 들은 CEO이든 간에 어느 시점에서는(빠를수록 좋겠지만) 최고위 경영진이 4면 성취를 위한 실험과 관련해 진솔한 대화를 나눠야 한다.

토털 리더십 과정을 시작한 개인이 양면적 감정을 느끼듯이 조직도 저항을 경험하게 된다. 하지만 개인보다는 조직 차원에서 변화를 도모하기가 그나마 좀 수월하다. 주요 목적이 모든 이해관계자에게 혜택이 돌아가게 하자는 것이기 때문이다. 그러므로 이 과정을 시작하기에 앞서, 토털 리더십은 일 영역에서의 성공 대신에 삶의 나머지 영역에서 만족도를 올리는 데 집중하는 것이 아니라는 점을 알아두자. 토털 리더십은 사업적 성과를 높이는 동시에 가정과 공동체 그리고 자신이라는 나머지 세 영역에서 삶의 질을 높이는 방법을 찾는 실험에 주안점을 둔다. 인사관리 정책으로 급진적이고 전면적인 변화를 주는 것이 아니라, 자료를 기반으로 한 점진적인 학습으로 변화를 일으킨다. 이렇게 하면 변화에 따른 위험 요소는 줄이고 관리는 더 수월해지는 효과가 있다.

완전성

4면 성취는 '지속 가능한' 목표다. 그리고 '지속적인' 목표이기도 하다. 한 개인의 삶에 완전성이 필요하다는 것을 직접적으로 말하고 있기 때문이다. 토털 리더십 방식은 삶의 전 영역에서 모든 이해관계자의 기대를 충족시킬 방법을 창의적으로 탐구하는 것이다. 성공적인 토털 리더십 프로그램은 직원과 그 가족, 기업주, 관리자, 고객, 공급업자, 지역 공동체, 사회 등 다양한 조직 구성원의 이익을 존중한다.

조직 구성원이 이해관계자의 이익을 충분히 고려해서 수행한 실험은 삶의 네 영역을 전부 다루기 때문에 그 결과와 효과가 계속 축적된다. 사람들은 조직 전체에 걸쳐 다양한 방식으로 모든 이해관계자가 성과 개선의 효과를 보게 하기 위한 실험을 설계하고 실행한다. 그러므로 이러한 분위기가 조직 전체에 확산되면 토털 리더십 프로그램은 성과 개선과 기술 연마의 수단일 뿐 아니라 조직 구성원 각자에게 의미 있는 방식으로 기업의 사회적 책임을 보여줄 기회가 된다.

창의성

현명하고 위험 수준이 낮은 실험은 토털 리더십 과정의 핵심 활동이다. 이 과정을 거친 참가자는 전보다 능숙하게 생산적인 변화를 주도해 마침내 이를 실현하게 된다. 조직에 이런 노력을 하는 사람이 많아지고, 한 집단에서는 새롭고 도전적이라고 생각하는 일이 다른 집단에서는 으레 하던 단순한 일로 여겨질 수 있다는 사실을 염두에 두면, 지속적인 변화와 혁신을 지지하는 문화적 환경이 조성된다. 성공의 결정적 요소는 바로 이것이다. 그러니 다른 사람의 실험이 가치가 있는지 없는지를 너무 엄격하게 따지지 말아야 한다.

어떤 일이든 시작하기가 가장 어렵다. 그러므로 가장 좋은 접근법은 시범 프로그램을 운영해보고 무엇이 효과가 있는지, 더 좋은 결과를 내려면 어떤 부분을 조정해야 하는지에 관한 자료를 입수하는 것이다. 이러한 시범 프로그램은 비용도 적게 들고 위험 수준도 낮은, 이른바 작은 성공 접근법을 통해 대규모 변화를 끌어내는 방식이라 하겠다. 조직 내에 실험을 마친 직원들이 있다면 리더십 계발 및 일과 삶의 통합에 관한 새로운 사고방식을 조직 내에 소개하고 이를 널리 전파하는 작업을 제대로 진행하고 있는 셈이다. 실제로 체험한 긍정적인 변화에 관해 이야기해줄 사람들이 조직 내에 존재하고 있기 때문이다.

토털 리더십 프로그램을 조직에 잘 활용한 예로 세계적인 투자 은행에서 시행한 시범 프로그램을 들 수 있다. 이 투자 은행은 뉴욕 본사에 있는 중간 관리자급을 대상으로 '포웨이윈즈Four Way Wins: 4면 성취'라는 시범 프로그램을 시행했다. 이 프로그램은 높은 업무 성과와 회복력 수준이 꾸준히 유지되는 조직 문화를 조성하겠다는 의지에서 비롯됐다. 사장 겸 COO가 새로운 리더십 마인드를 확립해야 한다는 사실을 깨닫고 4면 성취 모형을 탐구하는 시범 프로그램 보고회에 참석하면서 이러한 의지에 더욱 힘이 실렸다.

참가자들의 상사들도 이 보고회에 참석해 초기 실험의 결과와 여기서 얻은 교훈을 논했다. 실험을 성공적으로 끝마치지 못한 참가자도 물론 있었지만, 상당수는 실험을 잘 마쳤고 눈에 보이는 성과를 거뒀다. 참가자들과 그 상사들은 변화의 걸림돌을 제거하는 방법을 논의했고 성공의 조건을 정리했으며, 다음번 참가자에게 도움이 되고자 아이디어 회의를 진행했다.

가장 중요한 것은 성공적인 실험이 신뢰도를 높이고, 진행 중인 대화와 앞으로의 변화에 추진력을 제공했다는 점이다. 이는 바쁜 업무 환경에서도 4면 성취가 가능하다는 사실을 입증하는 셈이다. 공동 최고관리책임자와 글로벌 투자은행 부문 총괄책임자는 업무 수행 방식을 적절히 조정하면 개인과 조직 모두에게 더 나은 결과를 만들어낼 수 있다는 사실을 인지하고 계속해서 변화를 추구하기로 했다.

최고위 경영진의 가장 중요한 메시지는 이것이었다. "우리는 직원 여러분이 새로운 업무 수행 방식을 계속 시도하기를 바라며 그러한 시도를 적극적으로 지원할 생각입니다. 이번 시범 프로그램은 그 자체로 훌륭한 실험이었고, 직장 내에서 업무 성과를 높이는 동시에 직장 밖에서 삶의 질을 높이는 것이 가능하며, 그것이 너무나 중요하다는 사실을 깨닫는 계기가 되었습니다. 극도로 힘든 업무를 하는 사람에게도 말입니다."

주석

1장 ——

1) 해당 사업부의 재무 담당자가 확인해준 수치다.
2) 샤론 로벨(Sharon Lobel)과 저자가 2003년에 쓴 논문 '행복한 일 중독자: 근로자 역할 모형(The Happy Workaholic: A Role Model for Employees)'의 주요 논점이었다. 〈경영자 학회(Academy of Management Executive)〉 17, no. 3 (2003): 87-98
3) 이 가운데 몇 가지는 제프리 그린하우스(Jeffrey Greenhaus)와 함께 쓴 책 《일과 가족—협력자인가, 적인가?(Work and Family—Allies or Enemies?: What Happens When Business Professionals Confront Life Choices)》(New York: Oxford University Press, 2000)에서 설명했다.
4) 토털 리더십 프로그램을 뒷받침하는 연구 자료가 더 필요하다면 www.totalleadership.org를 방문하라.
5) 당시 가장 영향력 있는 연구자는 대니얼 카츠(Daniel Katz)와 로버트 칸(Robert Kahn)으로, 이 분야를 대표하는 책 《조직 사회 심리학(The Social Psychology of Organizations)》(제2판)(New York: John Wiley & Sons, 1976)을 썼다.
6) 대표적 인물은 로사베스 모스(Rosabeth Moss)와 로트 베일린(Lotte Bailyn)이었다.
7) 스튜어트 프리드먼과 제프리 그린하우스(Stewart D. Friedman and Jeffrey H. Greenhaus), 《일과 가족—협력자인가, 적인가?(Work and Family—Allies or Enemies?: What Happens When Business Professionals Confront Life Choices)》(New York: Oxford University press, 2000)
8) 일례로 리더십 계발에 관한 노엘 티치(Noel M. Tichy)의 저서 시리즈 《리더십 엔진(The Leadership Engine: How Winning Companies Build Leaders at Every Level)》(New York: HarperCollins, 2002)을 참고하라.
9) 칼 웍스(Karl Weick)가 주도했다.
10) 피터 드러커(Peter Drucker), '자기 관리(Managing Oneself)', 2005년 1월 자 〈하버드

비즈니스 리뷰(Harvard Business Review)〉, 1-10.

11) 제프리 페퍼(Jeffrey Pfeffer), 데니즈 루소(Denise Rousseau), 로버트 서턴(Robert Sutton) 등 증거에 기반을 둔 관리를 주장했던 학자들이 그 좋은 예다.

2장 ——

1) 하워드 가드너(Howard Gardner), 《통찰과 포용(Leading Minds: An Anatomy of Leadership)》(New York: Basic Books, 1995)
2) 스티브 잡스(Steve Jobs), 2005년 6월 12일 스탠포드 대학교 졸업식 연설
3) 노엘 티치(Noel M. Tichy), 《리더십 엔진(The Leadership Engine: How Winning Companies Build Leaders at Every Level)》(New York: HarperCollins, 2002).
4) 로버트 리(Robert Lee)와 사라 킹(Sara King), 《당신 안의 리더를 찾아서(Discovering the Leader in You)》(San Francisco: Jossey-Bass, 2001), 60-61에서 발췌. John Wiley & Sons, Inc. 출판사의 허가 하에 전재(轉載)함.

3장 ——

1) 스튜어트 프리드먼과 제프리 그린하우스(Stewart D. Friedman and Jeffrey H. Greenhaus), 《일과 가족—협력자인가, 적인가?(Work and Family—Allies or Enemies?: What Happens When Business Professionals Confront Life Choices)》(New York: Oxford University press, 2000)

5장 ——

1) 리처드 셸(G. Richard Shell), 《협상의 전략(Bargaining for Advantage: Negotiation Strategies for Reasonable People)》(New York: Penguin, 1999)

6장 ——

1) 에이브러햄 조슈아 헤셸(Abraham Joshua Heschel), 《안식일(The Sabbath: Its Meaning for Modern Man)》(New York: Farrar, Straus and Giroux, 1951)

7장 ——

1) '인드라 누이: 뜨거운 물속에서 차가움을 유지하기(Indra Nooyi: Keeping Cool in Hot Water)', 〈비즈니스위크(BusinessWeek)〉, 2007년 6월 11일

2) 스튜어트 프리드먼과 제프리 그린하우스(Stewart D. Friedman and Jeffrey H. Greenhaus), 《일과 가족—협력자인가, 적인가?(Work and Family—Allies or Enemies?: What Happens When Business Professionals Confront Life Choices)》(New York: Oxford University press, 2000)

3) 조엘 델루카(Joel DeLuca), 《정치적 수완(Political Savvy: Systematic Approaches to Leadership Behind the Scenes)》(Berwyn, PA: EBG Publication, 1999)

4) 웨인 베이커(Wayne E. Baker), 《사회적 자본으로 성공하기(Achieving Success Through Social Capital)》(San francisco: Jossey-Bass, 2000)

5) 웨인 베이커가 최초로 개발한 연습 과제를 가져옴. humaxnetworks.com 참고.

와튼스쿨 리더십 특강

초판 1쇄 발행 2020년 10월 22일

지은이 스튜어트 D. 프리드먼
옮긴이 이은주
발행인 박영규
총괄 한상훈
편집장 박미영
기획편집 김혜영 정혜림 조화연 **디자인** 이선미 **마케팅** 신대섭

발행처 주식회사 교보문고
등록 제406-2008-000090호(2008년 12월 5일)
주소 경기도 파주시 문발로 249
전화 대표전화 1544-1900 **주문** 02)3156-3681 **팩스** 0502)987-5725

ISBN 979-11-5909-996-0 03320
책값은 표지에 있습니다.

• 이 도서의 국립중앙도서관 출판예정도서목록(CIP)은 서지정보유통지원시스템 홈페이지(http://seoji.nl.go.kr)와 국가자료공동목록시스템(http://www.nl.go.kr/kolisnet)에서 이용하실 수 있습니다.
(CIP제어번호: CIP2020041867)
• 잘못된 책은 구입하신 곳에서 바꾸어 드립니다.